서울대 **명품** 강의

2

서울대
名品講義
명품
강의
2

인 간 본 성 과 사 회 적 삶 의 새 로 운 이 해

서울대 사회과학연구원 기획 | 오명석 엮음 | 장덕진 외 13인 지음

글항아리

이 책은 2011년에 서울대 사회과학연구원이 개설한 제4기 시민교양 강좌 '아름다운 공동체를 향한 사회적 상상력과 교양'에 참여했던 강사 14명이 자신들의 강의록을 바탕으로 집필한 것이다. 여기에는 사회과학자를 중심으로 해서 인문학과 자연과학을 전공하신 분들이 필자로 참여했다. 이 책은 인간은 누구이며, 사회적 삶은 어떻게 이해해야 하는가라는 질문에 대해 다양한 목소리로 그 답을 찾고 있다. 인간의 본성과 사회적 삶이 무엇인가라는 질문은 이제 진부하게 느껴지고, 이에 대한 숱한 의견이 개진되어온 것이 사실이다. 하지만 사랑이란 주제가 대중음악에서 끊임없이 반복됨에도 불구하고 여전히 사람들의 가장 큰 관심을 끌고 있는 이유는 그 주제의 무한한 변주 가능성에 있고, 그것을 통해 사랑이 무엇인가를 새롭게 깨닫게 하는 데에 있듯이, 인간의 본성과 사회적 삶이란 주제도 이와 비슷한 성격을 갖는 것이라고 생각한다.

인간의 본성과 사회적 삶에 대한 이해를 위해 떠나는 길은 마치 크레타 섬의 미로를 헤매는 탐험과 비유할 만하다. 우리는 출구로 다시 돌아올 수 있도록 안내하는 아리아드네의 실타래를 갖고 있는 것일까? 아직은 없는 것 같다. 아마도 우리가 갖고 있는 것은 끊어진 아리아드네의 실조각일 것이며, 우리는 그것을 어떻게 연결해야 하는지에 대한 방안도 아직 찾지 못했다. 하지만 그러한 실조각을 끊임없이 새롭게 만들어내고, 그것들이 완전한 형태로 이어지지는 않지만 서로 연결될 수 있는 부분들이 있음을 발견할 때 지식의 기쁨을 느낄 수 있는 것 아닐까? 이 책은 이를 위한 풍부한 사고의 단초들을 제공하고 있다.

이 책을 읽는 데 필요한 길잡이로 책의 내용을 간략히 정리해서 제시하는 것도 한 방법일 수 있다. 하지만 그보다는 필자들이 각자의 글에서 어떤 질문을 던지고 있는지, 그 질문에 대해 어떤 방식으로 풀어나가고 있는지를 보여줌으로써 독자의 관심을 유발하는 데 초점을 맞추고자 한다. 이를 위해 목차의 순서를 그대로 따르기보다는 상호 연관되는 주제를 다루고 있다고 생각되는 글들을 이어서 소개하겠다.

먼저, 인간의 본성에 대한 질문이다. 장대익은 「진화론, 우리가 사는 세상을 이해하는 열쇠」에서 인간과 동물의 경계에는 무엇이 존재하는가라는 질문을 던진다. 필자는 다윈으로부터 출발하는 진화생물학과 영장류의 의사소통 및 언어학습 능력에 대한 실험들을 소개하면서 그 경계가 우리가 흔히 생각하는 것처럼 명확하지 않음을 보여준다. 그렇지만 최근의 진화론에서 제시된 문화의 전달 단위로서의 '밈'—종교, 정치적 이념, 기술 등—이 인간의 진화 과정에서 차지하는 중요성은 '이기적 유전자'가 지배하는 동물의 진화 과정과 구별되는 지점을 보여주는 것이 아닌가 하는 의견을 제시한다. 이준구는 「행태경제 이론에서 인간의 체온을 느끼다」에서 경제학은 왜 차가운 느낌을 주는 학문으로 여겨지는지, 그렇다면 사람의 따뜻한 체온이 느껴지는 경제학은 어떻게 가능한지를 탐색한다. 경제학이 전형적 인간형으로 전제하는 '호모 이코노미쿠스'는 경제적 합리성과 이기심을 본성으로 하는 차가운 존재이다. 이준구는 합리성과 이기심으로 설명될 수 없는 인간의 행동들, 예를 들어 어림짐작에 의한 판단, 현상을 유지하려는 경향, 공정성과 인간관계를 중시하는 태도와 같은 심리적 현상에 기초한 행태경제 이론을 기존의 '차가운' 경제학에 대한 대안으로 소개한다. 곽금주는 「그 남자 그 여자의 수수께끼, 심리학에서 찾은 답」에서 "도대체 남자는, 도대체 여자는 왜 그럴까?"라는 남녀 간 차이의 심리학적 원인이 무엇인지 질문을 던진다. 이를 바탕으로 필자는 발달심리학과 뇌과학의 실험을 인용해 남자아이가 보다 자기중심적인 태도를 보이는 것에 비해 여자아이는 타자와의 관계지향적인 공감 성향을 강하게 갖고 있으며, 진화심리학의 연구를 통해 남녀의 짝짓기 태도에서 보이는 차이가 생존과 성적 재생산의 원리와 관련되어 있음을 보여준다. 양현아는 「성 문제는 법조계에 드리워진 그림자다」에서 최근 한국의 법조계에 여성 법률가의 비중이 비약적으로 증가하고 있지만, 과연 성평등한 사법적 판단에 '푸른 신호등'이 들어온 것인지 문제를 제기한다. 필자는 법률가들의 성[gender]인지성, 즉 성별 문제에 대한 인식이 사법적 판단에 어떻게 나타나는지를 판례 중심으로 살펴본다. 서울대 성희롱 사건의 대법원 판결, 호주제 폐지에 대한 헌법재판소 판결, 그리고 미국 기업에서의 성차별적인 고용 관행에 대해 제기된 소송 판례를 통해 성중립적 추론과 여성 입장에서의 추론, 이 둘이 야기하는 사법적 판단의 쟁점을 성인지적 관점에서 분석한다.

과학기술의 비약적 발전은 우리의 삶을 크게 바꾸어놓았다. 과학기술, 환경, 사회 사이의 관계는 현대사회를 이해하는 데 핵심적인 연구 주제라고 할 수 있다. 장덕진은 「소셜네트워크의 세계에는 비밀도 독점도 없다」에서 케빈 베이컨과 미국 영화배우 전체는 몇 단계만 거치면 다 연결된다는 '케빈 베이컨의 6단계 법칙'을 설명하며 논의를 시작한다. 세상은 생각보다 훨씬 더 촘촘하게 엮여 있다는 것이 사회적 연결망을 연구한 학자들의 일치된 결론임을 이 장에서 확인할 수 있다. 여기에 구글, 아마존, 트위터·페이스북 같은 SNS social network service가 광범위하게 활용됨으로써, 수많은 사람의 집단 지성이 작동하는 네트워크 세상에서의 삶과 정치 문화의 변화를 진단한다. 이와 연관된 주제를 다루고 있는 이재현은 「호모 모빌리스, 모바일 사회를 사는 신인류」에서 디지털 시대를 사는 우리는 모바일 미디어로 무장한 호모 모빌리스라는 새로운 인간의 출현에 주목해야 한다고 말한다. 휴대전화, MP3, 스마트폰과 같은 모바일 미디어의 일상적인 사용이 우리의 공간 개념(이동성과 접속), 시간 개념(일, 여가, 틈새 시간), 감각 양식(시각, 청각, 촉각), 사회적 네트워크와 커뮤니케이션의 방식에 미치는 근본적인 변화를 살펴보고 있다. 홍성욱은 「인간을 위한 과학기술이란 무엇인가」에서 과학은 세상에 대한 확실한 지식을 제공하고, 기술은 우리의 삶을 더 편안하게 만들며 사회를 바람직한 방향으로 바꾸는가라는 질문을 던진다. 이 장을 통해 필자는 과학은 논리 이상의 것이며, 단순히 자연의 법칙을 발견하는 것이 아니라, 인간의 창조적 능력과 사회적 환경에 의해 구성된다는 과학적 창의성의 속성을 논한다. 아울러 한국의 과학기술 정책이 선진국 기술을 모방하고, 산업의 육성을 위한 '추격형 전략'을 취해왔는데 이제는 과학-기술-산업 사이의 새로운 협력의 방식이 모색되어야 하며, 기술 위험에 대해서 전문가와 일반 대중 사이에 신뢰·참여·대화에 기초한 과학 커뮤니케이션의 새로운 모델이 필요하다고 제안한다. 이도원의 「출근길 잠깐의 사유, 풍경과 생태」는 필자가 서울대로 걸어서 오는 길에 만나는 도시 풍경의 단면을 생태학자의 눈으로 바라본 글이다. 신축한 관악구청의 조경사업을 위해 어딘가로부터 파헤쳐져 옮겨온 소나무, 관악구 디자인 거리 조성사업의 일환으로 만들어진 보도의 띠 녹지, 과거 산림녹화운동으로 심어진 관악산의 리기다소나무와 같은 일상의 풍경들에서 생태계에 대한 무관심 속에 이루어진 개발이 초래한 자연환경의 심각한 파괴를 읽는다. 이러한 과정은 생태학적 감수성이 우리의 가까운 곳에서, 일상적으로 접하는 주변에 대한 관심으로부터 출발해야 한다는 사실을 환기시킨다.

우리의 현재적 삶은 과거에 대한 기억과 언제나 긴밀하게 연결되어 있다. 역사적 기억은 때론 불편하기도 하고, 억압과 왜곡이 작동하는 정치적 장場이기도 하다. 박태균은 「전쟁은 아직 끝나지 않았다」에서 한국전쟁은 대중적으로 왜 잊힌 기억으로 남아 있는 것인지, 특히 정전협상이 진행되던 마지막 2년 기간은 거의 관심을 끌지 못했는데 이 기간에 무슨 일이 일어났는가라는 질문을 던진다. 정전협상 과정에서 가장 큰 논란을 불러일으켰던 반공포로와 국군포로의 귀환 문제는 미국, 중국, 남한, 북한의 이해관계가 가장 첨예하게 부딪친 쟁점이었으며, 전쟁 당사국 모두에게 기억하고 싶지 않은 불편한 과거로 남아 있다. 불완전한 정전협정은 이후 분단체제에서 지속적으로 발발하는 갈등과 무력도발의 배경을 이루고 있으며, 남한과 북한이 각각의 체제 유지를 위해 이용하는 전쟁에 대한 잘못된 기억이 평화적 해결책의 모색을 어렵게 하는 중요한 요인이 되고 있음을 지적한다. 정근식은 「태극기, 한국 현대사를 읽는 새로운 코드」에서 1980년 5월 광주민주화항쟁 때 시위대의 한 시민이 대치하고 있던 군인을 향해 버스 위에서 대형 태극기를 휘두르고 있는 모습을 찍은 사진이 무엇을 의미하는가, '국군을 향한 저항'으로서의 국기를 우리는 어떻게 해석할 수 있는가라는 등의 질문을 통해 흥미로운 역사적 논의를 전개한다. 필자는 3·1운동, 4·19혁명, 광주민주화항쟁, 87년 민주화항쟁, 2002년 월드컵 등의 중요한 역사적 사건의 현장에 동원되었던 태극기 의미의 변화를 추적함으로써 민족주의, 국민주의, 국가주의, 민주공화주의라는 다양한 이념을 표상하고 변모시켜왔던 역사적 궤적을 통해 한국의 정치사와 시민운동의 역동적 관계를 보여주고 있다. 특히 광주민주화항쟁에서 태극기가 민주주의를 향한 갈망과 저항의 의례에서 핵심적인 상징으로 활용되었던 것을 역사적 현장에 대한 생생한 증언과 사진을 통해 상세하게 분석한다.

사회현상의 이해를 위해서는 사회 내부의 이질적 집단의 존재, 즉 성, 연령, 지역, 종족, 계급에 따른 사회적 분화와 이들 간의 관계를 파악해야 한다. 이 주제는 사회과학이 다루어왔던 방대한 연구 영역에 해당된다. 이 책에서는 그중 일부가 사회복지학과 인류학의 관점에서 다루어졌다. 구인회는 「복지 문제는 한국 사회의 용광로다」에서 최근 복지에 대한 사회적 관심과 그것이 정치적 쟁점으로 부상하는 현상이 왜 일어나고 있으며, 한국의 복지 문제를 해결하기 위한 방안은 무엇인가라는 질문을 던진다. 1990년대 중반 이후 빈곤율이 상승하고, 상대적 소득분배가 악화되고 있으며, 특히 노인 빈곤과 근로 빈곤의 문제가 심각해지는 상황에서 어떤 복지 정책이 필요한 것인가를 모색한다. 이 장에서 필자는 산업 구조의 변화와 복지 제도의 역사적 성격에 대한 검토를 통해서, 과거 산업화 시기에 형성된 사회보장제도는 현재의 상황을 해결하는 데에는 크게 미흡하며, 정부 재정 확충에 의한 복지국가 모델로의 전환을 위해 정치적 지도력과 국민적 합의의 유도가 필요한 시점이라는 것을 지적한다. 황익주는 「스포츠로 본 인간의 사회와 문화」에서 미국, 캐나다, 인도 같은 국가에서는 축구가 별로 인기를 누리지 못하고, 한국과 일본은 야구에 열광하는 이유가 무엇인지, 영국의 상층 사회계급이 럭비나 크리켓을 선호하고, 축구가 일반 대중의 스포츠로 널리 인식되는 이유는 무엇인지, 최근 암벽등반, 산악자전거, 스케이트보딩과 같은 '익스트림 스포츠'가 번성하는 이유가 무엇인지 등의 질문을 던진다. 여기서 필자는 스포츠 인류학의 관점을 개괄하면서 스포츠 민족주의, 사회계층의 하위문화 차이에 따른 스포츠 종목에 대한 취향의 분화, 라이프스타일과 자아 정체성 표현과 같이 스포츠를 사회문화 현상으로 해석할 수 있음을 제시한다.

미국과 중국은 한국 현대사에서 중요한 자리를 차지하는 국가이며, 특히 최근 중국의 급부상은 미국 중심의 국제체제에 변화를 줄 국제정치적 현상으로 평가받고 있다. 정재호는 「중국이 뜨겁다: 정치외교학적 관점에서 본 중국의 부상」에서 우리는 중국의 부상을 어떻게 인식해야 하며, 어떠한 전략적 대처 방안을 준비해야 하는가라는 화두를 던진다. 이어서 신중화주의적 세계질서의 출현에 대한 우려와 한중간의 협력동반자 관계의 수립에 대한 기대가 교차하는 시점에서, 미중관계, 중국과 동아시아 관계의 변화가 초래하는 불확실성에 대한 진지한 고민과 성찰, 새로운 정치적 전략의 수립이 필요하다는 점을 지적한다. 신욱희는 「한미 관계의 재구성, 역사에서 배운다」에서 국제체제의 변화에 따른 한국의 대미 정책은 어떻게 전개되어왔고, 그것으로부터 우리는 어떤 교훈을 얻을 수 있는가라는 질문을 던진다. 필자는 현재 한미 간의 현안으로 대두된 북핵 문제, 전시작전권 환수, 한미 FTA의 문제를 한미 관계에 대한 역사적 경험에 대한 검토를 통해 좀더 철저하게 이해할 필요가 있음을 지적한다. 특히 이승만 정부의 한일회담 재개를 둘러싼 한·미·일 간의 협상 과정, 박정희 정부의 주한미군 철수와 핵 개발을 둘러싼 한미 간의 갈등을 정책결정자들의 상황 인식과 역할 설정을 통해 살펴봄으로써, 한미 관계의 변화를 '구성'이라는 관점에서 파악할 것을 역설한다.

서울대학교 사회과학연구원에서 개설한 시민교양강좌가 올해로 4회째를 맞았다. 서울대가 국립대로서 그 위상에 걸맞은 사회교육의 새로운 전형을 창출하고, '사회 속의 대학' '시민과 함께하는 대학'을 표방하며 만든 이 프로그램은 처음 시작한 2009년부터 지금까지 시민들의 꾸준한 관심과 사랑을 받아왔다.

이번 기획 역시 지난 책과 마찬가지로 많은 사람이 협심하여 이뤄낸 산물이다. 먼저 시간을 내어 귀중한 견해를 보다 많은 독자들과 공유하고자 애쓰셨던 열네 분의 선생님과 뒷바라지를 한 송혜련 조교에게 감사드린다. 아울러 이 기획의 연이은 발간을 위해 수고한 글항아리 편집부에게도 감사 인사를 전한다.

바쁜 일상 속에서 자신이 어떤 위치에 서 있고 또 어떤 길로 나아가야 하는지를 앎과 삶에서 찾고 싶어하는 사람들에게 이 책이 작은 도움이 되길 바란다.

2011년 12월

서울대학교 사회과학대학 사회과학연구원장

오명석·인류학과

소셜네트워크의 세계에는 비밀도 독점도 없다

장 덕 진
서 울 대 학 교   사 회 학 과   교 수

설마 수백 마리의 반딧불이 서로 의논을 거쳐 하나 둘 셋! 하면서 빛을 뿜는 건 아닐 것이다. 그 비결은 뜻밖에도 단순한데 각자 자기 주변에 있는 녀석들과 조금씩 주기를 맞추는 것이다. 그러다보면 전체 무리의 빛을 뿜는 주기가 몇 개로 단순화되고 어느 순간 하나로 맞아 번쩍하게 되는 것이다. 수백 마리의 반딧불이 동시에 빛을 내는 것을 보면 군사정권 시절 우리나라에서도 많이 했던 매스게임이나 북한의 집단체조 같은 장면이 연상되기도 한다. 미물에 불과한 반딧불이 이런 일을 해낼 수 있다니!

우리는 생각보다
훨씬 더 촘촘하게 엮였다 +

1994년이 막 시작된 어느 겨울날 미
국 펜실베이니아 주에 있는 올브라이
트 대학은 폭설에 뒤덮였다. 이 학교 학생들이었던 크레이그 파스, 크
리스천 가드너, 브라이언 터틀, 마이크 지넬리는 눈 때문에 학교에도
가지 못하고 영화 「풋루스Footloose」(1984)를 보며 빈둥거렸다. 화면에는
배우 케빈 베이컨Kevin Bacon이 나왔다. 「풋루스」가 끝나자 이번에는 「에
어 업 데어Air up there」(1994)라는 영화를 이어서 봤다. 그런데 이 영화에
도 케빈 베이컨이 출연했다. 심심하던 네 명의 학생들은 케빈 베이컨이
무슨 영화에 출연했고 같이 나온 배우들이 누구였는지 알아맞히는 게
임을 했다. 이 게임은 곧 친구들 사이로 퍼져나가며 유행을 타기 시작
했다. 영화를 좀 봤다 하는 친구들이라면 어떤 배우를 대도 그 배우가
다른 배우 누구와 같이 무슨 영화에 출연했는지, 그는 또 누구와 같이
다른 영화에 출연했는지 안다. 그런데 이 과정에서 그 배우가 케빈 베

이컨과 함께 어떤 영화에 출연했기 때문에 최초의 배우는 두 단계만 건너면 케빈 베이컨과 연결된다는 것을 맞출 수 있었다. 일은 점점 커져서 그들은 코미디언 존 스튜어트가 진행하는 MTV의 「존 스튜어트 쇼Jon Stewart Show」에 출연했고 라디오계의 유명한 악동 「하워드 스턴 쇼The Howard Stern Show」에까지 출연하게 되었다. 덩달아 유명해진 이 네 명의 학생들은 심지어 케빈 베이컨이야말로 엔터테인먼트 세계의 중심이라고 주장하며 『케빈 베이컨의 6단계Six Degrees of Kevin Bacon』(1996)라는 책을 출판하기까지 했다. 책의 중심 내용은 어떤 배우라 하더라도 최대 여섯 단계만 건너면 케빈 베이컨과 연결된다는 것이었다.

버지니아 대학의 브렛 트야덴Brett Tjaden은 인터넷 무비 데이터베이스 IMDb에 나와 있는 80만 명의 배우들 자료를 모두 코딩coding해서 배우의 이름을 대면 케빈 베이컨과 최단거리의 연결 관계에 있는 인물을 찾아주는 웹사이트인 '베이컨의 신탁The Oracle of Bacon, www.oracleofbacon.org'을 만들기도 했다. 이 글을 쓰면서 재미삼아 할리우드에서 활동 중인 배우 김윤진씨의 이름을 입력해보니 결과는 이렇다. 김윤진은 2002년도에 영화 「아이언 팜」(2002)에 데이비드 앨런 그라프David Alan Graf와 함께 출연한 적이 있는데 그는 2008년도에 영화 「리마커블 파워」(2008)에 톰 아놀드와 함께 나왔다. 톰 아놀드는 2000년에 「우리는 마고와 결혼했다」에서 케빈 베이컨과 함께 출연한 적이 있다. 그러니 김윤진은 3단계만 건너면 케빈 베이컨과 연결되는 것이다. 레인Rain이란 이름의 영화배우로도 활동 중인 가수 비는 어떨까? 그의 이름을 입력하니 이런 결과가 얻어진다. 비는 2008년에 영화 「스피드 레이서」에 존 굿맨과 같이 출연했는데, 굿맨은 이듬해인 2009년 영화 「경계를 넘어서」에서 케빈 베이컨과 함께 출연했다. 비는 두 단계만 건너면 케빈 베이컨과 연결되는 것이다!

　우연히도 이들이 눈 오는 어느 날 케빈 베이컨이 출연하는 영화를 연달아 보았기 때문에 이 게임이 시작되었지만 사실상 엄밀한 분석에 따르면 케빈 베이컨은 엔터테인먼트 세계의 중심과는 거리가 멀다. 이 순간에도 영화는 쉴 새 없이 만들어지고 있기 때문에 분석 자료 목록에는 계속해서 새로운 영화와 배우들의 이름이 더해지고 엔터테인먼트 세계의 중심은 늘 변하기 마련이다. 어떤 시점에서 분석해도 케빈 베이컨은 엔터테인먼트 세계의 중심은 고사하고 중심에서 100등 안에도 들지 못한다. 일등에 자주 이름을 올리는 배우들은 「닥터 지바고」(1965), 「밤의 열기 속으로」(1967), 「워털루」(1970) 등에 출연했던 로드 스타이거 Rod Steiger, 「MASH」(1970), 「보통 사람들」(1980), 「JFK」(1991) 등의 영화로 친숙한 도날드 서덜랜드Donald Sutherland, 제임스 딘의 영화 「이유 없는 반항」(1955), 「자이언트」(1956)에 출연했고 나중에 「이지 라이더」(1969)를 감독하기도 했던 데니스 호퍼 등이고, 지금까지 여배우 중에서 1위 자리를 가장 많이 지킨 사람은 캐런 블랙이다. 캐런 블랙도 여러 영화에 출연했지만 아마도 사람들은 「위대한 개츠비」(1974)와 히치콕의 마지막 영화 「패밀리 플롯」(1976)을 통해 그의 모습을 가장 많이 기억할 것이다.

에르도스 넘버의 탄생 + 이처럼 사람들은 네트워크를 통해 우리가 생각하는 것보다 훨씬 더 촘촘하게 엮인다. 이것은 영화계만의 특성일까? 유명한 일화를 하나만 더 들어보자. 1913년 헝가리에 폴 에르도스Paul Erdos라는 아이가 태어났다. 부모가 모두 수학 선생님이었던 이 아이는 어려서부터 수학에 뛰어난 자질을 보였고 세 살이 되었을 때는 어떤 사람의 정확한 나이를 알면 그 사람이 지금까지 몇 초 동안 살아왔는지 말할 수 있었다고 한다. 에르 도스는 스물한 살에 박사학위를 받고 영국으로 건너갔고 스물다섯 살 에는 프린스턴 대학에 자리를 얻어 미국으로 갔다. 이 무렵부터 그는 일종의 방랑자 생활을 시작한다. 그는 강의와 강연 등으로 얻은 대부 분의 수입을 기부했고 정작 자신은 여행 가방에 들어갈 정도의 소지품 만 가지고 수많은 수학 세미나를 열었으며 동료 수학자들의 집을 전전 하며 살았다. 동료의 집에 도착하면 그는 며칠간 머물면서 동료와 함 께 수학 문제를 토론하고 그 결과물을 묶어 서너 편의 논문을 함께 썼 다. 논문 작성이 끝나면 다른 동료의 집으로 옮겨가서는 또 같은 일을 반복하며 평생을 살았다. 그 결과 그는 수많은 논문들(특히 다른 수학자 와 함께 쓴 공저 논문들)을 쓸 수 있었으며 실제로 그는 역사상 가장 많은 논문을 쓴 수학자가 되었다.*

그가 의도했는지는 알 수 없으나 「베이컨의 신탁」처럼 전 세계 모든 수학자의 공저 네트워크를 분석해서 수학 지식을 생산하는 네트워크를 만들어낸다면 폴 에르도스가 그 중심에 있을 것은 분명한 일이다. 그 는 누구보다 많은 논문을 당대 최고 수준의 수학자들과 함께 썼으니 말이다. 그렇다면 영화계에서 케빈 베이컨 넘버를 계산할 수 있는 것처 럼 수학계에서는 에르도스 넘버를 계산할 수 있다. 에르도스와 직접 책을 집필했다면 1, 에르도스와 같이 논문을 쓴 사람과 썼다면 2……

---

* 천재 학자들이 흔히 그렇듯이, 에르도스는 괴팍한 성격과 화법으로도 유명했다. 그는 자신만의 독특한 어휘들을 만들어서 사용했는데, 몇 가지 예를 들면 '주인(여성)' '노예(남성)' '죽었다(더 이상 수학을 풀지 않는다)' '떠났다(죽었다)' '소음(음악)' '포로가 되다(결혼하다)' '해방되다(이혼하다)' '설교하다(수학 강의를 하다)' '고문하다(학생에게 수학 구두시험을 보다)' 등이다.

이런 식으로 말이다. 이 숫자가 작을수록 그는 전 세계적 수학 지식 생산 네트워크의 중심에 가깝다는 뜻이므로 훌륭한 수학자일 가능성이 크고 이 숫자가 커질수록 반대의 해석이 가능하다. 만약 어떤 수학자가 아예 에르도스 넘버를 가지고 있지 않다면(정확히는 에르도스 넘버가 무한대라고 이야기한다), 그는 수학 지식을 생산하는 네트워크의 중심과 연결되지 않는다. 얼마 전까지만 해도 많은 수학자들이 이력서에 자신의 에르도스 넘버를 기재하곤 했다. 에르도스의 파급 효과가 얼마나 대단한 것이었는지 종종 수학과 무관한 분야의 학자들도 에르도스 넘버를 갖기도 한다. 예를 들어 잘 알려진 석학이자 언어학자인 노엄 촘스키의 에르도스 넘버는 2이다.

네트워크를 분석하겠다는
야심은 현실이 되었다 + 세상이 이처럼 네트워크로 구조화되었
다면 과학은 네트워크를 이용해 무언가
유용한 지식을 우리에게 제공해줄 수 있을 것이다. 우선 수시로 말썽을 피우고 부모님 속을 태우게 했던 사춘기 시절로 돌아가보자. 나는 중고등학생 시절 학교에서 친구들과 어울려 사고를 치고 부모님을 모셔오라는 통보를 받았던 적이 몇 차례 있다. 어머니는 혹시라도 자식에게 안 좋은 일이 있을까봐 학교로 달려가 선생님께 선처를 부탁하고는 집에 오는 길에 꼭 하시는 말씀이 있었다. "에휴, 우리 애가 원래는 말 잘 듣고 공부도 열심히 했었는데 친구를 잘못 만나서……." 이 말은 나의 어머니뿐 아니라 대한민국에서 사고를 친 모든 학생의 부모님들이 빼놓지 않는 전형적인 반응이다. 그런데 문제는 같이 사고를 친 그 잘못 만난 친구의 부모님도 똑같은 이야기를 한다는 점이다. 둘이 같이 일을 저질렀는데 나도 친구를 잘못 만났고 그 녀석도 친구를 잘못 만났다면 도대체 둘 중 누가 나쁜 녀석일까? 정답은 나도 그 녀석도 아닌 둘 사이의 '관계'에 있을 가능성이 많다. 다행히도 같이 사고를 치던 친구들 대부분이 그럭저럭 별 문제 없이 가정을 꾸리고 사회생활을 하고 있는 걸 보면 이런 심증은 더 굳어진다.

좀 더 옛날로 돌아가서 초등학생 시절을 이야기해보자면 어느 날 담임선생님은 우리 반 60명의 친구에게 종이를 한 장씩 나누어주고선 가장 친한 친구의 이름을 써내라고 하셨다. 순진한 마음에 사실대로 쓰면서도 왠지 나의 은밀한 세계를 보여주는 것 같아 살짝 떨렸던 기억이 난다. 더 이상 순진하지 않은 나이가 되어서도 이 일은 가끔 한번씩 생각이 나곤 했는데 주로 떠오르는 질문은 이런 것들이었다. 내가 제일 친하다고 써냈던 그 녀석도 내 이름을 적었을까? 그 녀석이 날 배신하고 매일 꽁무니를 따라다니던 여자아이 이름을 써낸 건 아닐까? 담임선생님은 그걸 하나하나 맞춰보셨을까? 사실상 담임선생님이 그때 하셨던 것은 1920년대에 제이콥 모리노Jacob Moreno가 만들어낸 소시오메트리sociometry라고 하는 초보적 네트워크 조사였다. 아마도 선생님은 우리가 적어낸 60장의 종이들을 한 장씩 넘겨보면서 누가 누구랑 친한지, 아무하고도 친하지 않아서 선생님의 관심이 더 필요한 아이가 누구인지 이런 것들을 파악하셨겠지만, 전체를 한눈에 볼 수 있는 분석을 하지는 못하셨을 것이다. 60명 사이에 존재하는 3540개(60^2-60)의 관계들은 선생님 혼자 분석하기에는 너무 방대하기 때문이다.

이처럼 세상은 네트워크로 구조화되어 있지만 그렇다고 해서 우리가 늘 그 네트워크를 분석하고 활용할 수 있었던 것은 아니다. 네트워크 즉 관계의 특성상 우리는 모든 사람이 다른 모든 사람에 대해 가지는 관계를 알 수 있어야 하고 이것은 분석에 필요한 자원을 기하급수적으로 늘려놓는다. 일반적인 통계분석을 할 때 100명을 분석하다가 1000명으로 늘리는 것은 별로 어려운 일이 아니다. 분석해야 할 대상이 990명 늘어났을 뿐이니까. 그러나 네트워크 분석에서는 100명을 분석하려면 그 제곱인 1만 개의 관계를 알아야 하고 1000명을 분석하려면 그 제곱인 100만 개의 관계를 알아야 한다. 알아야 할 관계의 수가 1만 개에서 100만 개로 무려 99만 개나 늘어나는 것이다. 뒤에서 언급할 트위터에서 활동하는 한국인 수는 2011년 10월 현재 약 400만 명이다. 이들 사이의 관계를 분석하려면 어떻게 해야 할까? 무려 16조 가지의 관계를 알아야 한다. 이처럼 기하급수적으로 늘어나는 분석의 부담은 네트워크가 우리 곁에 늘 존재했지만 우리가 그것을 쉽게 분석하고 활용할 수 없었던 한 가지 이유다. 필자가 네트워크 분석을 처음 공부하던 15년 전쯤에는 개인용 컴퓨터로 100명 이상의 관계를 분석하려면 한밤중에 분석 프로그램을 돌려놓고 다음 날 아침에 일어나서 결과를 확인해야만 했다. 하지만 오늘날 우리는 400만 명 정도가 아니라 수천만 명 사이의 관계도 어렵지 않게 분석할 수 있게 되었으니* 네트워크 분석의 발전 속도는 실로 눈부시다 하겠다. 한때 네트워크를 분석하겠다는 것은 야심에 불과했으나 이제는 현실이 되었다. 그렇다면 이제는 집단 지성이라는 관점에서 이 현실의 여러 측면들을 검토해

*한 예로 네트워크 분석 전문기업인 (주)사이람과 필자가 다음커뮤니케이션 이용자 3500만 명 사이의 네트워크를 분석해서 언론에 보도되었던 것이 2005년이었다. 「탐사기획: 대한민국 온라인 사회 대해부」, 『중앙일보』 2005년 5월 9일, 10일, 11일자 참조.

보자.

네트워크로 만들어가는 집단 지성 +

요즘은 구경하기 힘들어졌지만 옛날에는 반딧불을 구경하는 것이 그리 어렵지 않았다. 한여름 밤 어둠 속에서 갑자기 선명한 녹색 빛을 내뿜는 모습은 꼬마들을 깜짝 놀라게 만들었다. 그런데 어떤 종류의 반딧불은 수백 마리가 동시에 빛을 내기도 한다. 이 녀석들은 초저녁 무렵에 저마다 멋대로 번쩍번쩍 빛을 내다가 날이 어두워지면 슬슬 빛을 내는 주기를 맞춰가기 시작한다. 그러다가 어느 순간 번쩍하며 수백 마리가 동시에 빛을 뿜는 것이다. 말레이시아, 필리핀, 미국 일부 지역에 서식하는 반딧불에서 관찰되는 현상이다. 전문 용어로는 상호동기화phase synchronization라고 한다. 이 녀석들은 도대체 어떻게 해서 이런 일을 해내는 것일까? 설마 수백 마리의 반딧불이 서로 의논을 거쳐 하나 둘 셋! 하면서 빛을 뿜는 건 아닐 것이다. 그 비결은 뜻밖에도 단순한데 각자 자기 주변에 있는 녀석들과 조금씩 주기를 맞추는 것이다. 그러다보면 전체 무리의 빛을 뿜는 주기가 몇 개로 단순화되고 어느 순간 하나로 맞아 번쩍하게 되는 것이다. 수백 마리의 반딧불이 동시에 빛을 내는 것을 보면 군사정권 시절 우리나라에서도 많이 했던 매스게임이나 북한의 집단체조 같은 장면이 연상되기도 한다. 반딧불이 이런 일을 해낼 수 있다니!

그러나 이런 일들은 다른 곤충들에서도 흔히 발견된다. 예를 들어 우리가 익히 아는 개미집은 꽤나 복잡한 구조를 가지는데, 그 안에는 유치원과 식품창고와 짝짓기 방이 따로 있을 정도이고, 앤트힐ant-hill이라고 불리는 지상으로 쌓아올린 개미집의 경우 어린아이의 키 높이까지 올라가기도 한다. 이런 종류의 현상들을 통틀어서 '벌떼 지성swarm intelligence'이라고 부르기도 하는데 핵심은 앞에서 든 예의 반딧불처럼 수많은 개체가 아주 단순한 규칙에 따라 일정한 지역에서 상호작용을 하는데, 그 결과 전체 집단에서 과거와는 질적으로 다른 어떤 변화가 나타난다는 점이다. 이것은 오늘날 인공지능AI, Artificial Intelligence이나 복잡계complex systems 연구의 핵심 개념 중 하나이기도 하다. 이쯤 되면 벌레라고 얕잡아봤던 반딧불이나 개미를 집단 지성의 한 자락에 슬그머니 끼워주지 않을 도리가 없다. 그러나 벌떼 지성은 수많은 개체들이 자신들의 의도와 상관없이 어떤 질서나 패턴을 나타낸다는 것이지 문제를 해결하는 지성과는 아직도 약간의 거리가 있다.

문제해결적
지성의 출현과 한계 +

문제해결적 지성의 한 예로 네이버 지식IN 서비스를 생각해보자. 이 서비스가 처음 등장할 때 광고카피는 "지식인은 죽었다"였던 걸로 기억한다.(검은 박사모를 쓴 전통적 지식인의 머리 위에 죽음을 상징하는 하얀 테두리가 둘러진 채로 광고에 등장했다.) 전통적인 의미의 지식인이 아니라 새로운 형태의 집단 지성이 등장한다는 것을 강조하려는 의미였을 것이다. 솔직히 말하면 몇 년씩이나 힘들게 공부해서 박사학위를 받았는데 죽었다고 하니까 썩 기분이 좋지는 않았지만 나도 이 서비스의 덕을 톡톡히 본 사람 중 하나였다.

가장 인상적이었던 경험은 2006~2007년 미국 하버드 대학교의 방문교수로 있을 때였다. 어느 겨울날 갑자기 내가 살던 집의 양변기가 막혔다. 이건 한국에서도 골치 아픈 일이지만 미국에서는 한국보다 몇 배 더 골치 아픈 것이었다. 인건비가 워낙 비싸서 변기 뚫는 사람을 부르려면 족히 100달러 가까이 줘야 할 테고, 더 답답한 건 그나마 당일에 오는 경우가 거의 없어서 2~3일간은 화장실을 쓸 수 없다는 것이었다. 그때 갑자기 떠오른 건 지식IN이었다. 아니나 다를까, 지식IN에 소개된 변기 뚫는 법은 빠르고 간편하며 비용이 한 푼도 들지 않았다. 집에 굴러다니는 1.5리터 페트병 하나만으로 일 분도 채 안 되어 말끔히 해결할 수 있었고, 얼마 후 다시 한번 같은 일이 발생했지만 역시 쉽게 해결했다. 그러니 출장비를 아낀 것만 해도 나는 지식IN에 200달러쯤 빚지고 있는 셈이다(방법이 궁금하다면 직접 찾아보시길).

그러나 눈앞의 문제만 해결되면 그것으로 만족할 수 있는 것은 아니다. 지식IN과 같은 문제해결적 지성은 실용적인 문제들에 대한 좋은 답을 제공하지만 아직도 네트워크의 힘을 본격적으로 활용하고 있다고 보기는 어렵다. 구글이나 아마존의 경우를 보자. 이들은 네트워크의 힘을 또 다른 방식으로 활용함으로써 세계적인 기업의 반열에 올랐다. 구글이라는 검색 엔진이 한국에 처음 알려지기 시작했을 때 고개를 갸우뚱거리는 사람들이 많았다. 온갖 재미난 이야깃거리들을 모아놓고 휘황찬란하게 사용자들을 반기는 한국식 포털에 익숙한 이용자들에게 흰색 화면에 검색창만 하나 띄워놓은 구글이 뭐가 그리 대단한지 잘 와 닿지 않았던 것이다. 그러나 구글의 진가는 검색 결과가 말해준다. 일반인들은 알기 어려운 의학적 지식을 필요로 한다고 하자. 두 가지 방법이 있다. 우연히 의사들을 마주칠 때마다 그들의 의견을 묻는 것이 첫 번째이다. 두 번째는 여러 의사에게 해당 분야의 훌륭한 의사가 누구인지를 물어본 후 가장 훌륭한 의사로 지목된 사람에게 의견을 묻는 것이다. 어떤 방법이 더 정확한 정보를 제공할까. 당연히 두 번째이다. 구글의 페이지랭크^{PageRank} 알고리즘은 여러 웹사이트들 간의 하이퍼링크 네트워크를 분석하여 그 정점에 있는 최고로 권위 있는 정보를 상위에 올려준다.

아마존이라는 온라인 서점을 이용해본 사람들이 많을 것이다. 나는 직업상 아마존을 자주 이용하게 되는데 그때마다 아마존이 제공하는 책 추천의 정확성에 감탄한다. 실제로 10년 전 어느 날 아마존에 접속했다가 사이트에 추천된 책들의 목록이 너무나 인상적이어서 그 화면을 갈무리했다가 지금까지도 네트워크 강의의 자료로 사용하곤 한다. 첫 페이지에서 아마존은 15권의 책을 추천했는데 그중 8권은 오프라인 서점에서 구매해서 이미 가지고 있던 책이었다(이미 구매하지 않았다면 아마존의 추천을 받아들였을 것이다). 4권은 원래부터 사려고 벼르던 책이었고, 2권은 출간된 줄 미처 모르고 있었지만 당연히 사야 할 책이었고, 1권은 필자가 신문에 서평까지 썼던 책이었다. 15권의 책 중에서 2권은 두 명의 저자가 같이 썼기 때문에 저자는 총 17명이었다. 이들 중 2명은 필자의 박사학위 심사위원이었고 한 명은 그 당시 필자와 함께 책을 쓰고 있던 중이었으며 나머지 14명 중에서도 4~5명은 이런저런 인연으로 알고 지내며 간혹 학술대회에서 만나거나 메일을 교환하는 사이였다. 이쯤 되면 그 추천의 정확성에 감탄하는 정도를 지나 경악하게 된다. 설사 그들이 흥신소를 동원해 필자의 뒤를 추적했다고 하더라도 나의 머릿속을 이렇게까지 정확하게 들여다볼 수는 없었을 것이다. 이런 놀라운 정확성의 배후에도 협업필터링^{Collaborative Filtering}이라는 네트워크 알고리즘이 작동하고 있다. 내가 아마존에 접속하는 순간 그들은 데이터베이스를 뒤져서 그동안 내가 구입했던 책들의 목록을 모두 꺼낸다. 다음에는 역시 자신들의 데이터베이스를 뒤져서 전 세계 이용자 중 내가 샀던 책들과 똑같은 책들을 샀던 사람들을 추려낸다. 다음으로는 내가 아직 사지 않은 책들 중에 그들이 가장 많이 산 책들이 무엇인지를 찾아서 내게 추천하는 것이다. 책을 무작위로 사는 사람은 거의 없을 것이다. 자신만의 관심 분야라는 것이 있게 마련이고, 따라서 내가 샀던 책들을 모두 산 사람들이 가장 많이 구매한 책이라면 나도 관심이 있을 가능성이 매우 높다.

아마존의 추천 방식 배후에 네트워크 알고리즘이 작동하고 있다는 사실을 잘 알고 있는 나로서도 놀라울 정도의 정확성이었고, 이는 동시에 부아가 치밀어 오르는 계기가 되었다. 우리는 도대체 무얼 하고 있는 건가. 당시 국내 최대의 인터넷 쇼핑몰 사이트 중 한 곳에 들어가보았다. 이 사이트 역시 상품 추천을 해주었는데 공구 세트, 남성용 속옷 세트, 놀이공원 자유이용권, 그리고 김치냉장고였다. 그 당시 나는 30대 후반이었는데 그들의 추천은 30대 후반이라는 연령 범주와 남성이라는 성별 범주만으로 이루어지고 있는 것이 너무나 분명했다. 하도 기가 막혀서 이 쇼핑몰에서 마지막으로 샀던 물건이 뭐였는지 구매 기록을 뒤져보니 PDA를 구입했다는 내용이 있었다. PDA를 구입한 사람에게 속옷과 김치냉장고라니! 아마도 나와 똑같은 추천을 받은 사람이 족히 수만 명은 될 것이었다. 그로부터 10년이 지난 지금 우리나라 쇼핑몰의 추천 방식도 그때보다는 많이 세련되게 바뀌었지만, 아직도 협업필터링은 본격적으로 도입되지 않고 있다.

구글 검색과 아마존은 방대한 네트워크를 순식간에 분석해서 사업에 활용하는 혁신의 대표적 사례들이다. 그러나 여기에도 아직 한계는

SNS는 20년 넘게 끌어온
문제를 한 방에 해결해주었다.

트위터의 위력은 2010년 지방선거가 역대 지방선거 사상
최고의 투표율을 기록한 선거라는 것으로 나타났고,
이후 한국의 투표율 하락은 확실히 반전될 기미를 보이고 있다.
2012년에 두 차례의 커다란 선거를 앞두고 있지만,
여론조사처럼 선거 결과를 예측하는 수단은 아무런 의미가 없게
되었다. 유권자들의 거대한 네트워크가 불러올 변화가
지금까지의 추세보다 훨씬 더 커질 상황이 나타났기 때문이다.

존재한다. 지성知性은 기업 쪽에만 있을 뿐 사용자 쪽에는 없기 때문이다. 사실 필자는 네트워크 분석을 전공한 사람이기 때문에 구글과 아마존의 네트워크 알고리즘을 알고 있지만 대부분의 이용자들은 구글이나 아마존을 이용할 때 자신이 전 세계적인 네트워크의 일원으로 들어가 있고 다른 이용자들을 위해 활용된다는 사실조차 알지 못한다. 그렇기 때문에 적극적인 의미의 참여는 존재하지 않는 것이다. 이러한 참여는 SNS의 시대가 활짝 열리면서 꽃을 피우기 시작했다.

SNS가 세상을 바꾸다 + 요즘 신문을 읽다보면 크고 작은 사건이 있을 때마다 트위터에서는 어떤 반응이 있었다거나 혹은 트위터의 힘으로 선거 같은 커다란 정치사회적 사건의 결과가 바뀌었다는 기사를 종종 접하게 된다. 실제로 트위터는 2010년 6·2 지방선거 때부터 위력을 발휘하기 시작해서 2011년 4·27 재보선에서 20퍼센트 이상 차이를 보이던 후보들의 당락을 바꾸어놓았다. 또 2011년 서울시 무상급식 주민투표에서도 커다란 영향력을 행사했으며 10·26 서울시장 보궐 선거에서 또 한 차례 돌풍을 일으켰다. 그런가 하면 한진중공업 85호 크레인에서 농성 중인 김진숙씨를 돕고 정리해고를 철회하려는 수많은 시민의 연대가 이루어지는 계기를 만들고 국회청문회를 이끌어내기도 했다.

트위터를 이용하지 않는 사람들은 쉽게 이해하지 못할 일이다. 그러나 트위터가 만들어내는 소통의 네트워크 구조를 생각해보면 트위터로 대표되는 SNS가 어떻게 세상을 바꾸는 강력한 도구가 되고 있는지 이해할 수 있다. 한국인으로 추정되는 트위터 이용자는 2010년 지방선거

무렵 약 113만 명, 2011년 4·27 재보선 무렵 약 280만 명, 그리고 2011년 10월까지 약 400만 명으로 추산된다. 빠른 속도로 증가하는 이용자 수도 그렇지만 더 중요한 것은 그들이 만들어내는 네트워크다. 트위터에서 사람들은 자신이 소통하고 싶은 상대를 골라 '팔로우follow' 버튼을 누르고 그 순간부터 상대가 쓰는 140자 이내의 짧은 글들을 받아본다. 상대가 쓰는 글이 마음에 들지 않으면 '언팔unfollow' 버튼을 누르면 그만이다. 또 상대가 쓰는 글들 중에서 다른 사람들에게 전달할 가치가 있는 글이라고 판단되면 '리트윗RT, Retweet' 버튼을 눌러 나의 팔로워들에게도 전달되도록 한다. 트위터의 또 하나 중요한 기능은 url 링크 기능이다. 140자 이내로 써야 하는 SNS의 특성상 긴 이야기를 쓸 수 없기 때문에 사람들은 종종 url 링크를 활용하는데, 이것은 사안의 성격에 따라 사진, 언론기사, 동영상 등으로 다양하게 이루어진다. 끝으로 해시태그hashtag 기능을 들 수 있다. 같은 사안의 트윗을 공유하고 싶은 사람들은 자신의 글 끝에 #으로 시작하는 같은 해시태그를 달아줌으로써 해당 사안에 대한 여러 사람의 글을 모아서 볼 수도 있다.

트위터가 이끄는
한국 정치 문화의 변화 + 우리나라의 투표율은 1987년 이후부터

꾸준히 내려가기 시작해서 2008년 총선에서 46.1퍼센트라는 역대 최저의 투표율을 기록했다. 1987년 이전에 비해서도 절반 수준이고 우리와 비슷한 수준에 와 있는 다른 경제협력개발기구OECD 국가들에 비해서도 절반이 조금 넘는 수준이다. 이것은 유권자의 절반 이상이 제도 정치권 바깥으로 이탈했다는 뜻이고, 정치에 대한 무관심 내지는 정치권을 향한 혐오가 위험한 수준에까지 이르렀다는 뜻이기도 하다. 그러나 투표율의 내막을 들여다보면 사태는 더 심각하다. 중앙선거관리위원회의 자료에 따르면 46.1퍼센트의 투표율을 기록했던 18대 총선에서도 60세 이상의 투표율은 65.5퍼센트였던 반면 20대 후반의 투표율은 24.2퍼센트에 불과했다. 여러 조사 결과에 따르면 계층적으로도 상층과 하층의 투표율은 20퍼센트 이상의 차이를 보인다. 투표율이 지속적으로 내려가는 과정에서 특히 젊은 층과 서민층의 투표율이 현저하게 더 많이 낮아진 것이다. 투표로 정치적 대표성을 만들어나가는 대의제 정치제도 하에서 이것은 심각한 비대칭의 구도를 만들어내기 때문에 더 큰 문제가 된다.

그러나 SNS는 20년 이상 지속되어온 이 문제를 한 방에 해결해주었다. 트위터에서 만들어진 네트워크를 통해 사람들은 이번만큼은 반드시 투표하자고 서로를 격려하고 투표소에서 찍은 인증샷을 올렸다. 또 TV토론에 나와서 논점을 회피하는 후보의 동영상을 유튜브에 올린 후 트위터로 전파했고, 이제는 「나는 꼼수다」와 같은 팟캐스트 방송을 트위터로 함께 즐기면서 손을 잡고 투표소로 다시 향하고자 한다. 트위터의 위력은 2010년 지방선거가 역대 지방선거 사상 최고의 투표율을 기록한 선거라는 것으로 나타났고 이후 한국의 투표율 하락 추세는 확실히 반전될 기미를 보이고 있다. 이는 1987년 이후 20년 이상의 기간 동안 정치에서 이탈했던 절반 이상의 유권자들이 트위터라는 네트워크로 서로 연대하면서 일제히 정치 현장으로 되돌아오고 있다는 하나의 사례였다. 2012년에 두 차례의 커다란 선거를 앞두고 있지만 여론조사처럼 선거 결과를 예측하는 수단은 아무런 의미가 없게 되었다. 유권자들의 거대한 네트워크가 불러올 변화가 지금까지의 추세보다 훨씬 더 커질 상황이 나타났기 때문이다.

　지금까지 네트워크를 통해 세상을 분별력 있게 보는 시각을 더 많은 사람과 나누려는 의도로 몇몇 의견을 밝혔다. 정리해보면 반딧불이나 개미 같은 곤충부터 영화계나 학계는 물론 우리 모두는 네트워크로 구조화된 세상에서 살고 있다. 언제나 우리와 함께 있어온 네트워크를 분석하고 활용하는 것은 한때 야심에 불과했지만 이제는 현실이 되었다. 구글 검색이나 아마존의 도서 추천처럼 방대한 네트워크를 분석해서 활용하는 길이 있는가 하면 SNS의 예에서 보듯 수많은 사람들이 의식적으로 네트워크에 뛰어들어 세상을 바꾸는 길도 있다. 수많은 사람의 집단 지성이 작동하는 네트워크 세상에는 비밀도 독점도 있을 수 없다. 자신의 것을 솔직하게 드러내고 타인과 나눔으로써 베푼 것보다 더 많은 도움을 받는 사람이 성공하는 것. 이것이 네트워크 세상의 미래가 될 것이다.

진화론, 우리가 사는 세상을 이해하는 열쇠

로봇이 감정을 가질 수 있을까? 2004년에 개봉된 윌 스미스 주연의 「아이, 로봇i, Robot」 속으로 들어가보자. 2035년 어느 날, 시카고 경찰 스프너(윌 스미스)는 로봇 모델 NS-5를 창조한 래닝 박사의 살인용의자로 '써니'라 불리는 로봇을 체포한다. 취조실에 앉아있는 써니 앞에서 스프너는 상관에게 '윙크'를 하며 들어온다. 그 광경을 신기하게 지켜본 써니는 그 윙크가 무엇을 의미하냐고 다그치지만 스프너는 냉소적으로 비아냥거린다. 감정을 느끼지 못하는 로봇은 절대로 이해할 수 없는 무엇이라고. 물론, 영화는 바로 다음 장면에서 무안하게도 써니가 감정을 진화시킨 최초의 로봇임을 보여준다.

로봇과 인간의 경계에
감정이 자리 잡다 +　로봇이 감정을 가질 수 있을까? 2004년에

개봉된 윌 스미스 주연의 「아이, 로봇^{i, Robot}」

속으로 들어가보자. 2035년 어느 날 시카고 경찰 스프너(윌 스미스)는 로봇 모델 NS-5를 창조한 래닝 박사의 살인용의자로 써니라 불리는 로봇을 체포한다. 취조실에 앉아 있는 써니 앞에서 스프너는 상관에게 윙크를 하며 들어온다. 그 광경을 신기하게 쳐다본 써니는 윙크가 무엇을 의미하느냐고 다그치지만 스프너는 비아냥거릴 뿐이다. 감정을 느끼지 못하는 로봇은 절대로 이해할 수 없다고. 그러나 영화는 바로 다음 장면에서 써니가 진화된 감정을 가진 최초의 로봇임을 보여준다. 어쨌든 이 장면은 로봇과 인간을 연결하는 '잃어버린 고리^{missing link}'가 다름 아닌 감정임을 시사한다.

감정이라니! 그것은 언제나 인류의 지성사에서 이성의 적이지 않았던가? 실제로 불과 20년 전만 해도 감정이 인공지능의 핵심이라고 주장하는 인공지능 연구자들은 거의 없었다. 그들은 인간의 독특성을 인지능력(전통적인 의미에서 이성)에서 찾았으며 그 능력은 언제나 감정과 길항적인 관계를 갖는다고 전제했다. 당연하게도 감정은 올바른 판단을 방해하는 주범으로 취급받았다. '이성을 잃었다'는 그래서 나온 부정적인 표현이다. 이 표현을 들은 사람은 잠시 동물 취급을 받는다. 하지만 누구도 '감정을 잃었다'는 표현은 쓰지 않으며, 게다가 감정을 잃었다고 해서 동물(혹은 로봇) 취급을 당하지도 않는다. 감정은 동물의 본성을 설명하는 키워드일 뿐이었다.

하지만 최근 인지신경과학과 진화심리학의 연구들 때문에 감정의 중요성에 대한 인식이 날로 커지고 있다. 예컨대 감정을 담당하는 편도체amygdala에 손상이 생기면 이성적 판단도 함께 흐려진다는 결과가 보고되는 등, 이성 대 감정이라는 전통적 이분법이 재고되기 시작했으며 감정 교류가 가능한 '사회 로봇sociable robot'을 만드는 일이 인공지능 로봇의 주요 과제 중 하나가 되었다. 「아이, 로봇」은 비록 전통적 로봇 개념에 바탕을 둔 아시모프I. Asimov의 『로봇』 시리즈를 동기로 만들어진 작품이지만 감정을 중시하는 현재의 로봇 연구 패러다임이 상당히 잘 반영된 작품이다. 로봇과 인간의 경계에는 인지능력과 연계된 감정능력이 자리 잡고 있는 것이다.

인간과 동물의
불확실한 경계를 연 다윈 혁명 +

그렇다면 인간과 동물의 경계에는 무엇이 존재할까? 이 물음에 대한 답은 1859년을 기점으로 비교적 정확히 갈라진다. 그 분수령이

진화된 감정을 가진 최초의 로봇인 「아이, 로봇」의 써니

된 다윈의 진화론은 코페르니쿠스 혁명 이상으로 인간과 자연에 대한 인류의 생각에 엄청난 변화를 몰고 왔다. 다윈의 진화론은 첫째, 인간이 생명의 최고 위치를 점하고 있으며 다른 동물들과 본질적으로 다르다는 인간중심주의를 배격했다. 둘째, 놀라운 적응으로 가득 찬 자연세계의 존재에서 신의 존재를 증명하려던 자연신학natural theology적 전통을 비판했다. 셋째, 자연세계가 정확하게 구획되어 있고 각 구획에 고유한 본질을 가지고 있다는 본질주의essentialism를 거부했다. 사실 천동설에서 지동설로의 변화는 인간중심주의를 탈피하기 위한 시작에 불과했다. 왜냐하면 지동설에서도 인간은 여전히 지구의 중심에 우뚝 선 존재이기 때문이다. 이런 생각은 아리스토텔레스까지 거슬러 올라간다. 그는 무생물에서부터 식물과 동물, 인간과 천사에 이르는 '존재의 대사슬the great chain of being'을 일직선상에 놓고 인간을 자연세계의 최고 정점에 올려놓았다.

하지만 한두 개의 원시 생명에서부터 지구 위의 모든 생명이 가지를 치듯 나뉘어 갈라졌다고 보는 다윈의 진화론은 자연세계에서 인간의 지위를 최고 자리에 놓을 수 없게 만들었다. 예컨대 인간과 침팬지는 600만 년 전쯤에 공통 조상에서 갈라져 독자적으로 진화해온 사촌 관계이다. 따라서 동물원에 있는 침팬지가 아무리 진화를 거듭한다 해도 인간 종種이 될 수는 없다. 이것이야말로 생명의 나무tree of life 모형이 던져준 혁명적 발상의 전환이다. 다윈은 자신의 이론이 인간의 지위에 대한 전통적인 견해와 함께 갈 수 없음을 분명히 알고 있었다. 하지만 엄청난 반발을 두려워한 나머지 인간의 진화에 대해서는 의도적으로 말을 아꼈다. 그가 『종의 기원On The Origin of Species』(1859)을 출간한 지 10년 뒤에야 인간의 진화를 본격적으로 다룬 『인간의 유래와 성선택The

Descent of Man, and Selection in Relation to Sex』(1871)을 내놓은 데에는 그런 속사정도 있었다.

빅토리아 시대의 영국 사회에서 원숭이와 인간이 같은 조상에서 갈라져 나온 사촌지간이라는 생각은 몹시 거북스러운 것이었으리라. 1860년, 인간의 지위를 두고 옥스퍼드의 주교 윌버포스Samuel Wilberforce와 '다윈의 불독'이라는 별명까지 얻은 헉슬리Thomas Huxley가 벌인 논쟁은 매우 유명하다. 윌버포스는 연설 도중에 헉슬리를 바라보며 "당신이 원숭이의 자손이라고 주장한다면 그 조상은 할아버지 쪽에서 왔는가 아니면 할머니 쪽에서 왔는가?"라고 물었다. 이에 헉슬리는 "중요한 과학 토론을 단지 웃음거리로 만드는 데 자신의 재능을 사용하려는 그런 인간보다 차라리 원숭이를 할아버지로 삼겠다"고 되받아쳤다. 인류가 동물 세계의 자손이라는 다윈의 관점에 대한 사람들의 일반적인 반응은 다음과 같은 말 속에 잘 표현되어 있다. "세상에, 인간이 원숭이의 자손이라니! 이것이 사실이 아니길. 하지만 만일 사실이라면 널리 알려지지 않기를."

다윈의 진화론이 세계관에 미친 두 번째 충격은 정교하게 적응되어 있는 자연세계를 설명하기 위해 더 지적인 신을 상정하지 않아도 된다는 점이었다. 다음과 같은 상황을 상상해보자. 부시맨이 사막을 지나다가 우연히 낯선 물건 하나를 발견한다. 마을에 돌아온 그는 조심스럽게 들고 온 그 물건을 추장에게 보여주었다. 원로들의 비밀회의가 급히 소집되었고 몇 시간이 흐르자 초조하게 결과를 기다리던 이들에게 추장은 그것이 암탉처럼 때를 알려주는 장치일 뿐 위험한 물건이 아니라고 공표한다. 모두들 환호성을 지르는 순간 어디선가 들려오는 목소리. "그러면 누가 그것을 만들어 우리에게 보냈을까요?" 아마도 또 한

번 심각한 비밀회의가 열렸을 것이다. 과연 어떤 결론이 나왔을까? 영화 「부시맨」에서나 나올 법한 가상 사건이긴 하지만 정교하고 복잡한 기능들로 무장된 생명의 세계를 보고 있노라면 우리도 곧 부시맨이 된다. "도대체 이렇게 복잡한 기능들이 어떻게 해서 생겨났을까?"

이런 물음에 대한 세련된 대답이 적어도 서양에서는 2세기 전쯤에 마련되었다. 페일리William Paley는 『자연 신학Natural Theology』(1802)이라는 책에서 인간의 눈과 같은 복잡한 기관들이 자연적인 과정으로 생겨나는 것은 불가능하기 때문에 지적인 설계자에 의해 창조될 수밖에 없다고 주장하였다. 그는 생명의 복잡성과 자연의 질서 등을 들어 신의 존재를 증명해 보이려고 노력했다. 이런 식의 사고는 마치 놀라운 기능을 하는 시계를 처음 보고 그것의 창조자를 떠올리는 부시맨의 추리와 유사하다. 즉 복잡한 기능을 가지는 어떤 것이 존재한다면 그것은 틀림없이 어떤 설계자가 만들었을 것이라는 논리다. 그래서 사람들은 이런 추론을 '설계 논증an argument from design'이라고 부른다.

영국 옥스퍼드 대학교의 저명한 동물행동학자이며 과학 대중화의 선봉장인 도킨스Richard Dawkins는 바로 그 추리가 오류임을 명확히 밝히기 위해 『눈먼 시계공The Blind Watchmaker』(1986)이라는 책을 썼다. 그의 주장은 생물계의 복잡한 기능들이 자연선택을 통해 진화할 수 있기 때문에 지적인 설계자가 필요하지 않다는 것이다. 도킨스의 말에 따르면 1859년에 『종의 기원』을 출간했던 다윈이야말로 페일리식의 설계 논증을 혁파한 최초의 인물이며, 도킨스 자신은 그의 발자취를 따라 자연선택의 창조적인 과정을 현대적인 관점에서 쉽게 설명해준 해설가일 뿐이다. 그는 과학과 신앙 사이에서 괴로워했던 다윈보다 한발 더 나아가 다음과 같은 용감한 결론을 내린다. "우리는 다윈으로 인해 지적으로 충실한 무신론자가 되었다."

자연선택이 도대체 무엇이기에 창조자인 신의 자리마저 대신할 수 있단 말인가? 도킨스는 자연선택을 시계공에 비유한다. 여기까지는 페일리와 똑같다. 하지만 그 시계공이 장님이란다. 즉 생물의 진화 과정은 시계공이 설계도에 따라 부품들을 조립하듯 진행되지 않고 오히려 설계도도 볼 수 없는 장님이 손을 더듬으며 부속을 이리저리 끼워 맞추는 식으로 진행된다는 것이다. 도킨스의 주장에 따르면 자연선택의 결과인 생명체들은 마치 숙련된 시계공이 설계하고 고안한 것 같은 인상을 주나 그것은 어디까지나 인상을 논할 것일 뿐 실제 자연선택은 앞을 내다보지도 못하고 절차를 계획하지 않으며 목적을 드러내지도 않는 그런 과정이다.

마지막으로 다윈의 진화론이 플라톤 이후로 존재론의 왕좌를 지켜온 본질주의적인 형이상학에 어떤 도전이 되었는지를 생각해보자. 간단히 말해서 본질주의는 자연세계가 어떤 구분된 본질들로 정확하게 구획되어 있다는 견해다. 예컨대 금과 구리가 각각의 고유한 본질적 속성들에 의해서 뚜렷하게 구분되듯이 자연세계의 모든 것이 각각의 유형으로 나뉜다는 생각이다. 이런 생각은 모든 생명체를 이데아의 세계에 존재하는 완벽한 형상의 불완전한 모방쯤으로 본 플라톤에서 종種이 신에 의해 각 종류대로 창조되었다고 믿는 기독교에 이르기까지 그 역사가 매우 깊다.

하지만 다윈의 진화론은 이런 본질주의적 세계관을 거부한다. 그 이유는 분명하다. 왜냐하면 변이들variations은 다윈의 자연선택이 작동하기 위해 반드시 필요한 요소인데 다윈은 자연이 개체군 내의 이런 변이들을 선택적으로 보존함으로써 종의 분화가 일어난다고 주장하기 때문이다. 즉 개체군 내의 구성원들이 서로 달라야 생명의 진화가 가능하다는 논리다. 진화생물학자인 마이어Ernst Mayr는 이런 의미에서 다윈의 진화론 때문에 해묵은 본질주의가 '개체군 사상population thinking'이라는 비본질주의적 견해로 대체되었다고 주장한다. 이렇게 개체군 사상은 인간과 동물의 연속성 주장과 더불어 다윈이 활동하던 당대와 그 이후의 존재론 혹은 세계관에 지대한 영향을 끼쳤다. 이 사상은 종의 불변성을 믿는 기독교적 전통과 종의 이상형을 상정하는 플라톤적 전통 둘 다 어울리지 않는 개념이다. 다윈 혁명은 인간과 동물의 경계를 흐려놓았던 것이다.

그렇다면 인간 종의 독특성은 편견이요 환상일 뿐인가? 그렇지 않다. 다윈 혁명이 인간의 독특성을 앗아갔다는 생각도 흔한 오해 중 하나다. 오히려 다윈 진화론의 참뜻은 어떤 종이 그 사촌 종들과 여러 측면에서 진화적으로 연결되어 있기 때문에 그 종의 특성을 제대로 이해하려면, 그 종과 주변 종들의 진화사와 진화 환경을 충분히 알아야 한다는 의미일 것이다. 이런 맥락에서 다윈 혁명은 비교학의 혁명이다. 그것은 식물과 동물을 비교하고 벌레와 인간을 비교하는 과정에서 진화상의 유사성과 차이점이 드러난다는 생각이다. 즉, 동물과 인간의 연결성을 명확히 드러내고자 했던 사상이다. 여기서 연결성은 동일성을 의미하지 않는다. 그렇다면 인간과 영장류는 어떻게 연결되어 있을까?

침팬지의 언어 실험을
둘러싼 이견들 +

지난 한 세기 동안 영장류 연구자들은 연구 대상 자체(가령 침팬지, 버빗원숭이, 일본원숭이

등)에 관한 새롭고 놀라운 발견을 인류에게 제공해왔다. 그런 지식들은 우리를 늘 당혹스럽게 만들었다. 왜냐하면 몇몇 관련 연구들로 인해 인간만이 지닌다고 여겼던 고유한 특성들이 점점 줄어들었기 때문이다. 예컨대 침팬지는 기호로 의사소통을 할 수 있고 숫자를 셀 수도 있으며 자기 자신을 인식할 수도 있고 심지어 도덕적 감성도 지닌다고 알려졌다. 영장류의 인지와 행동을 연구하는 대부분의 학자들은 인간의 인지 능력, 언어 능력, 감정, 성적 행동, 사회적 행동 등이 유인원의 그것과 상당히 닮았다는 점에 대체로 동의한다. 하지만 영장류와 인간의 유사성이 사실 이상으로 과장되어서도 곤란하다.

예를 들어 침팬지의 언어는 인간의 언어와 어떻게 다를까? 침팬지 연구의 선구자 구달Jane Goodall은 강연을 시작할 때 언제나 청중에게 침팬지의 '팬트 후트pant hoot'로 첫인사를 한다. "우후우후우후후~" 이 팬트 후트는 침팬지들이 서로 멀리 떨어져 있을 때 자신의 존재를 알리는 소리인데 침팬지마다 음색과 강약이 제각각인 것으로 알려졌다. 침팬지들 사이에서 소리를 통해 의사를 전달하는 방식은 이외에도 다양하다. 그중 '팬트 그런트pant grunt'와 '푸드 그런트food grunt'가 대표적이다. 팬트 그런트는 서열이 낮은 침팬지가 높은 침팬지에게 다가갈 때 내는 헐떡거리는 소리이며, 푸드 그런트는 먹이가 있다는 것을 가족이나 동료들에게 알릴 때 내는 소리로 "으흐으흐"처럼 짧은 음으로 들린다. 그런데 야생 침팬지들이 먹이를 앞에 두고 푸드 그런트보다 훨씬 강하고 흥분된 소리를 내지르는 때가 있다. 가젤 같은 동물을 성공적으로 사냥한 후 동료들에게 알리는 경우다. 한편 침팬지가 매우 크고 사나운 소리로 "와아" 하면서 비명을 지르는 경우도 있다. 그럴 때는 영락없이 이상하거나 무서운 무언가를 만난 것이다.

만일 어떤 침팬지가 이런 독특한 소리들을 구분하지 못한다면 어떨까? 살아남기 어려울 것이다. 버빗원숭이가 내는 경고음은 의사소통이 생존에 얼마나 중요한가를 극명하게 보여주는 사례다. 아프리카 사바나에서 살고 있는 버빗원숭이는 흥미롭게도 어떤 종류의 천적이 나타났는지에 따라 서로 다른 경고음을 낸다. 예를 들어 독수리가 출현했을 때와 표범이 나타났을 때에 경고음이 다르다. 더욱 신기한 것은 그 소리만 듣고 동료 버빗원숭이들은 주저 없이 덤불 속으로 숨거나 나무 위로 재빨리 올라간다는 사실이다.

동료 침팬지의 소리, 즉 언어를 잘 구분해 듣고 적절히 반응해야 하는 것은 침팬지들에게만 국한되지 않는다. 야생과 실험실에서 침팬지를 연구하는 사람들도 그들의 언어를 제대로 이해하고 있어야 한다. 하지만 아직도 침팬지의 언어는 몇 가지 뚜렷한 음을 제외하고는 정확히 해독되지 못하고 있는 실정이다. 물론 그들의 언어에 방언이 존재하고 개인마다 고유한 개성도 있기 때문에 해독에 어려움이 있는 것도 사실이다. 제아무리 구달이 내는 팬트 후트라도 그것이 낯선 소리라면 침팬지들도 반응하지 않는다. 실제로 그녀가 몇 년 전에 에버랜드 동물원에 있는 침팬지들에게 팬트 후트로 인사를 했는데도 그들은 대꾸가 없었다. 구달은 그 이유가 방언 때문일지 모른다고 설명했다. 그러나 문제는 침팬지의 언어를 인간이 해독할 수 없어서가 아니라 그것이 해독을 필요로 할 만큼 복잡하지 않을 수도 있다는 점이다. 침팬지의 언어가 복잡한 정보를 효과적으로 전달할 수 있는 인간의 언어 구조에 비해 너무 단순한 것은 아닐까?

침팬지가 언어능력을 갖고 있는지 알아보기 위한 시도들은 오래전부터 진행됐다. 1950~60년대에는 침팬지에게 인간의 말을 가르치는 여러 실험이 있었다. 예를 들어 아기 침팬지를 인간 가족의 일원으로 키우면서 같은 나이의 연구자 자녀들과 함께 성장하게 했다. 하지만 이 프로젝트는 허무하게 끝나고 만다. 실험 속 상황에서 침팬지들이 배운 인간의 말이란 고작 대여섯 단어 정도였고, 그것도 발음이 상당히 불완전해서 알아듣기 힘들었다. 게다가 침팬지가 인간 아기의 행동을 배웠으면 하는 기대와 반대로 오히려 인간 아기가 침팬지의 나쁜 식사 습관을 그대로 따라하는 웃지 못할 상황이 연출되기도 했다.

그렇다면 왜 이런 프로젝트가 실패할 수밖에 없었을까. 해부학적인 이유를 들 수 있다. 침팬지의 후두는 인간에 비해 목구멍의 너무 높은 곳에 있기 때문에 침팬지는 인간이 낼 수 있는 모든 범위의 자음과 모음을 도저히 소리낼 수 없다. 또 어떤 학자들은 침팬지들이 대개 매우 흥분한 상태에서 소리로 의사소통을 하기 때문에 인간처럼 대화를 하는 것은 애초부터 불가능하다고 말한다.

그렇다면 대신 수화를 가르쳐보면 어떨까. 실제로 연구자들은 침팬지가 의사소통을 할 때 자연스럽게 몸짓과 손짓을 사용한다는 사실에 착안했다. 1966년 미국 영장류학자 가드너 부부A. & B. Gardner는 암컷 아기 침팬지 워슈에게 수화를 가르치기 시작했다. 그들은 워슈 앞에서는 거의 수화로만 이야기했다. 워슈는 잘하면 보상받는 방식을 통해 반복적으로 수화를 배웠으며 마침내 백 가지 정도의 수화를 할 수 있을 만큼 꽤 유창해졌다. 심지어 짖는 소리만 듣고도 개를 지칭하는 손짓을 할 수 있을 정도였다. 또한 연구자들은 아기 침팬지 루리스를 워슈에게 입양시킨 후 5년 동안 루리스 앞에서 수화를 전혀 사용하지 않았다. 그런데 놀랍게도 루리스는 워슈를 비롯해 수화를 사용하는 여러 침팬지와 함께 지내면서 자연스럽게 수화를 익혀 결국 대략 50가지의 수화를 사용할 수 있을 정도가 됐다.

그러나 침팬지의 언어능력은 90분마다 한 개의 새로운 단어를 학습할 수 있는 3~6세 인간 어린이에 비하면 그야말로 아무것도 아니다. 또한 워슈의 연구 결과에 대해서도 많은 논란이 제기되었다. 예컨대 워슈가 그저 연구자들의 손짓을 따라했을 뿐이라고 반박한 과학자들도 있었고, 워슈가 수화로 의사를 표현하는 능력이 원하는 음식이나 음료를 요청하는 정도로 지극히 제한되었다고 지적한 이들도 있었다. 심하게 말하면 파블로프의 개처럼 조건화 반응의 한 형태일 뿐이라는 것이다. 어떤 학자는 모스크바 서커스단의 곰이 온갖 재주를 부리는 것과 별반 다르지 않다고 혹평하기도 했다. 이런 비판들 뒤에는 침팬지가 인간처럼 문장을 만들거나 이해할 수 없다는 믿음이 깔려 있다. 과연 그럴까. 실험심리학자 프리맥David Premack은 암컷 침팬지 새라에게 플라스틱 딱지를 사용해 기호로 의사소통을 할 수 있도록 훈련시켰다. 예컨대 '갈색을 띤 초콜릿'이라는 어구의 단어들을 각각 딱지로 만들어 순서대로 수직으로 나열해놓고 실제 갈색 초콜릿을 보여줬다. 이를 치우고 '갈색을 가져오라'는 문장의 단어들을 역시 각각 딱지로 만들어 수직으로 나열했더니 새라는 그것을 보고 갈색을 띠는 물건을 가져왔다. 또한 새라는 진짜 사과와 그 사과를 지칭하기 위해 임의로 지정해놓은 하늘색 삼각형 모양의 딱지를 연결시켰다. 프리맥은 이런 결과들을 놓고 새라가 단어와 문장을 이해한다고 주장했다.

미 조지아주립대 언어연구소의 새비지 럼버Sue Savage-Rumbaugh 교수 부부는 플라스틱 딱지 대신 컴퓨터 화면을 사용해 이런 시도를 한 단계 발전시켰다. 예컨대 '무엇' '어디'와 같은 질문 단어들, '빨간' '둥근'과 같은 형용사, '……보다 큰'과 같은 개념어, '사과' '쥬스'와 같은 대상어 그리고 '오스틴'과 같은 이름 등이 특정한 기호의 형태로 컴퓨터 화면에 나타나면 유인원은 해당 화면을 순서대로 눌러 문장을 만들어내는 식이다. 이 프로젝트에는 그동안 여러 마리의 침팬지와 보노보가 참여했는데, 지금까지 칸지^{Kanzi}라고 불리는 1980년생 수컷 보노보가 가장 성공적인 사례로 평가받고 있다. 칸지는 연구자들과 대화를 나누기도 하고 때로는 텔레비전이나 라디오 쇼에 나가 시연을 할 때도 있다. 칸지가 특별한 보노보인 까닭은 기호 문자를 정식으로 배운 적이 없기 때문이다. 그는 자신의 양엄마 보노보 마타타가 연구자들에게 훈련받는 것을 어깨너머로 본 후 자연스럽게 그 기호들을 습득했다. 칸지는 숲의 특정한 곳에 가거나 게임을 하거나 다른 보노보들을 만나고 싶을 때 기호 문자들로 어떻게 표현해야 하는지를 금방 익혔다. 심지어 연구자의 지시에 따라 스파게티를 요리할 수도 있었다. 연구자들은 이런 의미에서 칸지가 인간의 언어를 단어 수준이 아니라 문장 수준에서 이해하고 있다고 주장한다. 연구자들에 따르면 칸지의 언어 이해 능력은 만 2.5세 정도의 아기와 유사하다. 예컨대 2년 반 된 인간 아기 앨리아와 칸지에게 "침실에 곰인형을 갖다놓아라" "고무밴드를 책상 위에 올려놓아라" "야외에 있는 전화기를 가져와라" 같은 415가지 요구 사항들을 매번 새롭게 제시했을 때 둘 다 70퍼센트 정도의 수행능력을 보였다.

그럼에도 불구하고 칸지가 인간과 유사한 언어를 갖고 있는지 회의적인 반응도 적지 않다. 사람의 말을 이해하고 새로운 문장까지 만들어내는 능력을 보이긴 했지만 그때 사용한 문장들은 고작 두세 단어로만 이뤄진 것이며, 대부분 그의 즉각적인 필요에 관한 것이기 때문이다. 하지만 연구자들은 칸지 프로젝트를 통해 유인원은 언어를 이해하는 능력이 언어로 표현하는 능력보다 높다는 결론을 내렸다.

인간 종의 독특성은 편견이요 환상일 뿐인가?

그렇지 않다. 다윈 혁명이 인간의 독특성을 앗아갔다는 생각도 흔한 오해 중 하나다. 오히려 다윈 진화론의 참뜻은 어떤 종이 그 사촌 종들과 여러 측면에서 진화적으로 연결되어 있기 때문에 그 종의 특성을 제대로 이해하려면, 그 종과 주변 종들의 진화사와 진화 환경을 충분히 알아야 한다는 의미일 것이다. 이런 맥락에서 다윈 혁명은 비교학의 혁명이다.

17세기 철학자 데카르트는 인간만이 언어를 갖고 있기 때문에 다른 동물들 위에 군림할 수 있다고 선언했다. 3세기가 지난 오늘날에도 인간의 독특성을 언어에서 찾으려는 사람들이 결코 줄지 않았다. "인간은 30피트가량을 날아갈 수 있다. 물론 올림픽 경기에서 말이다. 만일 이것을 놓고 인간이 날 수 있는지를 진지하게 묻는다면 그것만큼 의미 없는 질문은 없을 것이다." 유인원 언어 프로젝트를 못마땅하게 바라보는 언어학자 촘스키의 풍자적 비판이다. 그는 인간을 연구하려면 인간만이 갖고 있는 언어를 연구해야 하고 비둘기를 연구하려면 비둘기의 귀소 본능을 연구해야 한다고까지 말한다. 촘스키는 인간의 문법적 능력이 침팬지나 보노보 같은 똑똑한 영장류들의 의사소통 능력과 근본적으로 다르다고 줄곧 주장해왔다. 현대 언어학계에서 그의 영향력이 너무 막강해서인지 인간 언어의 재귀적 특성recursiveness(복문을 만들 수 있는 특성)이야말로 근본적인 차이라고 주장하는 학자들이 다수이긴 하다. 하지만 인간과 동물의 언어를 연속선상에서 파악하는 학자들도 있다. 그들은 그것이 모두 의사소통을 위한 도구들로서 종마다 다르게 진화했을 뿐이라고 주장한다.

밈 기계로 진화하는 인간 + 우리는 지금까지 동물과 인간의 유사성과 차이점을 의사소통 능력의 차원에서 살펴보았다. 인간의 언어가 동물의 그것과 본질적으로 다르다는 주장이 대세이긴 하지만 유사성 주장도 무시할 수는 없다. 하지만 문화만큼은 많은 사람들이 인간의 독특성을 주장한다. 즉 인간만이 문화를 만들어내고 변형시키며 전달한다는 것이다. 이런 생각은 심지어

『이기적 유전자』(1976)라는 책으로 동물과 인간의 행동을 동일한 진화 메커니즘으로 설명하려 했던 영국의 동물행동학자 리처드 도킨스에게도 명확히 나타난다. 사실 이 책의 내용 중 가장 독창적인 부분인 11장에서 그는 "인간 사회에서는 문화의 전달 단위인 밈meme이 진화했다"고 말한다.

그렇다면 밈이란 무엇인가? 몇 가지 예를 들어보자. 요즘 아이폰과 같은 최신 스마트폰이나 아이패드 같은 태블릿 PC가 큰 인기다. 이런 신제품이 나오면 마니아들은 한바탕 구입 전쟁을 치른다. 상점에 며칠 간 줄을 서서 기다리기도 한다. 대체 왜 그럴까? 요즘 서바이벌 프로그램이 방송의 대세다. 「나는 가수다」「위대한 탄생」「슈퍼스타 K」처럼 유사한 포맷의 가요 서바이벌 프로그램이 방송계를 장악했다. 그런 프로그램을 봐야 하기 때문에 집에 일찍 들어간다는 사람도 있다. 몇 년 전부터 국내 학계에서 시작된 통섭統攝 열풍이 산업계까지 확산되고 있다. 이제는 통섭이나 융합을 이야기하지 않고 대한민국의 미래를 논하기 어려울 정도다. 우리 자신이 만들어낸 인공물(제품, 프로그램, 아이디어, 이념 등)이지만 우리의 손을 떠나 마치 자신만의 독자적인 생명력을 가진 것처럼 진화하고 있는 것이다. 이것이 바로 밈이다.

이 밈 중에서 우리에게 가장 큰 영향을 주는 것이 가치와 이념이다. 돼지들은 민주주의를 위해 자신의 평생을 헌신해야겠다고 생각하지 않는다. 그렇지만 인간은 그런 행동을 한다. 인간은 자기가 만들어낸 가치와 이념을 위해서 자신의 목숨을 스스로 버릴 수 있는 유일한 존재다. 물론 진화론의 관점에서 보면 말이 되지 않는 행동이다. 그런 행동은 유전적인 적응도를 낮추기 때문이다. 가령 인류의 역사는 자유와 평등, 민주주의와 사회주의 등의 이념을 확산시키기 위해 온갖 희생을 마다하지 않은 수많은 열사들의 기록이기도 하다. 우리가 만들어낸 제도나 가치들이 다시 우리의 행동과 마음을 사로잡거나 다른 방향으로 끌고 가는 것이 바로 우리 인간 사회만의 특성인 것이다.

다음과 같은 광경을 본 적이 있을 것이다. 매년 한 번씩 백만이 넘는 이슬람 신자들이 사우디아라비아의 메카 주변을 순례한다. 이슬람뿐만이 아니다. 기독교든 불교든 정기적으로 대규모 집회가 있다. 이런 광경 자체는 너무나 친숙한 것이어서 우리에게 그리 놀랄 만한 일이 아니다. 그런데 외계인 과학자가 이 광경을 보고 있다고 가정해보자. 그는 지구에 가서 호모 사피엔스라는 인간 종을 연구해서 보고서를 써야 한다. 그렇다면 하지순례 같은 광경은 정말 깜짝 놀랄 만한 일일 것이다. 다른 동물 사회에서는 절대로 관찰되지 않는 행동이기 때문이다. 실감이 나지 않는 독자를 위해 한 가지 예를 들어보겠다. 여러분의 정원에 개미 5000마리가 살고 있다고 가정하자. 그런데 매년 12월 24일 정원 어딘가에 개미들이 모두 모여 똑같은 춤을 춘다고 해보자. 만일 당신이 그 광경을 관찰한다면 무척 흥미로울 것이다. 무언가 설명이 필요하다고 여길 것이다. 우리가 인간이기 때문에 인간의 특별한 행동을 특별하게 느끼지 못할 때가 많다. 하지만 외계인의 관점에서 보면 평상시 보이지 않는 인간 문화의 독특성이 보일 것이다.

그런데 이런 문화적 행동들은 유전자의 관점에서 보면 쓸모없는 것일 때가 적지 않다. 100만 명이 한꺼번에 이동하다보면 적어도 수백 명이 깔려 죽거나 다친다. 자신이 믿고 있는 가치와 이념을 지켜내기 위해서는 때로 자신과 가족이 희생되는 경우도 있다. 인간이 아닌 다른 동물의 세계에서 이런 일은 전혀 관찰되지 않는다. 동물들은 그저 자신의 유전적 적응도를 높이는 쪽으로 행동할 뿐이다. 만일 동물 사회에서 유전적 적응도를 낮추는 행동이 잠시 있더라도 그런 행동은 곧 몇 세대 만에 도태되고 말 것이다.

그렇다면 질문은 이것이다. 왜 이런 독특한 문화적 행동들이 우리 자신의 유전적인 적응도를 낮춤에도 불구하고 인류의 진화 역사 속에서 확산되었을까? 그것은 이런 행동을 통해 이득을 보는 수혜자가 인간 자신이 아니라 밈 자체일 수 있기 때문이다. 종교의 전도자나 이념을 가진 투사의 희생적 행동을 통해 이득을 보는 수혜자는 바로 종교와 이념 자체라는 것이다. 이런 행동을 통해서 개체는 희생되지만 그들이 운반하려는 밈은 더욱 널리 퍼지게 된다. 감기 바이러스가 숙주의 건강에 대한 어떠한 고려 없이 사람 사이에 퍼지듯, 컴퓨터 바이러스가 그저 자신의 코드를 무한 복제하듯이 말이다.

우리는 우리 자신이 만든 것이라면 그것을 언제나 통제할 수 있을 것이라 믿는 경향이 있다. 어떤 문제를 해결하기 위해 새롭게 발명된 기술이나 제도들에 대해 일반적으로 그런 태도를 취한다. 하지만 언제나 예상이 빗나가기 마련이다. 그리고 그것들이 다시 우리 자신을 옥죄는 경우가 많다. 우리는 인공물의 발명가이면서 동시에 인공물의 운반자인 것이다. 이런 뜻에서 심리학자 블랙모어Susan Blackmore는『밈』(1999)에서 우리를 '밈 기계meme machine'라고 부른다.

인간은 이기적 유전자의 유일한 예외다 +

이제 인간과 동물의 경계에 대해 정리해 보자. 진화론의 시각에서 보면 우리는 다른 동물들과 마찬가지로 '유전자 기계gene machine'다. 이것은 유전자가 더 많은 자신의 복제본을 퍼뜨리도록 개체를 만들었고 지금도 개체의 행동에 지대한 영향을 주고 있다는 의미이다. 인간이 아닌 동물은 자신의 생존과 번식을 위해 행동하는 것 같지만 사실은 그런 행동의 궁극적인 수혜자는 그 속의 유전자들이다. 이것이 도킨스의 『이기적 유전자』이후로 동물행동학을 이끌어온 제1원리다. 인간도 예외는 아니다. 즉 많은 경우에 우리도 유전자의 생존 기계 노릇을 한다. 가령 인간의 협력 행위나 짝짓기 행위의 배후에는 이기적 유전자가 있다. 하지만 우리는 유일한 예외이기도 하다. 인간은 유전자 기계만이 아니라 밈 기계이기도 하다. 즉 자신이 만든 인공물의 운반자 역할을 해주는 밈의 생존 기계이기도 한 것이다. 인간이 밈 기계로 진화했다는 사실, 이것이 바로 인간과 동물을 가르는 중요한 차이다.

전쟁은 아직 끝나지 않았다

박 태 균
서울대학교 국제대학원 교수

그런데 실상 불완전한 정전체제보다 더 위험한 것은 '협정'이나 '체제'가 아니라 남과 북 서로 간에 가지고 있는 전쟁에 대한 기억이다. 전쟁에 대한 서술은 남과 북의 독재체제에 의해 독점되었고, 이를 통해 서로에 대한 적대감만 더 가중되었던 것이다. 전쟁으로 인해 한반도에 살고 있는 사람들은 엄청난 피해를 입었음에도 불구하고 남북한의 독재체제는 공고화되었다. 그리고 양측의 독재체제는 상대방에 대한 적대감을 체제 유지에 이용해왔던 것이다. 이러한 적대감이 해소되지 않는다면 전쟁으로부터 벗어나 최후적인 '평화적 해결책' 또는 통일을 이룩하는 것은 요원할 따름이다.

잊힌 전쟁 + 한국전쟁은 흔히 잊힌 전쟁^{forgotten war}으로 불린다. 냉전
이 시작되는 시점에서 본격적인 냉전체제의 시작을 알
리는 전쟁이었고, 한국 역사상 세계사적으로 가장 주목받았던 사건이
었음에도 불구하고, 국제적으로 한국전쟁은 그다지 주목받지 못했다.
베트남 전쟁이 미국 사회뿐만 아니라 전 세계에 미친 파장이 막대한 것
이었기 때문에 그보다 먼저 일어났던 한국전쟁은 그만큼의 주목을 받
지 못했고, 사람들로부터 잊혀갔던 것이다. 마치 베트남 전쟁에 관한 연
구서에서 베트남에 파병된 한국군의 존재가 세계사적으로 잊힌 것처럼.

그러나 최근 한국전쟁이 다시 주목받고 있다. 1980년대 초 시카고
대학의 브루스 커밍스가 쓴 『한국전쟁의 기원』이 주목을 받으면서 한
국을 제외하고는 세계적으로 20년이 넘도록 사람들의 관심 밖으로 밀
려나 있었던 전쟁이 다시 눈길을 끌고 있는 것이다. 이는 2000년이 한
국전쟁 발발 후 반세기가 지난 시점이면서 동시에 6·15 공동선언을 통

해 반세기 동안 계속된 한반도에서의 냉전을 풀 수 있는 중요한 계기를 마련했기 때문이기도 하며, 다른 한편으로 북한 핵 문제로 인해 세계가 다시 한반도를 주목했기 때문이었다.

이 시점에서 미국에서는 한국전쟁에 참전했던 군인들의 수기가 출간되었고, 한국에서는 전쟁의 사회적 측면에 대한 연구들이 새롭게 이뤄지기 시작했다. 전쟁 시기에 희생당한 민간인들, 전쟁미망인을 포함한 소수자의 문제, 한반도 전체의 차원이 아니라 작은 지역 차원에서 발생했던 일들, 그리고 미국의 폭격 전략 문제 등이 새롭게 조명받기 시작한 것이다. 또한 2000년 이후 전쟁 시기의 사진들을 모은 사진집들이 대거 출판되었으며, 한국에서 「태극기 휘날리며」와 「웰컴투 동막골」과 「작은 연못」, 그리고 최근의 「고지전」에 이르기까지 한국전쟁을 배경으로 한 영화가 공전의 히트를 기록했다.

이렇게 잊힌 전쟁이었던 한국전쟁이 다시 사람들에게 주목받기 시작했지만, 한국전쟁에 대한 기억은 여전히 온전하지 않다. 최근의 많은 연구들이 잊힌 기억들을 재생하기 위한 작업들을 시도하고 있지만, 한국을 비롯한 국제사회에서 재생되고 있는 전쟁의 기억은 대체로 1950년 6월 전쟁의 발발에서부터 1951년 7월 초 정전협상의 시작까지로 국한되어 있다. 기억의 파장을 조금 더 연장한다 하더라도 1992년 이후 공개된 구소련 문서를 이용하여, 전쟁의 배경이 되는 1949년 봄부터 1950년 봄까지 북한의 지도부와 스탈린에 의한 전쟁 계획이 수립되는 전사前史에 초점이 맞추어져 있다.

잊힌 전쟁은 다시 새롭게 조명받고 있지만, 잊힌 기억은 왜 그대로 있는 걸까? 잊힌 기억들을 다시 살리기 위한 연구자들의 노력이 계속되고 있지만, 대중적으로 그 기억들은 왜 재생되지 않는 것일까? 그렇다면 잊힌 2년(1951년 봄부터 1953년 7월 정전협정까지)간 무슨 일들이 일어 났던 것일까?

유엔군의 38선 이북으로의
진격은 올바른 결정이었나? + 한국전쟁의 전체 기간을 놓고 보면
일반적인 전쟁의 기억은 전체 전 쟁 기간의 3분의 1도 되지 않는다. 주로 1950년 6월 북한의 계획적이 고 전면적인 남침으로부터 1951년 봄 유엔군의 공세에 의해 전선이 38 선 부근에서 고착되는 약 10개월 정도의 내용이다. 이 사이에 있었던 낙동강 전선, 인천상륙작전과 서울 수복, 38선 이북으로의 북진과 중 국군의 참전에 따른 1·4 후퇴, 그리고 유엔군의 춘계 공세가 그 내용 의 거의 전부를 차지하고 있는 것이다. 대부분의 교과서나 박물관, 그 리고 최근의 전쟁 수기에서 나타나는 전쟁의 기억은 이처럼 1년 이내의 시간 동안 일어났던 일들을 다루고 있으며, 정전협정의 체결로 전면전 이 종식되는 1953년 7월까지의 기록은 거의 다루어지지 않았다.

물론 그렇다고 해서 전쟁 발발 후 처음 1년간 일어났던 일들에 대한 기억 역시 온전한 것은 아니다. 김일성과 스탈린이 미국이 전쟁에 참전 하지 않을 것이라는 잘못된 전망을 함으로써 처음부터 예기되었던 북 한의 전쟁 전략 실패, 유엔군이 한국군과 함께 38선 이북으로 북진함 으로써 중국을 초대하게 되었고, 이로 인해 미국이 전쟁에서뿐만 아니 라 전후 냉전 전략에서도 손해를 보았던 사실, 그리고 이 기간 중 있었 던 핵전쟁의 위기 등은 한국전쟁과 관련된 서술 속에서 생략되어 있다.

이중에서도 특히 한국군과 유엔군의 38선 이북으로의 진격은 전쟁사 자체에서도 그렇고, 이후 냉전체제의 세계사적 전개에서도 매우 중요한 의미를 지니는 사건이다. 한국에서는 통일을 목적에 둔 상황에서 중국군의 참전으로 인해 통일을 이루지 못한 안타까운 사건으로 기록되고 있지만, 실제로 38선 이북으로의 진격은 미국에 부정적인 충격을 주었던 사건이었다. 38선 이북으로의 진격은 우선 원래의 국경선을 회복한다는 유엔의 결정을 넘어서는 군사행동이었다. 또한 이로 인해 중국군이 한국전쟁에 참전하는 결과를 가져왔으며, 미군을 중축으로 하는 유엔군은 이 시기 가장 많은 사상자를 내게 되었다.

아울러 중국군의 참전은 한국전쟁 이후 미국의 냉전 전략에도 부정적인 영향을 미쳤다. 한국전쟁으로 인한 미국과 중국 사이의 적대적 관계로 인하여 1950년대 말 중국과 소련이 국경 분쟁을 벌이고 있을 때에도 미국은 이를 적절하게 이용할 수 없었다. 또한 1964년 중국의 핵무기 개발은 미국이 베트남에 본격적으로 참전하는 데 중요한 요인이 되었다. 만약 베트남이 공산화된다면, 핵으로 무장한 중국 공산당의 힘이 아시아 전체로 확산될 수 있다고 판단했던 것이다. 결국 닉슨 대통령은 베트남 전쟁으로부터 미군을 철수시키기 위해 1972년 북경을 방문해 북베트남을 돕지 않는다는 약속을 받아야만 했다. 1979년 미국이 중국과 정식으로 수교할 때까지 미국은 더 많은 냉전 비용을 지출해야만 했고, 중국 역시 예외가 아니었다.

2년간 계속된 정전협상 +

3년간 진행된 전쟁 과정의 나머지 3분의 2 기간은 아직도 사회적으로 기억되지 않고 있다. 정전협정을 맺은 것은 1953년 7월 27일이며, 1951년 7월

그동안 한국전쟁은 북한의 남침 후 10개월 동안의
행적(낙동강 전투, 인민군 서울 입성, 인천상륙작전 등)만 주로 다루었다.

1일 협상이 시작된 것을 고려한다면, 2년이 넘는 기간 동안 정전협상이 지속되었다. 최근 인기를 끌었던 「태극기 휘날리며」나 「고지전」뿐만 아니라 1970년대 방영되었던 「배달의 기수」에서는 정전협상이 진행되는 동안 중부전선에서 있었던 고지전투를 묘사하였다. 그러나 어디에서도 정전협상이나 고지전투가 왜 2년간 계속되어야 했는가에 대해서는 전혀 다루지 않았다.

정전협상은 유엔군은 일방一方으로, 중국과 북한의 연합공산군을 다른 일방으로 하여 진행되었다. 개성에서 시작된 정전협상은 지금의 공동경비구역JSA이 있는 판문점으로 자리를 옮겨 장장 2년이 넘는 기간 동안 계속되었다. 왜 이렇게 정전협상은 오랫동안 지속되었을까? 실제 전쟁은 두 번에 걸쳐 끝낼 수 있는 기회가 있었다. 인천상륙 작전 이후 유엔군과 남한군이 38선 이남을 회복했던 시점이 그 첫 번째 기회였다. 유엔군이 결성될 때의 유엔 결의안에 따라 전쟁이 끝날 수 있었다. 두 번째 기회는 정전협상이 시작되는 시점이었다. 전쟁을 끝내기 위한 협상이었기 때문에 전투를 멈춘 상태에서 협상을 진행할 수도 있었던 것이다. 그러나 지루한 협상이 계속되면서 유엔군과 공산군 사이의 공방은 38선 부근에서 2년간이나 계속되었고, 이것이 바로 고지전투였다.

왜 이렇게 소모적인 고지전투를 계속했을까? 양쪽은 모두 시간이 지날수록 전세가 자신들에게 유리하게 돌아갈 것이라고 생각했다. 특히 미국은 우세한 화력을 바탕으로 해서 38선보다 더 북쪽에 새로운 경계선을 그을 수 있을 것이라고 판단했다. 또한 직접적으로 북한 지역을 포함하여 통일을 이루지 못한다고 하더라도 적에게 최대한 피해를 주면서 명예롭고 우아하게 전쟁을 끝낼 방안을 만들고자 했다. 다시 말해 미국은 공군력의 우위를 통해 정전협상의 기간 동안 공산군들을 압박할 수 있을 것으로 보았고, '반공포로' 문제를 통해 자본주의 체제의 우월성을 보여줄 수 있을 거라는 전략이었다. 이러한 전략은 1972년 베트남전쟁 종결을 위한 파리 평화회담에서도 유사하게 재현되었다.

특히 반공포로 문제를 중심으로 한 포로 문제는 협상 과정에서 가장 큰 논란이 되었다. 반공포로는 유엔군에 잡혀 있는 공산군 포로 중에서 전쟁이 끝난 후에도 북한이나 중국으로 귀환하지 않겠다는 의사를 표출한 포로들이었다. 새로운 군사분계선, 중립국 감독위원단의 구성, 외국군의 철수 문제 등이 모두 6개월 이내에 합의에 이르렀지만, 반공포로 문제를 둘러싼 논의는 1년 6개월 동안 이어졌다.

실상 포로 문제는 1949년에 국제적으로 체결된 제네바 협정에 의거할 때 '포로는 적극적인 적대 행위가 종료된 후 지체 없이 석방하고 송환하여야 한다'(제118조)는 단순 규정을 따르면 그만이었다. 그럼에도 불구하고 이 문제에 대해 쌍방은 어떠한 합의에도 이르지 못했다. 왜 그랬을까?

전쟁의 특수성을
보여준 포로 문제 + 한국전쟁 시기 포로 문제는 한국전쟁의 특수성을 집약적으로 보여준다. 우선 포로 교환이 문제가 된 것은 유엔군 측의 포로와 공산군 측 포로 사이의 숫자가 워낙 큰 차이를 보였기 때문이다. 유엔군 측의 포로 수가 13만 명을 웃돌았다면 공산군 측의 포로 수는 1만1000여 명에 불과했다. 이처럼 크게 차이나는 상황에서 전쟁이 끝나는 대로 양쪽의 포로를 무조건 송환한

다면, 이는 유엔군 입장에서 군사적으로 큰 손해를 보는 것이나 다름 없었다.

여기에서 미국이 주목한 것이 반공포로였다. 포로 중에는 소환을 거부하는 포로들이 있었고, 만약 이들의 수가 많다면 이는 전 세계에 자유시장 체제가 공산주의 체제에 비하여 더 우월한 체제임을 보여주는 '우아한' 종전을 가져올 수 있었다. 그리고 이는 세계적으로 냉전이 심화되고 있는 상황에서 심리적으로 자유세계에 유리한 결과를 가져올 수 있었다.

그러나 미국의 '반공포로' 전략은 상대방인 북한과 중국의 아킬레스건이 되는 문제였다. 특히 중국에서 이 문제는 너무나 중요한 이슈였다. 1949년 혁명을 일으킨 지 겨우 1년이 된 시점에서 중국은 한반도에 파병을 했다. 국경지역이 미국의 영향권 하에 들어가는 것을 막고 북한 공산주의자들이 중국 내전 기간 동안 도와준 것에 대한 보상을 하기 위해 군대를 파견하기는 했지만, 중국 공산주의자들로서는 매우 위험한 도박을 한 것이었다. 만에 하나 중국이 미국에 패할 경우 혁명 전체가 수포로 돌아갈 수도 있었다. 이로 인해 중국 공산당 지도부의 대부분이 파병에 반대했다.

이러한 상황에서 참전을 결정한 중국 공산당에게 반공포로의 존재는 매우 치명적이었을 것이다. 과감한 결정을 돌파하기 위한 하나의 방편으로 중국은 '자원군voluntary army'을 파견했다고 주장했다. 그런데 참전한 중국군 포로 중 일부가 중국으로 송환되는 것을 거부하고 국민당 정부가 있는 타이완으로 가길 원했다는 것은 '자원군'이라는 이름 자체가 포장된 것이었음을 스스로 폭로하는 것이었다. 이는 명분을 중요시하는 공산당에게 치명적인 타격이 되는 것이었다.

1953년 석방되는 반공포로

북한에게도 반공포로는 중요한 문제였다. 반공포로의 존재는 북한군이 전쟁 발발 직후 38선 이남 지역을 점령하고 있던 기간 중 남한의 젊은이들을 인민군에 강제로 동원했음을 보여주는 것이었다. 북한은 강제로 동원한 군인들이 하나도 없다고 주장했지만, 실상은 자의가 아닌 강제 동원이 적지 않았던 것이다.

결국 정전협상이 진행되는 과정에서 공산군 측이 반공포로의 존재를 인정할 수밖에 없었지만, 또 다른 문제는 포로들을 공산포로와 반공포로로 분류하는 방법에 있었다. 유엔군의 포로수용소로부터 반공포로를 구분하는 과정에서 이미 많은 사상자가 발생했고, 강제 구분에 반발하는 포로들이 거제도 포로수용소의 소장을 포로로 만드는 사건이 발생하기도 했다. 게다가 정전협정 체결 직전에 이루어진 이승만 대통령의 반공포로 석방은 전쟁이 끝나지 않은 상황에서 이루어졌기 때문에 포로에 관한 제네바 협정에 위배되는 것이었다.

그러나 결국 공산군은 유엔군의 '자의에 의한 송환'을 인정할 수밖에 없었다. 유엔군도 공산군도 아닌 인도군에 의해 이루어진 포로 재분류 결과를 받아들이지 않을 수 없었던 것이다. 결과적으로 유엔군에 잡혀 있었던 공산군 포로 중 송환거부 포로는 2만 2000명에 달했고, 반공포로 석방시 석방된 포로를 다 합하면 5만여 명의 포로가 송환을 거부했으며, 이는 전체 포로 중 35퍼센트가 넘는 수치였다. 결국 남과 북으로 오가면서 진행된 한국전쟁의 특수성이 포로 문제를 통해 드러났던 것이다.

또한 포로 문제는 현재까지도 계속되고 있다. 이는 공산군 측에 억류되어 있었던 포로 중 일부가 북한군에 편입되면서 나타난 문제였다. 공산군은 추위와 굶주림을 견디지 못한 포로 중 일부를 북한군에 강제로 편입시켰고, 이는 공산군에 의한 한국군 포로의 수가 적게 산정된 중요한 요인이 되었다. 포로의 강제 편입은 국제법에 위반되는 것으로, 이들의 송환 문제가 지금까지도 국군포로 문제로 남과 북 사이에 남아 있는 것이다.

정전협정만으로는
전쟁이 완전히 끝나지 않는다 +
결국 한국전쟁은 1953년 7월 27일 정전협정으로 막을 내렸다. 그러면 전쟁은 완전히 끝난 것인가? 2006년 11월 부시 대통령이 베트남의 하노이에서 '북한이 핵 문제를 전면적으로 포기할 경우 한국에서의 전쟁을 완전히 끝낼 용의가 있다'고 제안하였다. 북한 핵 문제를 해결하기 위한 미국의 의지를 보여준 제안이었는데, 왜 그는 한국에서 아직도 전쟁이 완전히 끝나지 않았다고 했던 것일까?

정전협정은 전쟁을 완전히 끝낼 수 있는 협정이 아니다. 우리에게는 휴전협정으로 알려져 있지만, 실상 1953년에 조인된 협정의 정식 명칭은 정전협정Armistice Agreement이었다. 국제법적으로 볼 때 정전협정은 전쟁을 최종적으로 끝내기 전에 우선 군사적인 적대 행위를 중지하기 위한 협정으로 규정되어 있다. 즉, 군사적 적대 행위를 종결할 따름이지 전쟁이 완전히 끝난 것을 의미하는 것은 아니다.

정전협정의 서문에서도 이 점을 명확히 규정하고 있다. 정전협정은 완전히 '군사적' 성격의 협정이며, '평화적 해결책이 마련될 때까지'만 유효한 협정임을 규정하고 있는 것이다. 아울러 전쟁이 끝난 후 3개월 이내에 정치협상을 진행해 '평화적 해결책'을 마련해야 한다는 점이 정전협정의 조문 내에 규정되어 있다. 따라서 정전협정은 '평화적 해결책'이 마련되는 동시에 무효가 되는 한시적 합의이며, 평화적 해결책이 마련되지 않는다면 어느 일방이 다시 전쟁을 시작해도 국제법적으로 문제가 될 것이 없다.

모든 전쟁은 정치적 수단의 하나라고 할 수 있다. 정치적 목적을 달성하기 위해서는 다양한 수단이 동원된다. 평화적 협상이나 시위 등도 모두 정치적 행위라고 할 수 있으며, 전쟁은 가장 극단적 형태로 나타나는 정치적 행위이다. 따라서 전쟁을 완전히 종식시키기 위해서는 정치적인 동의가 필요하다. 정치협상의 개최가 정전협정 조문에 명기된 것도 이 때문이며, 3개월이 훨씬 더 지났지만 1954년 제네바에서 정치협상이 개최된 것 역시 '평화적 해결책'을 마련하기 위한 것이었다.

그러나 전면적인 전투 행위가 중지된 지 이제 1년도 지나지 않은 상황에서 공산군과 유엔군 사이에서 정치적 합의점을 만드는 것은 불가능했다. 결국 제네바에서의 정치협상은 무위로 돌아갔고, 그 이후 지금까지 더 이상 정치협상은 진행되지 않고 있다. 최근 북한 핵 문제 해결을 위해 열리곤 하는 6자 회담이 정치협상과 비슷한 성격을 지닐 수도 있지만, 6자 중 일본과 러시아가 정전협상의 당사자가 아니기 때문에 최후적 해결책을 마련하기 위한 정치협상이 될 수는 없다. 북한 핵 문제를 해결한 이후 정치협상으로 전환될 수도 있지만 말이다.

물론 전쟁이 완전히 끝난 것은 아니라고 하더라도 정전협정이 '적대적 행위의 종결'을 선언하고 있기 때문에 남과 북 사이에서 더 이상 적대적 행위가 발생해서는 안 된다. 어느 일방이 적대적 행위를 했을 경우 이는 정전협정을 위반하는 것이 되며, 이를 유엔군과 공산군의 대표로 구성된 군사정전위원회에서 다루도록 되어 있다. 그런데 1953

년부터 지금까지 1000건이 넘는 정전협정 위반 사건이 발생했다. 특히 1967년 한 해 동안에만 400건이 넘는 남북 간의 교전이 있었으며, 1999년과 2002년의 서해교전에 이어 2010년에는 천안함 사건과 연평도 사건과 같은 정전협정 위반 사건이 계속 발생하고 있다. 정전협정은 왜 이러한 적대 행위를 막지 못하고 있는 것일까?

불완전한 정전협정 + 정전협정의 가장 큰 문제는 어느 한쪽이 정전협정을 위반했을 경우 군사정전위원회의 권한 하에 이를 조사할 수는 있지만, 누구의 잘못인가를 밝혀서 이에 대한 제재를 할 수 없다는 점이다. 따라서 적대적 행위에 대해 사과를 하거나 자기들이 잘못한 일이 아니라고 부인할 경우 이에 대해 더 이상의 조치를 취할 수가 없다. 실제 1000건이 넘는 사건들이 발생했음에도 불구하고 북한이 이에 대해 사과를 한 것은 두 차례밖에 되지 않았다. 한 번은 1976년 소위 '판문점 도끼만행 사건'이었고, 다른 하나는 2009년 임진강 범람 사건으로 남한의 시민들이 사망했을 때였다.

정전협정이 갖고 있는 또 하나의 치명적인 문제는 서해상에 군사분계선을 규정하지 않았다는 점이다. 정전협정은 서해에 있는 5도(백령도, 연평도, 대청도, 소청도, 우도)가 유엔군의 권한하에 있음을 규정하였다. 그런데 이 다섯 개 섬이 북한의 옹진반도로부터 너무 가깝게 위치하고 있기 때문에 국제법에 의한 영해(12해리, 약 18킬로미터)의 기준을 적용하기 힘들다. 만약 이를 적용한다면 남과 북이 서로 영해라고 주장할 수 있는 공동의 구역이 생기는 것이다.(북한의 강령반도에서 연평도까지는 직선거리로 18킬로미터밖에 되지 않는다. 만약 배타적 경계수역 200해리 규정을 적용할 경우 문제는 더 복잡해진다.) 이로 인해 정전협상 과정에서 서해상의 군사분계선을 결정하지 못하고, 정전협정을 조인한 후에 다시 논의하기로 결정했다. 1982년 국제법적으로 영해가 12해리로 결정되기 이전인 1953년 정전협정 조인 직후 유엔군 사령관이 북한 지역과 연평도, 백령도 사이의 중간선을 그어 북방한계선NLL을 설정한 것이 전부였다.

그러나 북한은 이 선이 유엔군에 의해 일방적으로 결정되었기 때문에 여기에 동의하지 않고 있다. 특히 1974년 이후 북한은 자기들 나름대로 해상분계선을 결정했다. 이에 따라 서해 5도 부근의 해상이 지속적으로 분쟁지역이 되고 있는 것이다. 북한은 유엔군 사령관의 결정을 받아들이지 못하겠다고 하면서도 서해 5도로부터 시작되는 남한의 영해 권리에 대해서는 전혀 인정하지 않고 있으며, 남한은 북방한계선이 정전협정의 쌍방 당사자 간에 합의된 경계선이 아님에도 불구하고 이를 국제법적으로 인정해야 한다고 주장하고 있다.

이 문제를 해결하기 위해 북한은 2006년 장관급 회담에서 북방한계선보다 약간 남쪽으로 선을 그어 새로운 군사분계선을 제안한 적이 있었다. 2007년의 10·4 정상회담에서는 '공동어로구역'의 설정과 '군사적 신뢰구축 조치'를 협의하기 위해 장관급 회담을 개최하는 것으로 합의했지만 이 문제는 더 이상 논의되지 못했다. 결국 최근까지도 서해상에서 남과 북 사이에서 충돌이 계속 발생하는 것은 정전협정에서 서해상의 군사분계선을 설정하지 못하고 있는 것이 가장 근본적인 원인이라고 할 수 있다.

여기에 더하여 정전협정이 문제가 되는 또 다른 이유는 협정문에서 규정하고 있는 내용들이 점차 무효화되어가고 있기 때문이다. 먼저 외부로부터 더 강력한 무기를 반입하지 못하도록 규정한 정전협정문 13

조 (라)항은 1956년 무효화되었고, 1958년부터 주한미군에 핵무기가 배치되었다. 이와 함께 외부로부터 무기 반입을 감시하기 위해 남과 북의 주요 항구에 설치되었던 중립국감독위원단하의 감시그룹 역시 남과 북으로부터 추방되었다. 1992년 주한미군에 있던 모든 핵무기가 철수되었지만, 역설적이게도 그 이듬해부터 북한 핵 문제가 한반도의 가장 중요한 안보 이슈가 되고 있다.

물론 이보다 더 심각한 점은 정전협정을 관리할 책임을 갖고 있는 군사정전위원회가 1994년 이후 개최되지 않고 있다는 점이다. 북한은 1991년 군사정전위원회의 유엔군 측 대표에 남한군 장성이 임명되었다는 점을 이유로 군사정전위원회에서 대표를 철수시켰으며, 1994년에는 중국을 설득하여 중국 대표마저 군사정전위원회로부터 철수시켰다. 아울러 동구권 국가들의 공산 정권이 무너지면서 중립국감독위원단 내의 체코슬로바키아와 폴란드 대표도 모두 추방했다. 이후 북한은 판문점 북한군 대표부를 설치하고 미국에게 양자 간 장성급 회담을 제의하고 있을 뿐 군사정전위원회의 개최에 대한 한국군과 유엔군의 제안에 대해 더 이상 대응하지 않고 있다.

이제 정전협정 위반 사건이 발생해도 남과 북 사이에 논의할 수 있는 기구가 더는 작동하지 않게 된 것이다. 천안함 사건이 발생했을 때에도 남한 정부가 군사정전위원회의 개최를 제안했지만, 북한은 이를 거부했다. 또한 2009년 1월에는 더 이상 정전협정의 조항들을 준수하지 않을 것이며, 북방한계선을 지키지 않을 것임을 선언했다. 남북 관계가 좋을 때에는 군사정전위원회가 열리지 않아도 문제가 없지만, 남북 관계가 나쁠 때에는 정전체제 문제를 이슈로 해서 직접적으로 대화할 수 있는 통로가 사라진 것이다. 이제 다시 한반도에서 전쟁이 발발하는 것인가?

**더 무서운 것은
전쟁에 대한 잘못된 기억 +**
정전협정과 그에 기반한 정전체제가 이렇게 작동하지 않고 있지만, 한반도에서 다시 전면전이 일어날 가능성은 거의 없다. 이는 한반도의 안보에 직간접적으로 관여하고 있는 주변 국들, 특히 미국과 중국이 한반도와 동북아에서의 불안정한 정국을 원하지 않기 때문이다. 미국은 한반도 안보에서 직접적인 당사자이다. 남쪽에는 주한미군이 주둔하고 있으며, 2015년까지 한국군에 대한 전시 작전통제권이 주한미군사령관에게 있다. 또한 미국은 남한에 대해 핵우산을 제공하면서 북한 핵 개발에 대응한 남한의 핵 개발을 억제하고 있다. 한국전쟁 이후 지금까지 공개된 미국의 정책 문서 속에서 미국이 추구하는 대한 정책의 핵심적인 목표의 하나는 한반도의 안정이다.

중국 역시 한반도의 불안정을 원하지 않는다. 1978년 개혁개방을 시작한 이후 고도의 경제성장을 지속하고 있는 중국은 당분간 경제성장을 제1의 국가 목표로 설정할 것이다. 경제성장을 위해서는 사회 안정이 필요하고, 이를 위해서는 중국 주변부의 안정이 필수적이다. 과거 중국의 역사를 보면 한반도와 국경을 맞대고 있는 동북 지역의 불안정이 중국 전체를 뒤흔든 경우가 적지 않으며(금조, 요조, 청조), 현재에도 티베트와 신장 문제가 중국 사회 불안의 가장 큰 요소가 되고 있다. 따라서 한반도의 불안정이 중국 주변부로 연장되는 것을 중국은 원하지 않는다. 유엔 안전보장이사회의 결의에도 불구하고 북한에 경제 원조를 제공하는 것은 북한을 달램으로써 한반도에서 불안정한 요소를 제어하고자 하는 전략으로 판단된다.

이러한 구도는 1970년대 데탕트로 미국과 중국이 관계를 개선한 이후 현재까지 계속되고 있다. 따라서 정전협정과 정전체제가 불완전함으로 인해 안보 위기가 끊임없이 일어났음에도 불구하고 한반도에서 전면전이 다시 발발하지는 않고 있는 것이다. 물론 이러한 상황에 크게 기여하고 있는 것 중 하나는 남한의 민주화와 냉전체제의 몰락이었다. 민주화 이후 남한에서는 평화운동과 북한을 포용하기 위한 움직임이 광범위하게 일어났으며, 1991년 남북기본합의서에 이어 2000년과 2007년 두 차례에 걸쳐 남북 정상회담이 개최되었다. 뿐만 아니라 남한은 탈냉전 이후 소련, 중국과 수교함으로써 한반도를 중심으로 한 남방삼각관계(한국-미국-일본)와 북방삼각관계(북한-소련-중국)의 대립관계를 해소할 수 있었다.

그럼에도 불구하고 정전체제의 불안정성으로 인해 남과 북 사이에서 서해교전, 연평도 포격사건과 같은 불안정한 상황은 계속되고 있기 때문에 정전협정을 보완하고 정상화함으로써 안정된 상태로 되돌리든지, 아니면 '평화적 해결책'을 마련함으로써 정전협정을 대체해야만 하는 상황에 와 있다.

그런데 실상 불완전한 정전체제보다 더 위험한 것은 '협정'이나 '체제'가 아니라 남과 북 서로 간에 가지고 있는 전쟁에 대한 기억이다. 전쟁에 대한 서술은 남과 북의 독재체제에 의해 독점되었고, 이를 통해 서로에 대한 적대감만 더 가중되었던 것이다. 전쟁으로 인해 한반도에 살고 있는 사람들은 엄청난 피해를 입었음에도 불구하고 남북한의 독재체제는 공고화되었다. 그리고 양측의 독재체제는 상대방에 대한 적대감을 체제 유지에 이용해왔던 것이다. 이러한 적대감이 해소되지 않는다면 전쟁으로부터 벗어나 최후적인 '평화적 해결책' 또는 통일을 이룩하는 것은 요원할 따름이다. 왜냐하면 서로에 대한 신뢰 없이 평화적 해결책이 마련되는 것은 불가능하기 때문이다. 신뢰를 쌓기 위해 실시되었던 햇볕정책은 신뢰 구축을 위한 첫 시도였지만, 이 역시 실패로 돌아가고 말았다. 물론 전쟁 기억을 둘러싼 남한 내부에서의 소위 '남남갈등' 역시 해결되어야 할 중요한 문제라고 할 수 있다.

또 하나 주목되는 것은 전쟁 특수의 기억이다. 한국전쟁에 대한 기억 가운데 주목되는 것은 전쟁 특수로 인해 일본이 부흥에 성공했다는 사실이다. 이 사실은 한일 관계에 악영향을 미치고 있지만, 다른 한편으로 남한의 베트남 특수에 대한 기억으로 연결되고 있다. 전쟁에 파병을 하거나 관여하면 돈을 벌 수 있다는 것이다. 이러한 기억은 2003년 한국 정부의 이라크 파병시에도 중요하게 작동했으며, 지금도 계속되고 있다. 나아가 한반도 자체에서 전쟁이 일어나지 않는다고 하더라도 다른 지역에서 일어난 전쟁에 한반도가 개입함으로써 한반도가 전쟁의 당사자가 될 또 다른 가능성을 배태하고 있다.

베트남에서의 경험은 이를 잘 보여준다. 베트남 전쟁 당시 북한은 북베트남을 옹호했고, 남한은 남베트남 정부를 돕기 위해 파병을 했다. 이러한 과정은 베트남에서의 전장을 한반도로 옮겨놓게 하였으며, 이는 결국 1968년 한반도에서 안보 위기를 초래했던 것이다. 뿐만 아니라 냉전시대와 달리 보이지 않는 테러와 대응해야 하는 상황에서 다른 지역에 대한 개입은 한반도 전체를 불안정한 상황으로 몰아갈 수 있다.

지금도 계속되고 있는 전쟁 + 한반도에서 총성은 멈추었지만, 정전체제하에서 전쟁은 계속되고 있다. 남과 북 사이에 군사적 충돌이 계속되고 있으며, 남한에서는 남남갈등이 진행되고 있다. 정확한 정보를 파악하는 것은 어렵지만, 북한에서도 군부를 중심으로 한 강경파와 경제개혁을 주장하는 온건파 사이에서 갈등이 있다고 알려지고 있다.

여기에서 더 나아가 한반도를 둘러싼 동북아시아는 세계가 지켜보는 갈등 지역이 되고 있다. 독도를 둘러싼 한일 간의 갈등, 센카쿠 열도를 둘러싼 중일 간의 갈등, 사할린과 홋카이도 사이의 섬들을 둘러싼 러일 간의 갈등 등 영토를 둘러싼 갈등이 계속되고 있다. 아울러 일본의 왜곡된 역사교과서를 둘러싼 시민사회의 갈등도 가라앉지 않고 있다.

한국전쟁은 그 자체로만 보면 한반도 내에서만 진행된 지역적으로 제한된 전쟁이었다. 그러나 전쟁에 파병한 국가들을 고려한다면 이는 한반도를 넘어선 동북아 차원의, 나아가 전 세계적으로 냉전적 차원에서의 전쟁이었다. 19세기 이래로 한반도를 둘러싼 국가들이 그러했듯이 한국전쟁 시기에도 한반도에서 헤게모니를 장악하기 위해 동북아시아의 열강들이 모두 전쟁에 개입했던 것이다.

21세기 한반도와 동북아시아는 또다시 그러한 상황에 직면하고 있다. 19세기 이래로 계속되었던 중국과 일본 간의 갈등이 다시 수면 위로 떠오르고 있는 것이다. 여기에 더하여 19세기에는 없었던 미국이 주요한 당사자의 하나로 개입하고 있다. 게다가 조만간 동북아시아가 세계경제의 중심으로 떠오를 것이라는 사실에 대해 의심하는 사람은 거의 없다. 이제 세계의 중심이자 세계가 지켜보는 동북아시아에서 한반도는 중요한 역할을 해야 할 시기가 도래한 것이다. 그렇다면 중요한 역할을 위한 전제 조건으로서 한반도는 불안한 정전체제를 종식시키고 동북아시아에서 평화 전도사로서의 역할을 해야 하는 것이 아닐까?

21세기로 넘어가는 중요한 분기점에 서 있는 지금, 미래를 위해 우리는 다시 한번 과거와 현재를 돌아봐야 한다. 후세들에게 평화 공존 번영의 미래를 남겨줄 것인가, 아니면 지금과 같이 불안정한 상황을 그대로 물려줄 것인가? 한국전쟁이 지금도 계속되고 있다는 점을 고려한다면, 우리의 미래를 위해 끝나지 않은 전쟁을 끝내야 하는 결정을 내려야 할 시점이다.

행태경제이론에서 인간의 체온을 느끼다

이 준 구

서울대학교 경제학부 교수

최근 사회문제가 되었던 바 있는 좌회전 삼색등의 경우만 봐도 그렇다. 정부는 이것이 선진국의 사례를 따른 것이고 익숙해지면 더 편리한 시스템이 될 것이라고 강조한다. 그러나 기존의 신호체계에 익숙한 사람들이 새로운 체제에 적응하기 위해 들여야 하는 비용을 생각해야 한다. 새로운 신호체계를 정착시키는 데 드는 비용은 신호등을 바꾸는 데 드는 몇백억 원에 그치는 것이 아니다. 실제로 사람들이 새로운 신호체계에 적응하기 위해 지불해야 하는 막대한 비용을 생각한다면 선진국의 사례를 따르는 데서 나오는 이득은 정말로 사소한 것에 불과할지 모른다.

호모 이코노미쿠스의
틀에서 벗어나야 한다 + 사람들에게 경제학에 대한 인상을 물어

보면 으레 나오는 말이 있다. "어려운 학
문이다" 혹은 "차가운 느낌을 주는 학문이다"라는 말이 바로 그것이
다. 사람들이 경제학을 어려운 학문으로 인식하는 것은 당연하다고 생
각한다. 기본적인 경제 논리를 하나하나 마스터하는 것이 결코 쉬운
일은 아니기 때문이다. 그러나 경제학이 차가운 느낌을 주는 학문이란
것은 조금 의외일 수 있다. 인간의 행위를 연구 대상으로 삼는 학문이
라면 사람의 따뜻한 체온이 느껴져야 마땅한 일이 아닐까?

우리가 '경제학원론'이라는 교과서에서 배우는 경제학은 엄밀하게
말해 신고전파 경제학neoclassical economics이다. 다른 종류의 경제학들도
많이 있지만 이 신고전파 경제학이 주류를 이루고 있기 때문에 경제학
의 간판선수 행세를 하고 있는 셈이다. (신고전파) 경제학이 그리는 세
상에는 감정이 메마른 사람들만 사는 것처럼 보이는 것이 사실이다.

물질적 측면에만 관심이 있을 뿐 사랑과 미움, 기쁨과 슬픔, 자존심과 수치심 같은 것은 전혀 느끼지 않는 사람들 말이다. 세상이 이런 사람들로 가득 차 있다고 보는 경제학에서 따뜻함이 느껴질 리 없다.

경제학이 전형적 인간형으로 설정해놓은 존재를 호모 이코노미쿠스homo economicus라고 부른다. 개인이 유일하게 관심을 갖고 있는 것은 물질적 측면일 뿐이며, 개인은 오직 물질적 동기에 의해서만 움직이고 있다. 개인이 갖고 있는 가장 중요한 특성은 물질에 대한 끝없는 욕망이다. 그러나 이 욕망을 채워주는 수단인 경제적 자원은 일정한 양으로 한정되어 있다.

이 상황에서 개인은 '경제經濟하려는' 강한 의지를 발휘한다. 경제하려는 의지란 한정된 자원으로 욕망을 최대한 충족시킬 수 있는 방법을 찾는 노력을 뜻한다. 한정된 자원으로 욕망을 최대한 채우기 위해서는 자원을 효율적으로 활용해야 한다. 아까운 자원을 조금이라도 낭비해서는 안 되기 때문이다. 그리고 자원을 효율적으로 활용하기 위해서는 합리적으로 판단하고 행동할 줄 알아야 한다. 합리적으로 판단하고 행동하지 않으면 아까운 자원을 낭비하는 결과를 빚게 된다. 따라서 합리성rationality은 호모 이코노미쿠스가 갖춰야 할 가장 핵심적인 요건이 된다.

서점에 가서 아무 경제학 교과서든 집어 들고 제1장을 펼쳐보라. 어느 것이든 인간은 합리성을 가진 존재라는 설명이 첫 부분을 장식하고 있는 것을 보게 된다. 경제학은 바로 이 합리성의 가정에 기초를 두고 있으며, 바로 이 합리성의 가정이 경제 이론의 성격에 매우 큰 영향을 주고 있다. 사실 경제 이론이 만고불변의 진리는 아니다. 다만 "합리적인 인간이라면 이런 행동을 할 것이며 그 결과 경제에서는 이런 현상이 나타날 것이다"라는 조건이 달린 예측에 불과할 뿐이다.

호모 이코노미쿠스가 갖는 또 다른 중요한 특징은 모든 행동의 밑바탕에 이기심self-interest이 깔려 있다는 것이다. 여기서 말하는 이기심은 우리가 "저 사람은 참 이기적이야"라고 말할 때의 이기심과 약간 다른 뜻을 갖는다.(이 말 속에서 이기심이란 자기 이익만 챙기고 남 생각은 전혀 하지 않는다는 부정적 의미를 갖고 있다.) 즉 호모 이코노미쿠스의 이기심은 자신의 이익을 우선적으로 고려한다는 것만을 뜻할 뿐이다.

지금까지의 설명을 정리해보면 경제학이 전형적 인간형으로 설정해놓은 호모 이코노미쿠스는 자신의 이익을 합리적으로 추구하는 존재다. 이런 사람들이 경제를 움직인다고 보는 경제학에서 따뜻한 체취를 기대하는 것은 무리가 아닐 수 없다. 문제는 이와 같은 경제학의 기본 가정이 현실과 얼마나 잘 들어맞느냐는 것이다. 사실 현실의 인간은 완벽하게 합리적이지도 못하고 이기적이지도 않다. 우리의 합리성에는 여기저기 구멍이 숭숭 뚫려 있을 뿐 아니라 냉철하게 자신의 이익만을 추구할 배짱도 없다.

우리가 물질을 중요하게 여기는 것은 사실이다. 그러나 물질적 유인에 의해서만 움직이는 존재는 아니다. 감정도 물질만큼 중요하게 여기고 도덕이나 윤리 역시 물질 못지않게 중요하다고 생각한다. 즉 어떤 일을 함으로써 얼마나 큰 기쁨을 얻을 수 있는지 혹은 그 일을 하는 것이 옳은지의 여부도 물질적 이득 못지않게 중요하게 생각한다는 말이다. 그러나 경제 이론은 이 점을 완전히 무시하고 있다. 어떤 경제학 책이든 펼쳐 보라. 감정이나 도덕이 물질만큼 중요하다고 설명하는 부분은 단 한 군데도 발견할 수 없을 것이다.

행태경제 이론은
어떻게 시작되었는가 +

이 점에서 볼 때 우리가 지금 배우고 있는 경제 이론은 출발점에서부터 문제를 안고 있을 소지가 있다. 이 문제가 심각하다고 느끼는 일단一圓의 경제학자들은 경제학의 새로운 분야를 개척하기 시작했다. 행태경제 이론 behavioral economics이 바로 그것이다. 행태경제 이론은 호모 이코노미쿠스를 전형적 인간형으로 볼 수 있는지 의문을 제기함으로써 전통적 경제 이론에 반기를 들고 있다. 인간이 정말로 이기적이고 합리적인 존재인지를 시험해보자고 제의한다. 그리고 이렇게 찾아낸 인간 본연의 모습에 기초해 경제 이론을 다시 써야 한다고 말한다.

행태경제 이론은 태어난 지 얼마 되지 않은 경제학의 새로운 영역이다. 극소수의 교과서를 제외하고는 행태경제 이론에 대해 언급한 것조차 보기 힘든 현실이다. 말하자면 이 이론은 '교과서에 나오지 않는 다른 경제 이론'인 셈이다. 그러나 행태경제 이론의 역사가 멀리 애덤 스미스 때로 거슬러 올라간다고 말하는 사람도 있다. 스미스의 『국부론The Wealth of Nations』(1776)이나 『도덕감정론The Theory of Moral Sentiments』(1759)에서 행태경제 이론의 씨앗을 찾아볼 수 있다는 것이다.

스미스는 『도덕감정론』에서 "우리의 상황이 나빴던 것에서 더 좋은 것으로 바뀔 때의 기쁨보다 좋았던 것에서 더 나쁜 것으로 바뀔 때 고통이 더 크다"고 말했다. 흥미롭게도 이것은 행태경제 이론이 발견한 인간의 주요 특성 중 하나다. 이것은 행태경제 이론의 역사가 스미스 때로 거슬러 올라간다고 보는 중요한 근거 중 하나가 될 수 있다. 그러나 본격적인 의미가 담긴 행태경제 이론이 첫선을 보인 것은 1970년대였다. 이 이론이 형성 단계에 있을 때 가장 큰 공헌을 한 사람은 경제학자가 아닌 심리학자들이었다. 심리학자 트버스키Amos Tversky와 카네만 Daniel Kahneman은 사람들이 주위 사물에 대해 어떤 방식으로 판단을 내리며 이와 같은 판단 방식의 특성이 선택에 어떻게 반영되는지 연구하기 시작했다. 그들이 밝혀낸 바에 따르면 합리성과 이기심이라는 경제학의 기본 가정은 현실과 매우 동떨어져 있다. 바로 이 연구 결과에서 행태경제 이론의 첫걸음이 시작된 것이다.(행태경제 이론의 기초를 닦은 공헌이 인정되어 카네만은 2002년 노벨경제학상 수상자로 선정되는 영광을 안기도 했다.)

행태경제 이론의 역사는 고작 40여 년에 지나지 않는다. 그러나 그동안 놀라운 발전을 이루어 이제는 어느 정도의 기본 골격을 갖춰가는 단계에 있다. 한국에는 아직 그런 사례가 없지만 세계의 몇몇 대학에서는 '행태경제 이론'이란 독립적인 강의가 개설되었을 정도다. 행태경제 이론은 현실에 존재하는 인간의 체온을 그대로 느낄 수 있다는 점에서 매력적인 이론이라고 말할 수 있으며, 기존의 경제 이론에 실망한 사람들에게 좋은 대안이 될 만한 자질을 갖고 있다.

우리는 얼마나 합리적인가? +

합리성은 주변 여건을 정확히 파악할 수 있으며 상황에 맞는 적절한 의사결정을 할 수 있음을 뜻한다. 그러나 우리는 현실에서 상황 파악 능력에 한계가 있을 뿐만 아니라 적절한 의사 결정에 필요한 복잡한 계산을 할 줄도 모른다. 현실을 정확하게 인식할 수 있는지의 여부 그 자체도 큰 의문이다. 이 세상 모든 일에 대해 잘 알고 있기는커녕 자기 주변의 단순한 상황도 제대로 이해하지 못하는 경우가 대부분이다.

우리의 현실 인식 능력이 어느 정도인지를 시험해보기 위해 다음과 같은 예를 생각해보자. 어마어마하게 큰 종이가 한 장 있는데 이것을 반으로 접은 다음 그것을 다시 반으로 접는다. 이렇게 50번을 계속 접는다고 했을 때 그 두께가 과연 얼마나 될까? 여기서 중요한 점은 직관적인 답을 내놓아야 한다는 것이다. 이 질문의 목적이 우리의 직관적인 현실 인식 능력을 측정하는 데 있기 때문이다. 우리는 현실에 대한 직관적인 이해에 근거해 어떤 결정을 내린다. 따라서 직관적 이해를 통해 현실을 얼마나 정확하게 파악할 수 있는지가 합리성과 밀접한 관련을 갖는다.

책상 높이 정도? 아니면 천정에 닿을 만한 정도? 대부분의 사람이 이와 비슷한 짐작을 할 것이라고 생각된다. 스케일이 큰 사람이라도 고작 63빌딩 높이 정도라고 짐작할 것이 분명하다. 얇디얇은 종이를 오십 번 접은들 그게 얼마나 두꺼울 것이냐고 생각하기 쉬우니 말이다. 실제로 계산기를 두드려보지 않는 한 그 두께가 천문학적인 것이라는 사실을 정확하게 예견하는 것은 불가능에 가까운 일이다.

이 문제의 정답은 2의 50승의 값을 구하고 거기에 종이의 두께를 곱해 얻을 수 있다. 그런데 2의 50승은 1.1259에 0이 무려 15개나 붙어 있는 수치가 된다. 종이 100장이 1센티미터라고 가정하면 앞의 숫자에서 0 두 개를 뺀 수치가 바로 센티미터로 표시한 두께가 된다. 이를 킬로미터로 바꾸려면 0을 5개 더 빼면 되니까 결국 아래와 같은 수치가 된다.

50번 접은 종이의 두께＝112,590,000킬로미터

무려 1억 1259만 킬로미터라는 말인데, 우리 머리로는 상상하기조차 힘든 어마어마한 수치다. 지구와 달 사이의 거리가 38만 킬로미터라는 것을 생각해보면 정말로 천문학적인 수치가 아닐 수 없다. 이 글을 읽는 사람 중에서 이렇게 어마어마한 수치가 나오리라고 짐작한 사람은 하나도 없으리라고 생각한다. 그저 종이를 한 번 접으면 두 장, 두 번 접으면 네 장, 세 번 접으면 여덟 장…… 이런 식으로 생각해 '기껏해야 몇 미터쯤 되겠지'라고 짐작하는 정도로 끝냈을 테니 말이다.

우리는 어떤 문제에 부딪혔을 때 어림짐작으로 해법을 찾는 경우가 대부분이다. 냉철하게 계산기를 두드려보고 어떻게 해야 할지를 결정하기도 하지만, 극히 예외적인 경우에만 그렇게 한다. 지금 보는 예는 어림짐작이 실제와 얼마나 큰 간극을 가질 수 있는지를 생생하게 보여주고 있다. 그렇다면 현실에서 우리의 경제적 선택도 완벽한 합리성을 가졌다는 가정 하에서 예측할 수 있는 것과 큰 차이를 갖게 된다는 말이다.

현실에서 사람들이 보이는 행태에서 찾아볼 수 있는 특성의 대표적 예로 휴리스틱heuristics이란 것을 들 수 있다. 우리말로 '주먹구구'에 해당되는 판단의 방식인데, 적절한 우리말 번역을 찾기 힘들어 외래어로 그대로 표현하는 경우가 많다. 현실의 상황을 판단하는 일은 무척 복잡하기 때문에 사람들은 이를 단순화하기 위해 몇 개의 주먹구구식 원칙을 사용한다. 심리학적 실험에 의해 이런 사실이 발견되었는데, 바로 이것을 휴리스틱이라고 부른다.

아무리 치밀한 사람이라도 매사에 백과사전을 뒤져보고, 계산기 두드려가면서 살아가는 것은 아니다. 계산을 해보면 정확한 답이 나오는 것을 뻔히 알면서도 어림짐작으로 끝내버리는 경우가 많다. 특별히 게

으른 사람만 그러는 것이 아니다. 어림짐작이라는 휴리스틱을 활용하는 것이 편리하기 때문에 구태여 시시콜콜 따지면서 살 필요를 느끼지 않는 것이다.

모든 것을 철저하게 따져보고 행동하는 데는 상당한 비용이 든다. 시간도 그렇지만 정신을 집중하는 데 드는 심리적 비용도 무시하지 못할 만큼 크다. 그렇기 때문에 철저하게 따져보아 생기는 이득이 그리 크지 않은 한 휴리스틱으로 일을 처리해버리고 만다. 철저하게 따져볼 능력이나 의욕이 없어서가 아니라, 경제성의 원칙에 부합되기 때문에 휴리스틱을 활용하는 것이라고 볼 수 있다.

경우에 따라서는 철저하게 따져볼 능력이 없어 휴리스틱에 의존할 수도 있다. 우리는 아인슈타인도 아니고 슈퍼컴퓨터도 아니다. 그렇기 때문에 선택에 관련된 모든 정보를 모아 처리할 능력을 갖지 못한다. 제한된 인식능력과 정보, 그리고 지식만을 갖고 있는 우리로서는 대부분의 경우 휴리스틱에 의존해 문제를 처리할 수밖에 없다. 자각하고 있지 못해서 그렇지, 사실 우리는 일상생활에서 수없이 많은 휴리스틱을 사용하고 있다.

주먹구구의 성격을 갖는 휴리스틱은 사물을 객관적으로 인식하지 못하게 만드는 걸림돌이 될 수 있다. 따라서 휴리스틱에 의해 주변 여건을 판단하는 사람은 호모 이코노미쿠스와 같은 합리성을 지닐 수 없다. 바로 이 점이 행태경제학자로 하여금 경제학의 기본 가정 중 하나인 합리성에 대해 의심을 품게 만드는 결정적인 원인이 된다. 현실의 인간은 완벽하게 합리적이지 못하고, 그렇기 때문에 이들이 보이는 행태는 경제학 교과서에서 설명한 것과 다를 수 있다고 보는 것이다.

현실 경제에서는 모든 인간이 합리적이라면 나타나기 힘든 현상들이 자주 관찰되고 있다. 이런 현상을 특이현상^{anomaly}이라고 부르는데, 이것들의 존재는 합리성의 가정에 대해 의심을 품게 만드는 구체적인 이유가 될 수 있다. 왜냐하면 비합리적인 행동을 하는 사람들이 많아야 그와 같은 특이현상이 나타날 수 있기 때문이다. 행태경제학자들의 연구에 의해 다양한 형태의 특이현상들이 발견되었는데, 그 몇 가지를 예로 들어 설명하면 다음과 같다.

첫 번째로 말할 수 있는 것은 닻내림 효과^{anchoring effect}로, 아무런 의미도 없는 숫자가 사람들의 판단에 영향을 주는 현상을 가리킨다. 예를 들어 사람들에게 어떤 물건에 대해 얼마만큼의 가격을 지불할 용의가 있는지를 묻는다고 하자. 이때 각자의 주민등록번호 앞부분의 맨 뒷자리 숫자가 무언지를 밝히게 한 다음 그 금액을 말하게 하면 재미있는 현상이 나타난다. 즉 그 숫자가 클수록 지불할 용의가 있다고 말하는 금액이 더 커지는 현상이 나타나는 것이다. 그 숫자는 지불할 용의가 있는 금액과 아무런 관련이 없는데도 실제로는 영향을 미치고 있음을 관찰할 수 있다는 말이다.

두 번째 특이현상은 부존 효과^{endowment effect}라고 부르는 것이다. 어떤 물건에 대한 가치의 평가가 그것을 소유하고 있는지의 여부에 따라 달라질 때 부존 효과가 발생한다고 말한다. 좀 더 구체적으로 말하자면, 그 물건을 갖고 있는 사람이 평가하는 가치는 그것을 갖고 있지 않은 사람이 평가하는 가치보다 일관되게 더 높은 것으로 드러난다. 행태경제학자는 그 물건을 잃게 되는 것을 아쉽게 생각하기 때문에 그런 현상이 나타나는 것으로 해석한다. 합리성의 관점에서 보면 어떤 물건의 가치는 그것의 소유 여부와 관계없이 독립적으로 결정되어야 한다. 그러나 현실에서는 소유 여부가 가치 평가에 영향을 주는 일이 일어나고 있는 것이다.

　세 번째로 들 수 있는 것은 틀짜기 효과framing effect인데, 똑같은 내용이라도 어떻게 표현하느냐에 따라 사람들의 인식이 달라지는 현상을 뜻한다. 예를 들어 한 지역에서 전염병이 유행하게 되면 600명의 사망자가 발생할 것으로 예상된다고 하자. 정부가 어떤 대책을 마련하면 그중 '200명의 생명이 구해질 수 있다'라고 말하면 사람들은 그 대책을 상당히 긍정적인 것으로 인식한다. 그런데 이 대책의 효과를 '400명의 사람이 죽게 된다'라고 표현을 바꾸면 사람들의 인식이 부정적인 것으로 바뀐다. 똑같은 내용의 말인데도 어떤 틀로 전달하느냐에 따라 인식이 달라진다는 것을 뜻한다.

　이런 여러 특이현상 외에도 인간의 행태에서 독특한 특성을 몇 가지 더 찾아볼 수 있다. 요즈음 젊은이들이 많이 쓰는 말 중 하나로 '귀차니즘'이라는 것이 있다. 이 귀차니즘 역시 비합리적인 인간이 보이는 전형적인 행태 중 하나라고 할 수 있다. 상황이 바뀌면 그것에 맞춰 자신의 행동을 조정하는 것이 합리적이다. 예를 들어 아침에는 날씨가 쌀쌀해 두꺼운 옷을 입고 나섰는데 오후가 되자 갑자기 더워지기 시작했다고 하자. 이때는 아침에 입고 나온 두꺼운 옷을 벗어버리는 것이 합리적인 행동이다.

　그런데 거리에 나가보면 이런 상황에서도 두꺼운 옷을 그대로 입고 다니는 사람이 의외로 많이 눈에 띈다. 대부분의 사람이 원래의 옷을 그대로 입은 채 견뎌보려고 하기 때문이다. 이와 같이 사람들은 현재의 상황에서 좀체 벗어나려 하지 않는 습성을 갖고 있다. 말하자면 변화에 빨리 적응하지 못하고 게으름을 피우는 버릇을 갖고 있는 셈이다. 이것을 현상유지 편향status quo bias이라고 부르는데, 될 수 있는 한 현재의 상황이 유지되기를 바라는 성향이라는 뜻에서 이런 이름이 붙었다.

사람들의 귀차니즘을 보여주는 또 다른 사례를 찾아볼 수 있다. 어떤 사람이 새로 나온 디지털 카메라를 샀다고 하자. 그는 우선 포장을 푼 다음 카메라를 집어들고 사용설명서를 읽으면서 여러 가지 세팅을 하기 시작한다. 그런데 그가 카메라 마니아가 아니라면 재조업체가 미리 지정해둔 대부분의 세팅을 그대로 놓아둘 가능성이 크다. 제조업체가 미리 지정한 세팅을 바꾸려면 그에 따른 노력을 들여야 하기 때문이다. 대부분의 사람은 이 정도 일조차 귀찮게 여긴다. 그렇기 때문에 회사가 미리 정해놓은 방식을 그대로 따르려는 태도가 나오는 것인데, 이런 성향을 기정 편향default bias이라고 부른다.

지금 설명한 것 이외에도 합리성의 가정으로는 설명하기 힘든 인간 행태의 독특한 측면이 수없이 발견되었다. 행태경제학자들은 바로 이 점에 주목해 경제학의 기본 가정인 합리성이 과연 현실과 부합되는 것인지에 의문을 제기하고 있다. 현실에 비추어볼 때 인간이 완벽한 합리성의 소유자라는 가정은 어딘가 불안해 보이는 것이 사실이다.

우리는 얼마나 이기적인가? + 인간이 기본적으로 이기적인 동물이라는 데는 의심의 여지가 없다.

테레사 수녀 같은 극소수의 성자를 빼놓고는 자신의 이익보다 남의 이익을 더 중요하게 생각하는 사람을 찾아보기 힘들다. 의식적으로든 무의식적으로든 모든 일에서 자기를 중심에 놓고 생각하는 것은 인간의 주요한 특성 중 하나다. 아무리 고매한 인격의 소유자라 할지라도 이런 이기적인 자세에서 벗어나긴 힘들다.

물론 이 세상의 모든 부모는 자식을 위해 자신의 모든 것을 희생해도 좋다는 마음을 갖고 있다. 또한 사랑하는 사람에게 외투를 벗어주고 자신은 살을 에는 추위에 떠는 것을 마다하지 않는 로맨틱한 청년도 흔하다. 그러나 자신보다 가족이나 애인을 더 아껴주는 것은 진정한 의미에서의 이타적 태도라고 볼 수 없다. 이타적인 태도는 아무 관계도 없는 타인의 이익을 자신의 이익보다 더 중요하게 생각하는 것을 뜻한다.

기본적으로 이기적이기는 해도, 우리가 언제나 이기적인 행동만 하는 것은 아니다. 경우에 따라서는 남을 위해 팔을 걷어붙이고 나서기도 하고, 자기에게 돌아오는 이득을 흔쾌히 포기하기도 한다. 전혀 알지 못하는 사람을 위해서 헌혈을 하고, 귀한 시간을 쪼개 봉사활동을 하며, 없는 용돈을 털어 불우한 이웃을 돕기도 한다. 이와 비슷한 사례는 끝이 없을 정도이다.

결론적으로 말해, 현실의 인간이 기본적으로는 이기적이라 할지라도 여기에는 한계가 있다. 즉 언제 어느 경우에서나 극단적으로 이기적인 행동을 취하는 것은 아니라는 말이다. 행태경제학자들이 수행한 실험 결과도 이와 같은 사실을 잘 보여주고 있다. 인간이 이기적인 태도를 취할 수 있는 상황에서 정말로 그런 행동을 하는지를 실험하는 대표적인 사례가 최후통첩 게임ultimatum game이라고 부르는 것이다. 이 게임의 실험을 통해 현실적인 상황에서 사람들이 얼마나 이기적인 행동을 하는지를 관찰해볼 수 있다.

최후통첩 게임의 실험 대상이 되는 두 사람은 예전에 단 한 번도 만난 적이 없는 낯선 사람들이다. 실험을 주관하는 이는 이 두 사람에게 일정한 금액의 돈을 주고 일정한 절차에 따라 이를 나눠 가지라고 말한다. 이들은 낯선 관계이기 때문에 우정이나 체면 같은 것은 생각할 필요 없이 각자 원하는 대로 행동할 수 있다. 아무 거리낌 없이 이기적인 행동을 해도 된다는 말이다. 우리가 알고 싶은 것은 이런 상황에서 사람들이 정말로 이기적인 행동을 할 것이냐라는 점이다.

이 실험에서 두 사람에게 주어진 금액은 10만 원인데, 다음과 같은 절차에 따라 이를 나눠 갖게 된다. 우선 이들은 제비를 뽑아 누가 A의 역할을 맡고 누가 B의 역할을 맡을지를 결정한다. 제비뽑기의 결과 A의 역할을 맡게 된 사람은 10만 원을 둘 사이에서 얼마씩 나눠 갖자는 제안을 한다. 예컨대 5만 원씩 사이좋게 나눠 갖자든지, 아니면 자신이 7만 원을 갖고 상대방은 3만 원을 갖는 방식으로 나눠 갖자는 등의 제안을 하는 것이다.

이 제안은 '싫으면 말고take-it-or-leave-it'라는 성격을 갖고 있다. B의 역할을 맡게 된 상대방은 이 제안에 대해 '좋다' 아니면 '싫다'라는 의견만을 표할 수 있기 때문이다. 만약 그가 '좋다'고 말하면 두 사람은 그 제안대로 돈을 나눠 갖게 된다. 반면에 그가 '싫다'고 말하면 두 사람은 단 한 푼도 가질 수 없다. 실험을 주관하는 사람이 둘에게 준 10만 원을 도로 빼앗아가기 때문이다.

A의 역할을 하는 사람이 완벽하게 이기적이고 합리적이라는 가정하에서 어떤 제안을 하게 될지 생각해보자. 논리적으로 따져보면 그가 어떤 제안을 할 것인지 정확하게 예측할 수 있다. 우선 분명한 사실은 그가 10만 원을 전부 갖겠다고 제안하지는 않을 것이라는 점이다. 아무리 이기적인 사람이라 할지라도 그 정도로 욕심을 부리지는 않을 것이기 때문이다. 합리적인 그는 너무 욕심을 부릴 경우 상대방이 제안

을 거부하리라는 것을 잘 알고 있다. 그런 까닭에 상대방도 얼마간의 돈을 가질 수 있도록 만들어주지 않으면 안 된다.

그렇다면 상대방에게 최소한 얼마만큼의 돈이 돌아가게끔 제안을 해야 그가 거부하지 않을까? 상대방도 자신처럼 완벽하게 이기적이고 합리적이라면 그 금액은 아주 적을 것이 분명하다. 왜냐고? 이기적이고 합리적인 사람의 관점에서 보면 아주 적은 금액의 돈이라도 없는 것보다는 낫기 때문이다. 따라서 자신에게 돌아오는 돈이 아주 적은 경우일지라도 그 제안을 거부하지 않는다. 거부하면 그 적은 돈마저 날려버리는 결과를 빚어내기 때문이다.

이 논리를 극단으로 몰고 간다면, B의 역할을 하는 사람은 자신에게 돌아오는 금액이 단 1원인 제안의 경우에도 그것을 거부하지 않을 것이라고 말할 수 있다. 그 제안을 거부할 경우 자신이 얻은 금액은 0이다. 0보다 1이 더 크다는 것은 자명한 진리이며, 따라서 그 제의를 거부해서는 안 된다. 감정을 배제하고 논리적으로만 따지면 그렇다는 말이다. 그렇다면 A의 역할을 하는 사람이 9만 9999원을 자신이 갖고 상대방은 1원을 갖는 방식으로 나누자고 제안하고 B의 역할을 하는 사람은 이 제안을 그대로 받아들이는 방식으로 게임이 끝날 것이다.

문제는 이와 같은 논리적 예측이 현실과 얼마나 들어맞는지에 있다. 다시 말해 현실에서 사람들이 정말로 이와 같이 행동할 것이라고 자신 있게 말할 수 있느냐는 것이다. 그런데 최후통첩 게임의 실험 결과는 사람들이 그 예측과 다른 행동을 하는 것으로 드러났다. 실제로 이 논리적 예측처럼 자기가 거의 전부를 차지하겠다는 식으로 제안하는 사례는 아주 드물었던 것이다. 많은 사람이 상대방에게 최소한 40퍼센트 이상의 몫을 제의하는 관대함을 보였고, 심지어는 반반씩 나누자는 제의를 하는 사람의 숫자도 생각 밖으로 많은 것으로 드러났다.

이 게임에서 칼자루를 쥐고 있는 것은 A의 역할을 하는 사람이다. 자신의 제안에 대해 상대방은 좋다, 혹은 싫다는 의사 표현만을 할 수 있을 뿐이다. 그렇기 때문에 싫으면 말고 식의 제안을 통해 어떻게 몫을 나눌지에 대해 결정적인 영향력을 미칠 수 있다. 그런데도 자신이 독차지하지 않고 상대방에게도 꽤 큰 몫을 남겨주는 태도를 보인다는 것이 흥미로운 점이다. 이것은 사람들이 근시안적으로 자신의 이익만을 추구한다는 가정이 현실과 들어맞지 않는다는 강력한 증거가 될 수 있다.

이 실험에서 드러난 또 하나의 흥미로운 점은 B의 역할을 하는 사람이 보인 태도다. 그가 합리적인 사람이라면 0보다 더 큰 금액을 얻을 수 있는 모든 제의를 받아들일 것이라고 예상할 수 있다. 그러나 실험 결과는 예상을 크게 빗나갔다. 즉 자신이 생각하기에 너무 적은 금액밖에 얻지 못한다고 느끼면 그 제안을 서슴없이 거부해버리는 것이었다. 대략 자신의 몫이 20퍼센트에 미치지 못할 경우 제의를 받아들이지 않는 것으로 나타났다.

이것은 과연 무엇을 뜻할까? 사람들은 단순히 금전적인 이익에만 관심을 갖지 않는다는 것을 뜻한다. 상대방에게 어떤 메시지를 전달하고 싶어하기 때문에 자신의 금전적 이익을 선뜻 포기했을 것임이 분명하다. 상대방의 제안은 공정하지 못한 것이어서 도저히 받아들일 수 없다는 메시지가 바로 그것이다.

이 실험에서 명백하게 드러난 사실은 인간이 개인적 이익 못지않게 공정성fairness을 매우 중요하게 생각한다는 점이다. 경제학 교과서를 보면 사람들을 움직이는 핵심적인 힘은 개인적 이익이다. 그러나 현실에서 사람들은 자기 자신의 이익에만 연연하는 것이 아니다. 공정성이라는 중요한 가치를 위해 스스로의 이익을 선뜻 버리는 행동도 마다하지 않음을 종종 목격할 수 있다. 인간이 기본적으로 이기적이라고 보는 경제 이론만으로는 인간의 행동을 정확하게 예측할 수 없다.

행태경제 이론의 미래 + 행태경제학자들의 연구에 의해 현실의 인간은 경제학 교과서에서 그리고 있는 호모 이코노미쿠스와 크게 다르다는 사실이 확인되었다. 인간이 완벽하게 합리적이지도 못하고 언제 어디서나 자신의 이익만을 챙기지는 않는다는 사실이 밝혀진 것이다. 그렇지만 아직도 행태경제 이론의 영향력은 아주 제한되어 있는 것이 현실이다. 과거처럼 홀대를 받지는 않는다 하더라도, 전통적 경제 이론의 굳건한 아성에 도전하기에는 역부족이다.

행태경제 이론의 영향력은 이론보다 정책의 측면에서 훨씬 더 빠르게 확대될 가능성이 크다. 기본 골격을 바꾸기가 어려운 이론과 달리, 정책의 경우에는 기존의 체계에 얽매일 필요가 없기 때문에 새로운 아이디어의 수용이 상대적으로 더 쉬운 측면이 있다. 따라서 새로운 아이디어가 정책에 활용될 수 있는 길은 언제나 넓게 열려 있는 셈이다. 행태경제 이론은 정책에 유용하게 활용될 수 있는 참신한 아이디어의 보고라고 할 수 있다.

행태경제 이론이 밝혀낸 바에 따르면, 우리 인간의 마음에는 일종의 결 같은 것이 있다. 닻내림 효과, 부존 효과, 틀짜기 효과 같은 갖가지 특이현상들이 모두 마음의 결이라고 할 수 있으며, 현상유지 편향이나 기정 편향 같은 편향 역시 마음의 결로 볼 수 있다. 이런 결을 잘 활용하면 정책의 효과는 크게 높아질 수 있다. 인간의 본성에 부합되는 정책이기 때문에 좋은 효과를 거둘 수 있는 것은 당연한 일이다.

반면에 모든 인간이 호모 이코노미쿠스라는 비현실적 가정에서 출발하고 있는 정책은 만족스러운 성과를 거두기 어렵다. 최후통첩 게임의 실험을 통해 우리가 알게 된 진실은 사람들이 소소한 물질적 이득보다 공정성을 더 중요하게 여긴다는 것이다. 자신이 거의 모든 이득을 독차지할 수 있는 상황에서도 사람들은 그런 행동을 하지 않는다. 상대방에게도 어느 정도의 몫을 나눠주는 것이 정당하다고 생각하기 때문이다. 어떤 정책이 성공을 거두려면 바로 이와 같은 인간 본성의 진실과 부합되는 성격을 갖고 있어야 한다.

요즈음 우리 사회에서 유행하는 신자유주의적 성격의 정책을 예로 들어보자. 소위 '부자감세 논쟁'을 불러일으킨 소득세와 법인세의 대폭적인 경감이 과연 우리를 행복하게 만들어줄 수 있을까? 전통적인 경제 이론의 관점에서 보면 이런 정책을 통해 우리가 느끼는 행복감의 수준이 올라갈 가능성이 있을지도 모른다. 부자의 세금 부담을 가볍게 해주면 경제가 활성화되어 그 혜택이 가난한 사람에게도 돌아갈 수 있기 때문이다. 전통적 경제 이론은 이렇게 아무도 손해를 보지 않고 크기는 서로 다르지만 모두에게 이득이 돌아가는 변화를 하나의 명백한 개선으로 본다.

그러나 부자들은 100의 이득을 보는데 나에게 돌아오는 이득이 고작 1에 지나지 않는 것을 보고 내가 과연 행복해질 수 있을까? 행태경제 이론이 밝혀낸 바에 따르면 이 상황에서 나는 자신이 불공정한 대접을 받았다고 느낄 가능성이 크다. 사람은 자신에게 돌아오는 몇 푼

경제학 교과서를 보면 사람들을 움직이는
핵심적인 힘은 개인적 이익이다

그러나 현실에서 사람들은
자기 자신의 이익에만 연연하는 것이 아니다.
공정성이라는 중요한 가치를 위해 스스로의 이익을
선뜻 버리는 행동도 마다하지 않음을 종종 목격할 수 있다.
인간이 기본적으로 이기적이라고 보는 경제 이론만으로는

인간의 행동을 정확하게 예측할 수 없다.

의 돈보다 공정성을 더욱 중요하게 생각한다. 어떤 정책이 불공정하다고 느끼면 설사 자신이 그것으로 인해 이득을 얻는다 하더라도 지지할 마음이 없어진다. 이와 같은 관점에서 볼 때 부자감세가 우리를 행복하게 만들어줄 가능성은 상당히 희박하다고 할 수 있다. 부자감세가 가난한 사람들에게 이득을 가져다준다는 보장도 없거니와, 설사 그렇게 된다 해도 공정하지 못한 대우를 받는다는 생각이 불만을 크게 만들 것이기 때문이다.

행태경제 이론의 관점에서 볼 때 또 하나 조심해야 할 점은 모든 것을 무조건 뜯어고치려 드는 과욕을 부리지 말아야 한다는 것이다. 그동안 우리는 정권이 바뀔 때마다 이것저것 다 뜯어고치려 드는 것을 자주 목격해왔다. 그러나 '개혁'이라는 이름으로 추구한 변화가 실제로는 '개악'이 되어버리고 만 사례가 너무나 많다. 변화를 추구하다가 혼란만 가져왔다는 여론의 뭇매를 맞고 원래의 상태로 되돌리는 경우도 적지 않다.

어떤 변화를 추구할 때 명심해야 할 점은 사람들이 현상유지 편향을 갖고 있다는 사실이다. 그렇기 때문에 새로운 상황에 적응하기 위해 많은 비용을 지불해야 한다. 이 사실을 무시하고 단지 그 변화로 인해 얻을 수 있는 이득만 고려한다면 진정한 의미에서의 개혁을 이룰 수 없다. 어떤 변화가 진정한 개혁이 되려면 이로 인해 얻는 이득이 비용을 큰 폭으로 초과해야만 한다. 그런데 정책 담당자들은 현상유지 편향으로 인해 지불하게 되는 비용을 무시하는 경향이 있고, 그런 까닭에 수많은 '개악'을 만들어낸다.

최근 사회문제가 되었던 바 있는 좌회전 삼색등의 경우만 봐도 그렇다. 정부는 이것이 선진국의 사례를 따른 것이고 익숙해지면 더 편리한 시스템이 될 것이라고 강조한다. 그러나 기존의 신호체계에 익숙한 사람들이 새로운 체제에 적응하기 위해 들여야 하는 비용을 생각해야 한다. 새로운 신호체계를 정착시키는 데 드는 비용은 신호등을 바꾸는 데 드는 몇백억 원에 그치는 것이 아니다. 실제로 사람들이 새로운 신호체계에 적응하기 위해 지불해야 하는 막대한 비용을 생각한다면 선진국의 사례를 따르는 데서 나오는 이득은 정말로 사소한 것에 불과할지 모른다.

행태경제 이론을 통해서 본 세상은 전통적 경제 이론을 통해서 본 것과 확실히 다르다. 자신의 이익을 합리적으로 추구하는 가상의 호모 이코노미쿠스가 아니라 현실 그대로의 인간들이 활동하는 세상은 경제학 교과서가 그리고 있는 세상과 똑같을 수 없다. 아직 구체적 연구 성과는 별로 없다 할지라도 인간의 본성에 충실한 경제 이론을 만들어야 한다는 주장 그 자체는 옳다고 말할 수 있다. 행태경제 이론이 충분한 발전의 단계에 이르려면 아직도 많은 시간을 필요로 할지 모른다. 그러나 이 이론이 제시하고 있는 참신한 시각을 정책에 활용함으로써 그 효과를 높일 수 있는 것은 지금 당장에라도 이루어질 수 있는 일이다.

그 남자
그 여자의
수수께끼,
심리학에서
찾은 답

곽 금 주
서울대학교 심리학과 교수

그 남자, 그 여자가 서로를 이해하기 위해 수없이 던져왔던 질문. 도대체 남자는, 도대체 여자는 왜 그럴까에 대해 최근 심리학자들은 사회적·인지적 영역에서 성별에 따라 차이가 있다는 가설을 세우며 그 근본적인 궁금증의 실마리를 여러 측면에서 찾아왔다. 특히 진화심리학 이론이 그 틀로 활발히 적용되고 있다. 심리학 연구를 통해 인간이라는 공통분모보다는 남녀로 구분하여 그 둘이 어떻게 얼마나 다른지를 탐색해보며 이성에 대한 수수께끼를 헤아려봐야 한다.

우리는 모두 남자와 여자가 다르다는 사실을 인정한다. 『화성에서 온 남자 금성에서 온 여자』가 꾸준히 베스트셀러 목록에 오르며 언급되는 이유도, 근래 화제를 모았던 케이블 TV 프로그램 「남녀 탐구생활」에서 남녀 차이를 모티브로 한 프로그램이 큰 반응을 얻는 것도 남자는 여자를, 여자는 남자를 단 1초의 망설임도 없이 다르다고 인식하며 연구대상으로 여기기 때문일 것이다. 그렇지만 우리가 이렇게 당연시하는 문제는 이성에 대한 인식에서 우리로 하여금 착각이나 편견을 일으키게 할 수 있어 주의할 필요가 있다.

미국의 사회심리학자 스테판 드리고타스Stephen Drigotas는 조각가가 평범한 바위를 이상적인 모습으로 조각해내듯이 우리도 타인을 생각할 때는 모두 조각가가 된다고 한다. 예술가 미켈란젤로에 비유하며 '미켈란젤로 현상'이라 일컬어진 이 현상은 미켈란젤로가 아무 형체 없는 큰 바위를 쪼아 자신만의 조각상을 만들어낸 것에서 생겨난 용어이다. 이처럼 우리도 완성되지 않은 상대에게 계속해서 자신이 원하는 것을 이 상화하면 상대가 자신이 원하는 그러한 사람으로 변할 수 있다는 것이 다. "왜 당신은 이 정도밖에 안 되나요? 정말 별볼일 없군요"라면서 끊임없이 질책한다면 그는 점차 자신감이 없어지고 무기력해져 정말 별볼일 없는 사람이 되어간다. 반면 "당신은 멋져" "너 정말 천사구나"라고 말한다면 상대는 그에 맞추어 스스로를 다독이면서 변화할 수 있다. 내가 원하는 대로 상대가 변해가는 것이다. 상대에 대한 나의 긍정적인 기대와 착각에 따라 나의 이상형이 될 수 있다. 그런데 이런 기대와 착각이 남녀관계에서는 어려울 수도 있고 잘못된 결과를 초래할 수도 있다. 그러므로 관계에서 제대로 된 긍정적 효과를 보기 위해 우선 남과 여, 그들 사이에 어떤 심리적 차이가 있는지를 알아야 한다.

우리가 가진 고정관념에는 여러 가지가 있다. '남성이 여성보다 사회 관계적이다' '여아는 남아보다 자존감이 낮다' '여성은 반복을 요구하는 과제에서 뛰어나지만 남성은 높은 인지 과정을 요구하는 과제에서 뛰어날 것이다' 등과 같은 이야기를 한다. 그러나 발달심리학의 연구 결과, 여성은 남성과 동일하게 사회적 자극에 흥미를 느끼고 사회적 강화에 반응하는 것으로 나타났으며, 아동기나 청소년기에도 자존감은 남자와 여자가 비슷한 수준으로 나타났다. 또한 여성과 남성이 어떤 유형의 과제에서 특별히 유능하다는 주장을 지지하는 증거는 없고, 때로는 남성이 여성보다 또래 집단의 가치를 더 잘 수용하여 사회관계적인 성향을 띠는 것으로 밝혀졌다.

타인의 감정과 고통에 대한
남자와 여자의 불편한 진실 + 생후 24개월 된 여자아이와 남
자아이가 엄마와 함께 자유 놀이
freeplay를 한다. 이 연령대 아이들이 가지고 놀기에 알맞은 장난감들이 바구니에 들어 있고 아이들은 엄마와 함께 나무 블록을 이용하여 집 만들기를 하는 등 평소와 다름없이 엄마와의 자연스럽고 평화로운 놀이시간을 갖게 한다. 그런데 아이가 놀이에 집중하는 사이 엄마가 손을 다치거나, 움직이다 무릎을 다치며 아파하는 모습을 아이들이 목격하게 된다. 물론 이것은 엄마들에게 미리 이야기해서 아픈 연기를 하게 한 것이다. 이때 아이들이 엄마가 아파하는 모습을 보면서 어떤 반응을 보이는지 살펴본다. 이것은 캐롤린 잔-왁슬러Carolyn Zahn-Waxler와 동료들의 연구에서부터 사용된 '가상 부상 패러다임simulated injury paradigm' 실험으로, 어린 24개월 아이가 상대의 고통에 공감적인 반응을 보이는지, 공감 발달 단계는 어떻게 이뤄지는지, 공감이 표현되는 방식의 유형은 어떠한지를 알아보고자 하는 것이다.

공감 능력이란 자신이 직접 경험하지 않더라도 상대방의 감정이나 고통을 이해하고, 또 이러한 정보를 활용해 배려할 줄 아는 능력을 뜻한다. '엄마가 다쳤을 때' 남자아이와 여자아이는 각각 어떤 반응을 보일까? 기존의 여러 연구와 마찬가지로 감정조망 수용, 정서 이해 등 여자아이와 남자아이의 공감 반응에는 차이가 있다. 여자아이들은 고통스러워하는 상대방을 바라보며 울먹거리거나 마치 자신이 다친 것처럼 금세 울음을 터뜨리는 반면, 남자아이들은 멀뚱히 지켜보기도 하고, 원래 하던 놀이로 다시 돌아가 집중하기도 한다. 즉 이 실험의 결과는 전반적으로 여자아이들이 남자아이들보다 더욱 높은 공감 능력을 나타내는 것으로 나왔다. '공감에는 인지적인 요소와 정서적인 요소가 내재되어 있다'는 발달심리학자 사이먼 바론코헨Simon Baron-Cohen의 주장에 따르면, 여아들은 고통받는 사람의 관점을 받아들이고 상대의 고통에 반응을 보이며 공감의 인지적인 측면과 정서적 측면을 모두 지닌다. 이에 비해 남자아이들은 상대적으로 낮은 공감 능력을 보인다. 물론 개인차는 있다. 위로하는 공감 행동을 특별히 나타내지 않는 여자아이도 있었을 것이고, 또 엄마의 손을 바라보며 "호" 하고 위로의 제스처를 취하는 남자아이도 분명 있다. 그러나 대다수의 실험 참가 아동들이 남성 특징적, 여성 특징적 행동을 보였다. 곧 남자와 여자는 성별에 따라 유의미한 차이가 있음이 밝혀졌다.

더 나아가 생후 12개월 된 아동들 중 여아가 더욱 높은 타인 및 관계 지향적인 공감 반응을 보인다는 마틴 호프만Martin Hoffman의 연구 결과도 있어 여성의 공감 능력은 타고나는 것으로 추측해볼 수 있다. 그러나 사회관계를 유지하고 상호관계의 경험을 축적하다보면 이러한 차이는 줄어들지 않을까? 타니아 싱거Tania Singer와 그 동료들이 신경촬영법으로 성인의 공감하는 뇌를 관찰한 연구가 이에 대한 답을 한 가지 제시할 수 있을 것이다.

싱거와 동료 연구자들은 열애 중인 16쌍의 커플에게 두 가지 상황, 즉 자신에게 약한 전기충격이 주어져 고통을 느끼는 상황과 자신이 아닌 연인에게 전기충격이 가해지는 상황을 제시하고 이때 fMRI로 뇌 반응을 살펴봤다. 열애 중인 연인의 관심은 대개 자기 자신보다 연인에게 더 집중되어 있다. 함께 생각하고, 좋고 싫은 것을 공유하면서 상대에 대한 몰두가 이뤄질 수 있기에 상대의 고통에 더 민감할 수 있다. 이런 열애중인 커플들이 타인 지향적이며 타인의 감정과 고통을 같이 느낄 수 있는지, 그 공감 반응을 알아보았다. 그 결과 여성들은 연인에게 전기충격이 가해지는 것을 보는 것만으로도 자신이 전기충격 받았을 때와 같은 뇌 부위가 활성화되었다. 반면, 남성들은 자신과 타인의 상황에 확실한 차이를 보였다. 사랑에 빠진 상태에서조차 상대의 상태에 덜 공감하였다. 여성보다는 자신의 마음을 타인에게 덜 몰입시키는 것으로 드러났다. 즉, 여성이 남성에 비해 타인의 감정에 대해 민감하게 인지하고 정서적 반응이 더 우수했다.

사회적 지능의 중요한 요소가 되는 공감 능력은 사회적 관계를 유지하는 데 영향을 준다. 공감을 잘하는 여성의 경우 대인관계에서 상대에게 더 의존적일 수 있다. 심리학자 바론코헨과 그의 연구진은 모빌을 이용하여 남녀 신생아들이 모빌의 움직임을 더 주시하는지, 아니면 모빌에 붙은 얼굴 사진을 더 많이 쳐다보는지 촬영하여 분석하였다. 예상했던 것처럼 남자아이들은 움직임을, 여자아이들은 사람의 얼굴 사진을 보고 더 오랫동안 쳐다보았다. 사회 지향적 관심은 갓난아기일 때부터 명백히 여성에게 두드러지게 나타난다. 이와 마찬가지로 생후 13개월 된 남자아이와 여자아이들이 노는 상황을 보더라도 여자아이의 경우 엄마와의 접촉에 따른 상호작용의 빈도가 남자아이보다 더 높았다. 엄마와의 친밀감 유지가 여자아이들에게 더욱 중요하다는 것을 알 수 있다.

한편 최근 스탠포드 대학의 심리학자 투어한 캔리Turhan Canli와 동료들에 의하면 여성이 남성에 비해 정서를 인지하고 해석하는 것뿐 아니라 정서 관련한 기억력도 더욱 좋은 것으로 나타났다. 이들은 남자와 여자 모두에게 동일하게 특별한 정서적 반응을 일으키지 않는 중성적 사진 자극과 불쾌한 정서 반응을 일으킬 사진 자극을 제시했다. 이 사진들을 보면서 어떤 정서가 일어나는지에 대한 점수를 매기도록 하였고 그동안의 뇌 활성화를 측정했다. 3주 후 이 사진을 이전에 보았는지에 관한 재인 기억recognition memory을 하게 한 결과, 이전에 높은 정서 각성을 불러일으켰던 사진이 이후에 가장 잘 기억되었던 것은 물론, 특히 여자에게서 불쾌 사진에 대한 기억력이 더 높게 나타났다. 즉 여자의 뇌 활성화는 자극이 제시되었을 당시 정서에 반응했던 뇌 부위와 차후 일어날 수 있는 일에 대한 기억을 담당하는 부위가 오버랩되고 이 범위가 되기 때문이다. 여성은 상대의 정서 상태를 탐지하는 것에 그치지 않고 정서를 에피소드화하여 저장해놓는다. 나오코 시라오Naoko Shirao는 심리적 고통 지각에 대한 성차를 알아보기 위하여 중성 단어와 불쾌 단어를 제시하고 뇌활동을 측정했다. 대인관계에서 주로 사용되는 단어 가운데 중성적 단어(도달하다reach, 지리적인geographical, 중심center), 고통과 관련된 불쾌 단어(외로운alone, 우울한melancholy, 분노anger)가 제시되었다. fMRI를 활용하여 이 두 종류의 단어들에 대한 뇌 활성화를 살펴봤는데, 불쾌 단어에 대해서 남성과 여성의 뇌 반응이 달랐다. 불쾌 단어에 대해 남성은 이성적이고 합리적인 처리와 관련된 부위인 내측 전전두피질medial prefrontal cortex이 활성화되었고 여성은 정서 특히, 공포의 감정과 연관된 편도체amygdala가 더욱 활성화되었다. 이는 같은 불쾌 자극에 대해서도 여성이 훨씬 정서적으로 정보 처리하는 경향성이 높은 것으로 설명할 수 있다.

스트레스 받는 상황을 제시했을 때 또한 여성의 관계 지향적인 공감 성향이 더욱 두드러지게 나타난다. 매더 라이트홀Mather Lighthall과 동료 연구자들은 최근 연구에서 fMRI를 이용하여 남녀 참가자들에게 얼굴 지각 과제를 실시하고 스트레스가 더해졌을 때 성별에 따라 뇌 활성화 변화에서 차이가 있는지 알아 보았다. 그들은 차가운 물에 최소한 3분 정도 손을 담그도록 하여 급성 스트레스를 받게 하면서 스트레스를 주기 위해 차가운 물에 손을 한 번 더 담가야 한다고 말해준다. 그리고 실험 참가자들의 스트레스 수준을 알아보기 위해 타액 분석으로 스트레스 호르몬인 코티솔cortisol 수치를 측정했다. 그리고 무표정과 분노 감정을 표현하는 20장의 사진 세트를 여덟 번 반복 제시해서 총 160장의 얼굴 사진들을 보도록 하며 이 과정에서 스트레스에 노출되어 있는 실험 참가자들의 뇌활동 현상을 지켜보았다. 결과는 예상했던 것과 크게 다르지 않았다.

여성의 뇌에서는 얼굴을 인식하는 영역인 방추얼굴영역fusiform face area과 상대방의 감정을 이해하는 영역 편도체amygdala, 하전두이랑inferior frontalgyrus 등 해당 영역과 이들 간 회로의 활성화가 스트레스 상황에서 더욱 활발해진 반면, 남성의 뇌에서는 활동이 오히려 감소했다. 따라서 남성들은 얼굴을 인식하고 정서를 해석하는 뇌의 조정 기능이 저하되어 공포, 분노를 표현하는 얼굴 표정을 읽지 못하고, 여성은 스트레스를 경험하는 상황에서도 타인의 감정을 헤아리는 사회 정서적 지지를 보인다. 타인의 의도와 생각을 파악하고, 타인이 가지고 있는 정보에 대해 추론할 수 있는 마음 이론theory of mind, ToM을 연구하는 많은 심리학자들의 연구 결과도 이와 일치한다. 실망스러운 상황 즉, 자신이 받고 싶거나 받을 것으로 예상했던 선물을 받지 못했을 때도 여자아이들이 남자아이들보다 타인의 기분을 잘 탐지할 줄 알았으며, 타인의 상태와 상황에 맞춰 자신의 반응을 조절할 줄 알았다.

여성들은 의사소통에서 직접적인 표현이 뒤따르지 않더라도 소통의 다양한 경로, 얼굴을 포함한 신체로부터 파악해볼 수 있는 단서들을 수집하여 상대방의 정서 상태를 민감하게 눈치 채고 알아맞힐 수 있는 것이다.

물론 개인차는 있지만 이렇게 다른 사람의 감정을 이해하고 느낄 수 있는 공감 능력은 남녀 차가 있다. 이런 사실이 우리의 생활 곳곳에 적용될 수 있다. 예를 들어 양육에 있어서 여자아이들에겐 "네가 그렇게 하면 다른 아이가 얼마나 상처를 입겠니? 그러니까 그런 행동을 하지 마라"와 같은 공감에 호소하는 훈시가 효과적이지만, 이것은 남자아이들에게는 별 소용이 없다. 또 조직사회에서도 여자에게는 자신의 어려운 상황을 설명하면서 공감을 자극하며 도움을 요청하는 것이 효과적이지만 남자에게는 도리어 역효과를 일으킬 수도 있다.

상대에 대한 끌림에서

남자와 여자의 비밀 + 사람들은 매력적인 것에 끌린다. 끌림이란 매력적인 자극을 향해 자신의 관심이 무의식적으로 조정되는 것이다. 사람들은 보통 0.01초 만에 한 사람의 얼굴에 대해 '매력적이다'와 그렇지 않다를 판단해낼 수 있다. 그러나 '매력에 따른 끌림'을 구체적으로 파헤쳐보면 남자와 여자가 의미하는 '매력'은 다르며, 각자의 오감은 서로 다른 자극에 반응하여 이성을 향한 무의식적 끌림에도 여자 나름의 그리고 남자 나름의 방식이 존재한다.

감각 중에서도 가장 뛰어난 감각은 바로 시각이다. 시각적 체계로부터 얻은 정보는 다른 감각을 통해 들어오는 정보들과의 경쟁에서 가장 두드러지기 때문에 이성에 대한 매력을 판단할 때도 사람들은 가장 우세한 정보인 시각에 의존하게 된다. 많은 연구에서 예쁜 얼굴, 잘생긴 얼굴, 웃는 얼굴, 나와 닮은 얼굴이 이성에 대한 호감을 느끼게 하는 시각 정보로 나타났다. 그러나 남성들에게는 특히 여성의 신체적 매력도가 더욱 우선순위에 놓일 수 있다. 단기적 또는 장기적인 데이트 상대를 결정할 때, 서로의 관계에서 중요하게 고려되는 것이 달라질 것이며, 이에 따라 사람들은 더욱 심사숙고하게 된다. 제임 콘퍼Jaime Confer, 캐린 페릴루Carin Perilloux와 데이비드 버스David Buss는 남녀 대학생 375명에게 "얼굴 상자"와 "신체 상자"로 얼굴과 신체가 나뉘어 가려진 이성의 사진을 제시했다. 먼저 상자 속에 전신이 숨겨진 이성과 단기적으로 만날 것인지, 아니면 꽤 오랫동안 만날 것인지에 대한 데이트 가능성 여부를 결정해야 한다. 그런데 이 때 [그림 1]에서처럼 얼굴 또는 신체 상자 중 한 가지를 선택하여 열어볼 수 있다. 하나의 상자를 택한 뒤에는 "상자를 고를 때 얼굴과 몸매 중 어느 쪽에 우선순위를 매겼습니까?"에 대한 질문에 답하게 했다. 여성과 달리 남성들은 장기적인 만남일 경우 얼굴 상자를 더 자주 열었으며 단기적인 하룻밤의 데이트 상대를 고를 때에는 신체 상자를 더 열어보았다. 뿐만 아니라 질문에 대한 답변에서도 단기적인 데이트 전략으로는 매력적인 신체가 우선시되었다. 여성과 달리 남성들에게 있어서 여성의 몸매는 단기적인 관계에서 우선적으로 적용되는 끌림의 기준이다.

이처럼 신체적 조건이 시각적 정보로서 중요한데, 미녀를 평가할 때 왜 36-24-36이라는 치수를 내세우게 되는지를 과학적으로 알아보자. 허리-엉덩이 비율Waist to hip ratio, WHR은 남성들이 매력을 탐지하는 데 사용하는 체형의 방정식이다. '유리병 같은 몸매'는 WHR 0.7로 표현되며, 진화심리학자 디벤드라 싱Devendra Singh의 연구에 따르면 대다수의 남성은 WHR 0.7인 여성을 선호한다고 한다. 마틴 보라첵Martin Voracek과

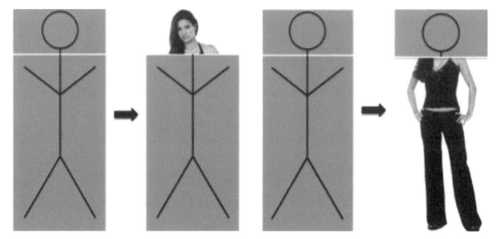

[그림 1] 얼굴 상자와 신체 상자의 예시

매리앤 피셔Maryanne Fisher는 남성이 주 독자인『플레이보이』지에 1953년
부터 2001년까지 총 577권에 등장했던 메인 여성 모델들의 키, 몸무
게, 가슴둘레, 허리둘레 등 신체 사이즈를 조사하여 체질량 지수(몸무
게/키제곱)와 WHR(허리둘레/엉덩이둘레 비율)를 계산했다. 남성들에게 가
장 인기가 높고 이상적인 체형의 소유자라고 할 수 있는 이 잡지 모델
들에게서 일어난 50년 동안의 신체 사이즈 변화를 살펴보니 키는 점점
커졌고, 가슴둘레는 감소하였으며, 허리둘레는 비교적 커지는 것을 볼
수 있었다. 이렇게 체질량 지수Body Mass Index, BMI는 대략 20에서 18 정도
로 점차로 낮아졌다. 50여 년 사이에 풍만한 미녀에서 키 크고 마른 미
녀의 체형으로 변화가 있었던 것이다. 그러나 WHR은 50년 동안 계속
0.68을 유지했다. 풍만하던 미녀와 마른 현대의 미녀 그 어느 쪽이든
중요한 조건은 허리와 엉덩이의 비율이라는 것이다. 체질량과 WHR
수치가 중요할 수 있는 것은 이러한 지표들이 여성의 생식력, 생존율,

내분비 상태와 질병율을 반영하기 때문이다. 이 결과는 신체적으로 젊음과 건강함의 지표이고, 남성들이 젊은 여성에게 끌리는 또 하나의 이유이기도 하다.([그림 2] 참조)

뿐만 아니라 이성이 하는 행동 사소한 부분에 있어서 남자와 여자는 서로 다르게 해석하기도 한다. 남녀가 성 관련 태도를 다르게 판단한다. 1980년대에 심리학자 안토니아 에비Antonia Abbey는 서로 잘 모르는 남녀 한 쌍이 대화를 나누도록 했는데 이 때 맞은편 방에서 관찰자 역할의 실험 참가자가 이들의 행동을 일방경one way glass으로 관찰하도록 했다. 관찰자들은 남녀가 활발하게 의사소통을 할 때 성적 의도나 성적 끌림이 있는지도 평가했다. 그리고 대화를 나눈 남녀도 같은 질문에 대해 스스로를 평가하고 상대에 대해서도 평가했다. 실험 결과 관찰자나 대화 중이던 모든 남성은 여성보다 상대가(여성이) 대화 상대 남자에게 관심이 있으며 성적 의도를 지닌 것으로 과지각하였

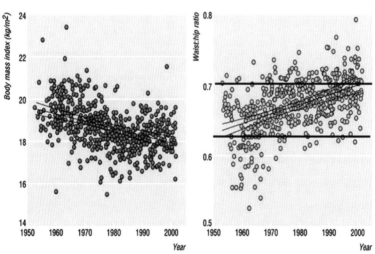

[그림 2] 1950년부터 2000년까지 『플레이 보이』지 메인 모델들의 체질량BMI과 허리-엉덩이 비율WHR 변화(BMI는 왼쪽, WHR은 오른쪽)

다. 에비처럼 마르티 해슬턴Martie Haselton과 데이비드 버스도 남성이 이성의 성적 의도를 과지각하는 경향이 있다며 이를 성적 과지각 편향 sexual overperception bias이라고 했다. 남성들은 여성의 성적 의도를 과지각 overpercept하는데 이성의 사소한 언행, 예컨대 여성의 시선, 고개 기울이기, 미소 등을 무조건 자신에 대한 성적 관심으로 과대평가한다. 이것은 여성들이 보이는 성적 기회를 가능한 놓치지 않으려는, 즉 그 손실을 최소화하고자 하는 남자들의 본성이 작용한 것이다. 이 연구자들은 여성의 성적 의도에 대한 지각과 관련해서는 헌신 회의 편향 commitmentskepticism bias이라는 가설을 제안했다. 여성은 상대방의 성적 의도를 읽을 때 남성과는 반대로 남자가 보이는 자신에 대한 관심과 헌신을 과소평가한다. 남성들이 여러 여자들과의 기회를 놓치려 하지 않는 성향이 있음을 알고 있어, 이들의 거짓 헌신에 속을 손실을 최소화하는 경향이 있다. 이성의 성적 의도에 대한 지각적 편향, 남자의 과지각과 여성의 의심은 실험 상황에서도 여러 연구자들에 의해 확인되었으며 이러한 의사결정을 통해 남자와 여자는 각각 성적 재생산과 생존의 확률을 낮추는 오류를 범할 가능성을 감소시킨다고 보았다. 이성의 마음에 대한 편향에 따른 오류를 통해서라도 전반적인 성적 재생산 또는 생존의 비용을 최소화하고, 이익을 최대화할 수 있기 때문에 진화심리학자들은 이러한 편향된 사고는 진화심리학적으로 남녀관계와 관련하여 최적의 추론 방법으로 보았고, 해슬턴과 버스는 이를 오류관리이론Error management theory으로 설명했다.

남성은 여성이 짓는 미소를 보고 자신을 유혹한다고 생각하기 쉽다. 에릭 브레슬러Eric Bressler, 로드 마틴Rod Martin과 시갈 발샤인Sigal Balshine은 남성들은 잘 웃어주는 여자에게 끌린다고 주장했다. 이성 관계에서

사람들은 매력적인 것에 끌린다.

끌림이란 매력적인 자극을 향해 내 관심이 무의식적으로
조정되는 것이다. 사람들은 보통 0.01초 만에
한 사람의 얼굴에 대해 '매력적이다'와 그렇지 않다를
판단해낼 수 있다. 그러나 '매력에 따른 끌림'을 구체적으로
파헤쳐보면 남자와 여자가 의미하는 '매력'은 다르며,
이성을 향한 무의식적 끌림에도 여자 나름의,
남자 나름의 방식이 존재한다.

상대의 유머러스함 즉, '유머를 제공하는 특성production of humor'에 대한 선호도와 유머를 '받아주는 특성receptivity of humor'에 대한 선호도에서 성차가 발견되었다. 이들의 실험에서는 이성 관계에서 유머 감각을 보유하는 것의 중요성, 자기 자신의 유머를 상대방이 받아주는 것(가령 잘 웃어주는 것)에 대한 중요성, 상대방이 유머감각이 풍부한 것이 중요한지를 물어보았다. 그리고 실험 참가자가 유머러스한 이성과 함께하는 상황과 자신의 유머를 재미있어 하는 이성과의 만남을 상상하고 둘 중 어떤 이성을 선호하는지 알아보았다. 그 결과 여성은 유머를 제공하는 이성을, 남성은 자신의 유머를 받아주는 이성을 데이트 상대로서 선호하는 것으로 나타났다. 진화심리학적 관점에서 보면, 이는 관계를 가질 수 있는 짝을 늘리고자 하는 남성 특유의 욕구가 작용한 것으로 설명된다. 여성이 자신의 유머를 받아들이는 적극적인 반응을 보일 때 이것을 자신에게 성적 관심을 가진 것으로 해석하기 때문에 남성을 이러한 여성에게 성적 호감을 느끼고, 잘 웃는 여성에게 더 관심이 가는 것이다.

진화심리학으로 풀어본
남자 여자의 심리 +

지구상에 존재하는 인류의 두 가지 종인 남자와 여자, 서로 궁금해하고 가까이 다가고 싶지만 때로는 서로를 너무나 이해하기 어려운 존재이기도 하다. 현대사회의 인간 행동을 설명하는 데 있어서 때로는 진화심리학자들이 그럴듯하게 설명해주는 부분이 있다. 특히 남자와 여자의 심리를 이전의 진화론적 관점에서 설명하는 이론들은 때로는 억지스러워 보이며 또 날로 급변하는 현대사회의 인간에게는 멀게 느껴지기도 한다.

그러나 여전히 무시할 수 없는 부분들을 진화심리학적 관점에서 찾아 볼 수 있다.

앨런 밀러Alan Miller와 가나자와 사토시Kanazawa Satosi에 의하면, 인간은 다른 동물들과 마찬가지로 독특하며 생물학적 진화법칙(생존과 자손 번식)이 인간 그리고 인간의 뇌에도 적용되어 적응하게 해왔다. 또한 존 로크John Locke의 '타불라라사tabula rasa'(인간은 태어날 때 백지 상태)라는 주장과는 달리 인간에게는 타고난 본성이 있으며 본성과 환경의 상호작용에 의하여 행동이 만들어진다는 진화심리학 원칙으로 성차에 대한 기본적인 질문, '왜 남자와 여자는 다른가'에 대한 해답을 준다는 것이다. 그러나 현재까지 진행되어온 연구들에서 발견된 성차를 완벽히 설명하기 위해서는 진화심리학뿐 아니라 고려해야 할 것들이 많다. 우리가 표면적으로 관찰하고 측정할 수 있는 행동들은 크게 진화심리학적, 생물학적 그리고 사회문화적 측면의 복잡한 상호작용에 의해 영향을 받을 수 있다.

생물학적 측면에서 가장 먼저 다뤄져야 하는 것은 뇌이다. 뇌는 사고 과정에 관여하고, 정보를 조작하거나 활용하며, 기억 인출, 계획과 사회적 상호작용할 수 있도록 인간의 인지능력을 조정하는 기능을 가진 주 기관이다. 주디 캐머론Judy Cameron은 선행 연구들에서 발견된 남자와 여자의 뇌에서의 차이를 정리했는데, 시냅스synapse의 수, 뇌량corpus callosum, 신경원neuron 하나의 크기 등이 여성에게 더 크거나 많은 것으로 밝혀졌으며, 남성은 대뇌피질의 총 신경원 수, 뇌 크기, 욕구와 높은 상관을 보이는 시상하부hypothalamus가 더욱 크다고 한다. 즉, 뇌의 구조와 뇌 세포 수는 물론 어떠한 상황에 처했을 때 뇌의 어떠한 부위가 활성화되고, 얼마만큼 활성화되는지는 성별에 따라 다를 수 있다는 생물학적 설명이다.

그러나 사회문화적 환경이 성차에 끼치는 영향력도 무시할 수 없다. 인간은 생후 초기부터 가족, 특히 양육자에게 의존적인 대상으로, 엄마는 아이의 성역할 발달에 중요하게 기여한다. 예컨대 엄마의 직업 종류는 자녀가 자라서 어떤 고정관념과 가치관을 획득하게 될지에 대한 판단 기준을 부추길 수 있다. 형제도 성역할 발달에 기여한다. 여자 형제 사이에서 자란 남자아이는 남자 형제 사이에서 자란 아이와 그 어울리는 방법에서부터 다르다. 서로의 모습과 태도를 모방하고 동일시했던 경험이 다르기 때문에 형제의 수와 성별에 따라 성역할 발달에 다르게 영향을 끼칠 수 있다. 미디어에 대한 노출 또한 성역할 형성에 영향을 준다. 시청자로 하여금 개인이 속한 사회 전통적이거나 문화가 요구하는 성역할을 그대로 받아들이게 할 수 있다.

이렇게 인간의 행동은 생물학적 기초와 환경에 의한 경험에 따라 형성되는 것이다. 진화심리학에서는 인류 역사상 비교적 짧은 기간이지만 원시시대 환경에서의 행동이 현시대 인간의 행동을 설명한다고 본다. 생존과 성적 재생산의 원리는 원시시대 인간의 중요한 적응 방식이었다. 다른 동물과의 경쟁으로부터 살아남아야 했고(생존), 또 자신이 죽더라도 훌륭한 자손을 남겨 다음 세대를 살게 하는 것(성적 재생산)이 중요했다. 이러한 생존과 성적 재생산 원리는 남녀의 행동에 영향을 미치는데, 특히 성적 선택에 있어서 남녀가 차이를 보인다. 즉 남녀는 서로 다른 입장에서 이성을 선택하는데, 여성은 생존을 기준으로 남성은 재생산을 토대로 짝짓기를 성공시킬 수 있도록 한다. 원시시대에 남자는 사냥하고 돌아왔을 때 동굴 안에서 크고 있는 아이들이 내 아이인가라는 의심을 품게 된다.

반면 여자는 남자가 사냥해서 가져온 먹이가 적을 때 혹시 이걸 다른 곳에 살짝 두고 온 것은 아닌가라는 의심을 하게 된다. 바로 이러한 것이 오늘날 우리가 남녀관계에서 상대에게 품는 의심인 것이다. 남성은 자신의 자녀가 실제 자신의 유전자를 가지고 태어났는지 확신할 수 없어 자기 유전자 재생산율을 최대화하기 위해 단기적인 짝짓기 전략을 선택한다. 즉 짧은 만남을 갖더라도 많은 여성으로부터 자신의 2세를 낳고 싶어하는 본능을 기본적으로 가지고 있다. 여성은 언제든지 자녀가 자신의 자녀라는 것을 확신할 수 있다. 따라서 양육의 질이 보장되어 문제없이 자신과 자녀가 생존할 수 있도록 돈, 권력, 성실성까지 갖춘 짝을 선택하게 된다. 즉 자식에게 좋은 부모가 될 수 있도록 자원을 충분히 제공하고, 안전하게 보호할 환경이 주어지며, 우월한 질의 유전자를 제공해줄 수 있는 짝이 중요하다.

진화심리학자들은 남성에 대한 여성의 장기적 관계 지향 접근과 남성이 여성에게 다가갈 때의 단기적 관계 지향 접근 현상을 자연선택 이론을 토대로 설명한다. 남성은 낳을 수 있는 아기가 무한하므로 끊임없이 여성에게 접근하려 하고, 쉽게 사랑에 빠지며, 다른 남성과 공격과 경쟁을 반복하는 과정에서 점차 남성적인 특성이 길러진다. 여성의 경우 생물학적으로 1년에 한 번, 출산 횟수가 제한되어 있다. 따라서 건강한 아이를 낳는 것이 중요하고 아이와 나를 먹여 살려줄 능력 있는 남성이 필요하다. 이때 아이와 자신을 성실하게 부양하는 것도 요구한다. 그러다 보니 여성이 상대 선택에서 남성보다 까다로울 수 있다. 다위니즘Darwinism을 연구하는 존 듀프리John Dupre는 현대사회에서 여성들은 여전히 성공과 능력을 겸비한 남성을 찾지만 이렇게 완벽한(진화론적으로도) 조건을 만족시키는 남성은 매우 드문 경우로, 여러 조건들 중

하나를 선택해야 하는 딜레마에 빠질 수밖에 없을 것이라고 한다. 금전, 권력, 인성까지 갖춘 남성이라면 진화심리학적 이론으로 보았을 때 최적의 조건을 갖춘 이성일 수 있지만, 현실적으로 연령과 관련하여 보았을 때 그러한 남성의 자질을 최대한 갖추려면 시간이 요구된다. 여성들이 자신보다 연령이 높은 많은 남성에게 끌리는 또 하나의 이유가 바로 이 때문일 수 있다. 즉, 여성들은 성숙하고 자기 일에 주도적이며 용감하고 부유한 남성을 선호하는 경향을 보인다.

미국 텍사스 대학의 심리학과 교수이자 진화심리학자인 데이비드 버스는 여성들과 반대로 남성들은 생식력이 뛰어난 젊은 외모를 가진 여성에게 호감을 가진다고 했다. 그는 한 실험 결과에서 37가지 다양한 문화적 배경을 지닌 남성들이 모두 젊은 여성에 대한 매력도를 높이 평가했다고 보고했다. 젊다는 것은 다산의 가능성을 의미한다. 자신이 양육하는 아이가 자신의 후손인지 불확실한 상황에서 남성은 최대한 많은 아이를 낳아 자신의 유전자가 생존할 확률을 높이는 전략을 쓴다는 진화론적 설명이다.

결국 남자와 여자에게 중요한 생존과 재생산의 원리가 현대사회에서도 남성과 여성이 각기 상대에게 갖는 전략들을 나름대로 만들어간다고 할 수 있다.

그 남자, 그 여자가 서로를 이해하기 위해 수없이 던져왔던 질문 '도대체 남자는, 도대체 여자는 왜 그럴까?'에 대해 최근 심리학자들은 사회적·인지적 영역에서 성별에 따라 남녀 간에 차이가 있다는 가설을 세우며 성차에 대한 궁금증의 실마리를 여러 방면에서 찾아왔다. 특히 성차를 이해하는 심리학적 접근 방법의 대표적인 틀로 진화심리학 이론이 활발히 적용되고 있다. 심리학 연구를 통해 인간이라는 공통분모로서보다 또는 개인이라는 작은 단위로서보다, 남성과 여성의 성별 집단으로 구분하여 남자와 여자가 얼마나 어떻게 다른지 성차에 대한 배경을 탐색해보며 이성에 대한 수수께끼를 헤아려봐야 한다. '나' 그리고 '나와 반대되는 이성' 간 상호작용이 끊임없이 이뤄지는 사회적 환경을 인식해야 한다. 서로를 이해할 때는 자석의 양극과 같고, 이해하지 못할 때에는 자석의 동극처럼 작용하는 특별한 관계에서의 유연한 소통에 대해 고민해봐야 할 것이다.

인간을 위한 과학기술이란 무엇인가

홍 성 욱
서울대학교 생명과학부 교수

우리는 과학 지식 중 많은 부분은 사회적 요구의 기준으로 보았을 때에는 "쓸모없는 지식"이라는 점을 알아야 한다. 모든 과학이 기술을 낳는 것은 아니며, 일자리와 무관한 과학이 태반이다. 그렇지만 이러한 "쓸모없는 지식"의 기반이 넓어져야 "쓸 데 많은 지식"도 여기서 나올 수 있다. 과학과 관련해서는 좀 더 장기적이고 차분한 지원이 필요하다. 과학 연구를 지원하는 것은 가을에 열매를 맺는 나무를 가꾸는 것보다는, 토양을 갈아엎어서 그것을 기름지게 하는 것과 비슷한 것이다.

과학기술학,
과학-기술-사회의 관계를 관통하다 + 20세기에 이어 21세기
도 과학기술의 시대가

되리라는 것은 분명해 보인다. 지난 몇 년 사이에 스마트폰 같은 신기술이나 페이스북 같은 SNSsocial network service 기술의 출현은 우리의 일상을 크게 바꾸어놓고 있다. 궁극적인 입자와 암흑 물질 같은 우주의 구성에 대한 과학자들의 탐구는 계속되고 있으며, 생명과학 분야에서도 합성생물학같이 새로운 생명체를 인위적으로 만들어내는 연구들이 시작되었다. 무엇보다 나노(10^{-9}) 단위의 물질에서 새롭게 발현되는 특성을 연구하고 이를 이용하는 나노과학과 나노기술이 21세기의 새로운 연구 영역을 열어젖히고 있다. 이러한 발전 속도가 계속될 경우 2045년에는 인간의 지능을 능가하는 로봇이 만들어질 것이고, 나노기술을 이용해서 인간이 불멸의 삶을 누릴 수 있게 된다는 예측도 등장하고 있다.

과학기술이 급속하게 발전하고, 그것이 우리의 삶에 미치는 긍정적이거나 부정적인 영향이 커질수록, 과학과 기술이 사회와 맺는 복잡한 관계에 대해 심층적으로 이해하는 것이 중요해진다. 그런데 대부분의 시민의 경우에 과학에 대해 (그리고 약간의 기술에 대해) 나름의 이해를 발전시키는 계기는 중고등학교나 (많은 이공계 학생의 경우) 대학의 수업 시간에서 과학을 배우는 과정과, 졸업 후에 교양과학 서적을 통해 과학에 대한 교양을 얻는 과정으로 구성되어 있다. 그런데 수업에서 배우는 과학은 대개 깔끔하고, 정확한 정답이 있으며, 수학과 실험을 통해 세상을 매우 합리적으로 이해하는 내용으로 이루어져 있고, 교양과학 서적들은 과학의 최신 내용을 알기 쉽게 풀이해서 대중에게 전달하는 형태를 띤다. 이러한 과정에서 알게 되는 과학이란 세상에 대한 확실한 지식과 관련한 것이다. 이와 비슷하게, 기술에 대해서도 사람들은 기술이 우리의 삶을 더 편안하게 만들고 사회를 바람직한 방향으로 바꾸는 것이라고 낙관적으로 생각한다.

그런데 과학기술을 이렇게 파악하면 과학과 기술이 사회와 맺는 복잡한 관계를 이해하기 힘들어진다는 문제가 있다. 생명과학이 자연의 진리를 밝히는 것이며, 생명과학을 응용한 유전자 조작 농산물genetically modified organism, GMO이 우리의 삶을 더 풍요롭게 만드는 것이라면, 왜 유럽 대부분의 국가에서 GMO에 대해서 엄격한 규제 정책을 내세우고 있는지를 이해하기 어렵다. 과학이 확실한 지식을 낳는 활동이라면, 왜 같은 과학적 증거를 둘러싸고 전문가들 사이에 의견이 갈리는지, 지구의 기후 변화에 대한 과학적 연구 결과를 놓고 왜 저마다 해석의 차이가 존재하는지, 천안함 침몰 원인을 둘러싸고 왜 과학자들끼리 첨예한 논쟁을 일으키는지 이해하기 힘들어진다. 대부분의 시민이 학교에서의 수업이나 교양과학 서적의 독서 과정에 근거해서 과학에 대해 확실하고 객관적이며 보편적인 권위를 부여하는데, 이러한 특성만으로는 현대사회 속에서 과학기술이 만들어내는 여러 사회적 문제를 이해하기 쉽지 않다는 것이다.

따라서 여기에서는 과학―기술―사회가 맺는 복잡한 관계를 중층적으로 이해할 수 있는 과학기술학Science, Technology and Society Studies, STS의 틀을 제시하려 한다. 과학기술학은 과학사, 과학철학, 과학사회학, 과학 커뮤니케이션 등으로 구성된 학제간 융합 분야이다. 이를 위해서 필자는 우선 과학이 인간의 활동임을 강조할 것이다. 즉, 과학의 역사는 신이 자연에 부여한 보편적 법칙이 하나씩 밝혀지는 과정이 아니라, 인간이 (인간을 포함한) 외부 자연을 이해 가능한 것으로 만드는 과정이라는 점을 강조할 것이다. 다음으로 필자는 과학과 기술의 역사를 간단하게 서술하고, 과학과 기술을 발전시키는 동력에 대해 분석해볼 것이다. 그리고 과학과 기술, 과학기술과 산업의 관계를 이해하는 방식을 제시해볼 것이다. 기술이나 산업을 과학과 동일시하지 않는 것은 매우 중요하지만, 동시에 이 셋 사이에 복잡한 상호작용을 이해하는 것도 중요하다. 이후 필자는 과학기술과 사회의 관계를 과학기술학의 연구를 바탕으로 이해해볼 것이다. 이러한 논의를 통해 우리는 왜 기술 위험에 대한 논쟁이 과학적으로 잘 해결되지 않는 것인지, 신뢰와 참여가 이런 논쟁 해결에 왜 중요한 역할을 하게 되는지, 미래의 지속 가능한 사회를 위해서 과학기술의 발전은 어떤 형태가 되어야 하는지를 이해할 수 있을 것이다.

과학은 인간인
과학자가 만든 것이다 + 칼 세이건 원작, 조디 포스터 주연의 「컨

택트Contact」라는 영화가 있었다. 이 영

화에서 조디 포스터는 외계인의 존재를 쫓는 SETISearch for Extraterrestrial Intelligence 프로그램을 수행하는 미국 항공우주국NASA의 천문학자로 나온다. 영화에서 그녀가 속한 그룹은 외계에서 발신한 것으로 추정되는 일련의 메시지를 포착하는데, 이 메시지가 암호화되어 있어 쉽게 해독하지 못하는 어려움을 겪는다. 그때 조디 포스터는 외계인이 지능을 가지고 있다면 이들도 우리와 같은 수학을 사용할 것이고, 메시지의 암호를 여는 열쇠가 2+2=4 같은 간단한 대수代數일 수 있다는 추측을 한다. 2+2=4 같은 대수는 지구에서도 참이고, 수만 광년이 떨어진 우주의 다른 행성에서도 참이기 때문이다.

따라서 과학의 보편성을 강조하는 사람들은 다음과 같이 생각한다. 수학은 2+2=4 같은 보편적 진리를 확장한 체계이며, 물리학과 같은 과학은 이러한 수학을 이용해서 자연을 이해하는 활동이기 때문에 참이다. 따라서 우리가 발전시킨 양자역학을 외계인도 똑같이 발전시켰을 것이다. 생물학은 이보다는 조금 불확실한 부분이 있지만, 20세기에 발달한 분자생물학은 물리학과 화학을 이용해서 생명현상을 탐구했기 때문에 상당한 정도의 보편적 진리의 지위를 획득했을 것이다. 특히 과학은 이론만으로 이루어진 것이 아니라 실험을 하는 것이며, 불확실하고 잘못된 지식은 실험적 검증을 통해서 도태되기 때문에 살아남은 지식들은 확실한 지식이라고 볼 수 있다. 따라서 과학을 믿지 못하는 사람들은 과학의 속성을 이해하지 못한 채로 반과학적 선동에 현혹된 사람들이다. 20세기 초반의 논리실증주의 과학철학자들은 과학이 경험관찰 명제들을 논리적 연결로 이어 만든 체계라고 설명했다.

그런데 이러한 입장은 과거와 현재에 진행되고 있는 과학의 변화와 발전을 설명하지 못한다. 과학이 보편적 진리라면 과학은 왜 자꾸 변하는가? 또 과학이 수학, 특히 논리와 다를 바 없다면 왜 논리적 연산에서는 인간보다 훨씬 더 독보적인 능력을 발휘하는 컴퓨터가 과학을 잘하지 못하는지도 쉽게 납득하기 어렵다. 1950년대에 인공지능 컴퓨터가 막 발전할 무렵에 허버트 사이먼 같은 인공지능 연구자들이 만든 논리연산 프로그램은 버트란트 러셀과 알프레드 화이트헤드의 평생의 역작 『수학의 원리』를 수 초 만에 모두 증명했다. 지금의 컴퓨터는 1950년대의 초보적인 컴퓨터에 비해 수백만, 수천만 배 더 빠르고 효율적이다. 그런데 이러한 논리적 사고에서는 인간보다 월등한 컴퓨터일지라도 과학과 관련해서는 '컴맹'이다. 지금까지 20세기를 거치면서 컴퓨터는 놀라운 발전을 보였지만, 컴퓨터가 이룬 과학적 발견 중에 의미 있는 과학적 발견으로 여길 만한 것은 아무것도 없다. 최근 영국의 과학자들은 아담Adam이라는 이름의 특수한 컴퓨터를 제작해서 초보적인 수준의 과학적 발견을 이루었다고 발표했지만, 이러한 발견이 과학자들에게 의미 있는 단계로 발전할 수 있을지는 불확실하다.

왜 컴퓨터가 과학을 잘하지 못할까? 그것은 과학에 논리적 사고 이상의 무엇이 필요하기 때문이다. 다윈의 진화론을 생각해보자. 찰스 다윈은 5년간의 비글호 여행에서 돌아온 뒤에 세상에 수많은 생명체를 신이 모두 창조했다고 보기는 힘들며, 오히려 하나의 원시적인 종에서 이런 많은 종이 분화해서 진화했다고 보는 것이 더 타당하다고 생각하게 되었다. 그는 사육사가 우수한 종의 선택과 교배를 통해 거의 새로운 종을 얻어내는 것이 진화의 한 가지 실증 사례가 될 수 있다고 생각했지만, 자연에는 이러한 사육사가 존재하지 않는다는 딜레마에 부딪혔다. 다윈이 이 딜레마를 해결한 계기는 생명체들의 종차種差에 대한 고민이 아니라, 19세기 초반의 정치경제학자였던 맬서스의 『인구론』에서 생존 경쟁이라는 개념을 접하고 나서였다. 다윈은 정치경제학에서 유래해서 당시 빅토리아 영국 사회에 널리 퍼져 있었던 생존 경쟁이라는 개념을 생명의 진화에 접목시켰고, 이를 통해 오랫동안 그를 괴롭혀왔던 진화의 기제mechanism를 찾았던 것이다.

이러한 '이종교배'는 과학의 역사에서 너무나 자주 발견된다. 뉴턴은 연금술에서 원거리 힘action-at-a-distance이라는 아이디어를 빌려와서 천체 역학의 문제를 해결하는 데 원용했으며, 아인슈타인은 시계 동기화의 특허 내용 중에서 떨어져 있는 시계의 시간을 맞춘다는 문제에 주목하고 이를 물체의 운동에 적용함으로써 시간에 대한 상대론적인 관점을 얻어낼 수 있었다. 라부아지에는 물리학의 방법론과 개념을 화학 반응에 적용했고, 현대 심리학의 아버지라 불리는 빌헬름 분트는 생리학의 실험적 방법론을 '마음의 철학philosophy of mind'이라는 전통적인 철학 분야와 접목해서 실험심리학이라는 새로운 과학 분야를 열었다. 이러한 과정은 논리적인 사고만으로는 이해할 수 없는 과정이며, 과학자가 논리적이고 합리적으로 생각하는 이성적인 사고 과정에 일종의 '도약' 혹은 '비약'을 포함하는 상상력을 발휘해서 결합한 결과로만 이해 가능하다.

과학이라는 것은 과학자가 대수학, 기하학, 통계학, 확률론 같은 수학적 기법, 관찰과 실험, 시뮬레이션, 모델링과 유비analogy, 분류와 진화적 접근 같은 다양한 방법을 사용해서 자연을 이해 가능한 것으로 만들려는 노력이자 그 결과이다. 외부 대상과 과학의 관계는 마치 실제 도시와 그 도시를 그린 지도의 관계와 흡사하다. 지도에는 거리, 건물, 중요한 지형물들이 표시되어 있지만, 도시에 있는 모든 것이 다 나타나 있지는 않다. 또 실제 도시에는 없는 방위나 축척 같은 것들이 지도에는 표시되어 있고, 중요한 건물이나 관광지는 강조되어 실제보다 더 크게 표시되어 있다. 이런 의미에서 지도는 부분적인 과장, 부분적인 창조, 부분적인 단순화 등을 내포하고 있는 것이다. 자연에 대한 탐구의 결과로 나타난 과학도 이와 흡사하다고 보면 된다. 어떤 점에서 과학은 자연보다 더 단순하지만, 어떤 면에서는 더 복잡할 수도 있다. 어떤 면에서 과학은 자연에 존재하지 않는 것들을 포함할 수 있다. 이 모든 면에서 과학은 인간, 즉 과학자가 만든 것이다.

이런 관점에서 과학을 보면 과학의 창의성을 새롭게 이해할 수 있다. 사람들은 과학이 자연의 법칙을 발견하는 것이기 때문에, 그 법칙이 한 과학자에 의해 발견되지 않았어도 다른 과학자가 이를 곧 발견했을 것이라고 생각한다. 과학자들조차 "제임스 왓슨과 프랜시스 크릭이 DNA의 이중나선 구조를 밝혀내지 못했어도 이 구조는 곧 다른 과학자들에 의해 발견되었을 것"이라고 생각한다. 반면에 사람들은 "베토벤이 없었다면 합창 교향곡은 영원히 쓰이지 못했을 것"이라고 생각한다. 이러한 생각에 의하면 진정으로 창의적인 인간 활동은 자연에 존재하는 것을 발견하는 과학이 아니라 창의성을 발휘해서 창작하는 예술이다.

그런데 과학을 인간이 만든 것으로 이해한다면, 더 위대한 과학적 업적은 더 창의적인 속성을 가지고 있으며, 그 과학자가 아니고서는 이뤄내기 어려웠던 작업이라고 해석할 수 있다. 더 정확하게 말하자면 이렇게 얘기할 수 있다. 베토벤이 없었다면 다른 작곡가가 「합창」과 비슷한 교향곡을 썼을지 모르지만, 그럼에도 불구하고 그 교향곡의 디테일은「합창」과는 다른 것이 되었을 것이다. 마찬가지로 왓슨과 크릭이 없었다면 누군가가 DNA의 구조를 제시했을지 모르지만, 그 디테일은 왓슨과 크릭의 모델과는 다른 것이 되었을 것이다. 이렇게 보면 과학적 창의성과 예술적 창의성이 본질적으로 다른 것이 아님을 알 수 있다.

과학의 간략한 역사 + 과학은 언제 시작되었는가? 혹자는 과학이 고대 그리스 철학자 피타고라스가 있던 시기에 출발한 것이라 하며, 또 다른 사람은 과학이 갈릴레오에게서 시작되었다고 말한다. 한편 과학은 산업혁명과 더불어 그 발을 내디뎠다고도 하며, 19세기가 되어서야 과학이 출발했다고 보는 이도 있다. 이 중에 어느 한쪽의 견해가 옳다고 보기는 힘든데, 과학을 어떻게 정의하는가에 따라서 이 각각의 시기를 모두 과학의 시작으로 볼 수 있기 때문이다. 고대 그리스 시기에는 자연현상을 초자연적인 원인을 동원해서 설명하는 과거의 관행을 비판하면서 자연현상을 자연적인 원인으로 설명하기 시작했는데, 연구자들 중에는 이러한 인식이 과학의 시작이라고 보는 사람들이 있다. 17세기 과학혁명Scientific Revolution 시기는 지금 우리가 알고 있는 근대적 세계관이 탄생한 때이다. 근대역학, 근대수학, 지동설, 우주를 기계로 여기는 기계적 철학, 실험적 방법론, 연역적 방법, 근대 생리학, 뉴턴의 종합 등이 이즈음 등장했다. 이 시기는 여러 가지 의미에서 볼 때, 과학의 역사를 통틀어 가장 중요한 '과학혁명'을 이룬 시기였다. 또 18세기 산업혁명기에는 과학과 기술이 밀접하게 관련을 맺기 시작했으며, 지금 우리가 테크노사이언스technoscience라고 부르는 과학-기술의 잡종 개념이 탄생했고, 생산력이 비약적으로 발전했다. 마지막으로 19세기에는 오늘날의 물리학, 화학, 지질학과 같은 과학의 전문 분야들이 성립되었으며, 과학이 자연철학과 분리되어 독자적인 목적과 방향을 지닌 분야가 되었다. 오늘날 과학 제도의 특성 중 대부분은 이 시기에 만들어졌고, 이런 의미에서 과학이 19세기에 성립되었다고 할 수도 있다.

과학이 언제 시작되었는가에 대해서는 이렇게 여러 견해가 제기될 수 있지만, '과학자scientist'라는 말이 언제 만들어졌는지는 확실히 알 수 있다. 과학을 연구하는 전문가를 의미하는 과학자라는 말은 19세기 초에 만들어졌다. 더 정확하게는 1833년 영국의 과학자이자 철학자였던 윌리엄 휴얼William Whewell이 자연에 대해서 연구를 하던 연구자들의 수가 점점 늘어나는 것을 보고, 이들 모두에게 '자연철학자natural philosopher'라는 호칭을 붙이는 것이 어색하다고 여겨 이들을 가리킬 말로 과학자라는 말을 만들었다. 피아노를 치는 사람을 피아니스트라고 하고, 바이올린 연주자를 바이올리니스트라고 하듯이, 과학science을 하는 사람을 과학자라고 할 수 있다는 것이 그의 생각이었다. 여기서 짐작할 수 있겠지만 과학자라는 말은 과학을 하는 사람을 높여서 부르는 말이 결코 아니었다. 영국의 화학자 마이클 패러데이는 죽을 때까지 자신을 과학자가 아니라 자연철학자라고 불러달라고 했다.

과학자라는 말이 생긴 시점은 19세기에 일어난 제2의 과학혁명Second Scientific Revolution이 시작될 무렵이었다. 1990년대 이전까지 19세기는 과학이 제도화되고 전문직업화된 시기로 평가되었다. 과학이 대학과 같은 기관에 확실하게 자리 잡고, 물리학이나 화학과 같은 과학의 분과와 전문 분야 학회, 전문 학술지들이 생겨난 시기였던 것이다. 그렇지만 이러한 제도화에도 불구하고, 과학의 내용과 관련해서는 17세기 이래 발전하던 근대과학의 내용에 큰 변화가 없었다는 것이 그 당시까지의 정설이었다. 그런데 최근에는 제2의 과학혁명의 중요성이 점점 더 커지고 있는 실정이다. 새로운 해석에 의하면 제2의 과학혁명기 동안에 종교적인 함의를 추구했던 자연철학은 종교와 최종적으로 결별하고 자연에 대한 '자연적인' 지식을 탐구하는 과학으로 탈바꿈했다. 이러면서 과학은 기술이나 산업과 더 밀접하게 결합되었고, 자본주의의 발전에 결정적으로 중요한 한 가지 요소로서 사회 속에 자리 잡았다. 또 17세기 과학혁명기 이래 유럽의 과학을 주도했던 영국과 프랑스 대신에 독일과 미국이 과학을 주도하기 시작했다는 것도 이 시기에 일어난 큰 변화 중의 하나였다. 이처럼 새로운 해석에 입각해서 보자면 19세기 이전의 과학은 지금 우리가 알고 있는 과학과는 근본적으로 다른, 종교적인 색채가 상당히 강했던, 철학의 일부였다는 것을 알 수 있다. 지금 우리가 배우고 연구하는 '과학'은 17세기 갈릴레오와 뉴턴의 시기가 아니라, 19세기 이후에 만들어졌다는 것이 새로운 해석의 핵심이다.

이러한 해석을 전적으로 받아들이지 않더라도 과학의 제도화와 전문직업화만으로도 19세기에 일어난 변화는 의미심장하다. 과학이 제도화되고 전문직업화되기 이전에는 과학에 종사할 수 있는 사람이 극소수에 불과했다. 여기에는 경제적으로 아주 부유해서 돈벌이에 신경을 쓰지 않아도 되는 사람과 왕이나 대귀족으로부터 경제적인 후원을 받는 사람들이 해당되었다. 로버트 보일이나 캐븐디시 경은 전자에 속했고, 갈릴레오, 케플러나 데카르트 등은 후자에 속했다. 그렇지만 과학이 제도화되고 전문직업화된 뒤에는 과학을 잘함으로써 대학교수와 같은 안정된 직장을 얻는 것이 가능해졌고, 19세기 후반이 되면서 중등학교 교사, 정부 공무원, 기업체 연구원으로 직장이 확대되었다. 이후 정부가 "과학을 진흥시키는 정책"을 고안하고 이를 실행하는 것도 가능해졌다. 과학이 제도화된 뒤에는 정부가 지속적인 지원, 연구 기관의 확장, 전문가 그룹의 성장, 대중적 관심의 확산 등을 도모하고 이를 촉진하는 개방적이고 안정적인 사회 분위기를 만듦으로써 과학의 발전을 도모할 수 있게 되었던 것이다.

그러나 이를 두고 19세기 중엽 이후에 정부가 현대적인 과학 정책을 만들어 수행했다고 해석해서는 안 된다. 당시 선진국의 정부는 과학을 거의 지원하지 않았는데, 대학은 교육을 원하는 학생들이 스스로 등록금을 내고 다니는 곳으로 여겨졌고, 대학교수의 연구는 교수 자신이나 대학이 스스로 책임지는 것으로 생각되었기 때문이다. 1939년 영국의 과학자이자 과학사가인 존 버날^{John Bernal}이 『과학의 사회적 기능』을 쓸 때만 해도 정부가 과학의 연구 개발에 쓰는 예산은 GDP의 0.1퍼센트에도 못 미쳤다(이를 지금의 3~5퍼센트와 비교해보라). 19세기에 일어났던 일은 현대적 의미의 지원이 아니라 정부가 점차 과학을 중요한 것으로 생각하게 되었고, 과학박물관, 자연사박물관, 식물원을 만들어서 과학자를 고용하고 교육이나 산업을 담당하는 부처가 과학과 관련된 정책도 일부 입안하게 하는 등 과학에 대한 지원을 조금씩이지만 다각도로 늘려나간 정도였다. 정부가 과학재단이나 연구재단 같은 연구비 지원 기관을 설립해서 과학자의 연구를 뒷받침하기 시작한 것은 20세기 중엽 이후였다. 그런데 19세기 중엽부터 20세기 중엽 사이에 과학과 관련해서 큰 변화가 있었는데, 그것은 바로 과학과 산업과의 관계가 기술을 매개로 바뀌기 시작했다는 것이다.

과학, 기술, 산업의
현대적 관계 구축 + 일반적으로 과학기술사에서는 19세기 중엽 이
후에 과학과 기술의 '현대적 관계'가 만들어졌
다고 본다. 과학이 기술의 문제를 해결함으로써 기술의 비약적 발전을
낳고, 기술의 발전이 새로운 과학을 낳는다는 것이 과학과 기술이 맺
은 현대적 관계의 요체이다. 그런데 과학과 기술이 밀접한 관련을 맺기
시작했다고 해서 과학과 기술이 하나가 된 것은 아니다. 또 모든 과학
이 자동적으로 기술을 낳는 것은 아니며, 모든 기술이 과학의 발전을
가져오는 것도 아니다. 지금도 과학은 기술에서는 없는 목표, 방법론,
내용을 가지고 있으며, 이러한 점은 기술 또한 마찬가지다.

한 가지 예를 들면서 논의를 시작해보자. 영국 과학자(혹은 그 자
신의 표현으로는 '자연철학자') 마이클 패러데이는 1831년에 전자기 유도
electromagnetic induction라는 현상을 발견했다. 자석의 주변에서 도선을 움직
이거나 회전시키면 도선에 전류가 유도되는 현상이었다. 이 현상은 모
터와 발전기의 기초가 되었다. 전기 문명을 낳았던 모터와 발전기는
패러데이의 전자기 유도가 없었다면 불가능했을 기술이라 할 수 있으
며, 이런 의미에서 패러데이의 과학 연구는 전기기술을 낳았다고도 볼
수 있다. 그런 이유로 많은 역사학자들은 전기기술이 과학에 기초한
science-based 기술이고, 전기산업이 과학에 기초한 산업이라고 평가한다.

그런데 과학과 기술의 관계가 이렇게 간단한 것은 아니다. 전자기유
도 현상의 발견은 1831년에 이루어졌지만, 실용적인 발전기는 1860년
대 후반에 개발되어 1870년대 초반이 되어서야 나왔기 때문이다. 왜
이런 시간의 간극이 있었을까? 패러데이의 전자기 유도 현상을 이용하
면 간단한 발전기는 바로 만들 수 있었다. 그런데 상업적으로 응용 가

능한 대용량 발전기는 자석이 아닌 전자석을 이용해야 했고, 전자석에 흐르는 전류를 스스로 만들어내는 자체 들뜸self-exciting식의 발전기여야 했기 때문이다. 이러한 발전기를 만드는 것은 전자기 유도 원리만을 가지고 가능했던 것이 아니었다. 이것은 여러 종류의 공학적 조작과 이해를 요했으며, 이러한 요구는 과학자가 아니라 지멘스와 같은 엔지니어에 의해서 제공되었다.

그렇지만 역사적으로 볼 때 과학자와 엔지니어 집단 모두는 "패러데이의 전자기 유도가 발전기를 낳았다"는 단순한 견해에 만족했다. 과학자들은 과학에 대한 사회적 지원을 이끌어내기 위해서 과학이 유용한 기술로 이어진다고 주장했으며, 기술자들은 공학이 주먹구구가 아니라 과학적 기초를 가진다는 점을 강조하기 위해서 기술의 기초에는 과학이 있다고 강조했다. 과학이 기술로, 기술이 산업으로 바로 이어진다는 믿음은 19세기를 거치면서 이렇게 만들어졌고, 1931년 시카고 박람회에서는 "과학은 발견하고, 산업은 응용하고, 인간은 순응한다 Science finds, Industry applies, Man conforms"라는 표어가 걸렸다. 이러한 생각은 2차 세계대전을 겪으면서 과학이 기술을 낳고 기술은 산업을 낳기 때문에, 기초과학을 지원하면 기술과 산업이 거의 자동적으로 발전한다는 '선형 모델linear model'로 정교화되었다. 이러한 선형 모델은 서양의 역사적 경험에 근거한 것이었고, 오랫동안 의심 없이 받아들여졌다.

선형 모델이 과학과 기술의 관계의 복잡성을 충분히 반영하지 못한다는 생각은 1960년대부터 등장했다. 기술 혁신에 대한 구체적인 연구들은 과학이 기술로 이어지지 않는 경우가 많다는 사실과, 과학에 근거하지 않는 기술 혁신 또한 많다는 사실을 드러냈다. 예를 들어 1960년대 미국 굴지의 화학회사였던 얼라이드 케미컬스Allied Chemicals의 연구소를 10년간 분석한 연구에 따르면, 이 연구소에 재직하던 75명 연구원들이 10년 동안에 모두 1만 개의 아이디어를 내놓았지만, 이 가운데 보고서로 씌어진 것은 1000개 정도였으며, 이중 100개가 특허 출원되었고, 다시 이 가운데 10개가 상업적으로 유용했으며, 마지막으로 이 10개 중에 한 개가 산업 전반에 영향을 미칠 만큼 큰 영향을 주었음을 보여주었다. 아이디어, 보고서, 특허, 실용화, 혁신의 단계에 10분의 1씩 그 개수가 줄어드는 일종의 '10분의 1법칙'이 성립한다는 것이었다.

이러한 연구는 두 가지 결론을 제시한다. 첫 번째는 모든 과학이 기술을 낳는 것은 아니며, 두 번째는 그렇다고 과학이 기술로 이어지지 않는 것도 아니라는 것이다. 즉 과학에 기반한 기술이나 산업도 있지만, 과학에 기반하지 않은 기술이나 산업 역시 많다. 전자의 경우는 과학이 매우 중요한 역할을 하지만, 그렇지 않은 산업은 기존의 기술로도 충분히 잘 움직인다. 또 과학 중에 어떤 것이 미래에 기술과 산업으로 이어질지는 예측하기 힘들다. 따라서 과학은 '토양'의 개념으로, 즉 씨를 뿌려서 좋은 싹을 틔우기 위해서 양분을 넉넉하게 유지하는 토대로 생각하고 지원을 해야지, 구체적인 기술이나 산업을 발전시킬 목적으로 지원하는 것은 무리가 있다. 과학은 목적 지향적으로 특화된 지식이 아닌 것이다.

한국은 서양과는 다른 역사적 과정을 겪었다. 19세기 이래 외국의 문물을 받아들여서 그것을 따라잡기 바빴던 한국 사람들이 보기에 서양의 과학과 기술은 분리된 것이 아니었다. 서양에는 없는 말인 '과학기술'이라는 말이 한국에서는 20세기 초부터 자연스럽게 사용되기 시작했으며, 기술교육을 하면서 과학을 가르친다고 생각하는 경우도 많았다. 이러한 맥락에서 1960년대 이후 산업 진흥을 꾀할 때, 한국 정부 관료와 정책 조언자들은 수출지향적인 특정 산업을 선정해서 이를 집중 지원하는 정책을 핵심 정책으로 채택했는데, 기술관료들은 이 산업을 위해 필요한 기술을 발전시키고자 한국과학기술연구원KIST이나 카이스트KAIST와 같은 연구·교육기관을 설립했다. 기술이 산업을 낳아서가 아니라, 산업에 필요한 기술을 미리 선정해서 집중적으로 육성하기 위해서였다. 그리고 이런 기술을 위해 필요한 기초 수학과 물리학 등을 교육하고 연구하기 위해 과학을 지원했다. 이렇게 생각하면 기술의 기초가 되는 과학만이 의미 있는 과학이었고, 기술은 수출 산업에 기여하는 것만이 유용한 것이었다.

이러한 전략은 우리가 선진국 기술을 모방해서 따라잡는 '추격형catch-up' 전략을 취할 때에는 유용했다. 이런 시기에서는 전략 산업을 선정하고, 이를 발전시키기 위한 기술들을 찾아낸 다음에, 기술에 꼭 필요한 과학을 발전시키는 것이 좋은 전략이 될 수 있었다. 당시 한국의 경제적 상황으로 보아도 과학을 넓게 지원한다는 것은 쉽지 않은 상황이었고, 시간적으로도 급히 몇몇 산업기술 분야를 경쟁력 있는 분야로 정립해야 했기 때문이었다. 그러나 최근 들어서 추격형 전략의 한계가 점점 드러나고 있다. 선진국 기술을 모방하기가 쉽지 않을 뿐만 아니라, 몇몇 분야에서는 우리가 가장 앞서 있기 때문에 모방할 기술이 존재하지 않는 경우도 있다. 이러한 탈추격형post catch-up 시기에는 산업에 필요한 기술이 무엇인지 알기 힘든 경우가 많으며, 따라서 기술을 집중 지원하는 전략에 한계가 있다.

반도체, 레이저, 생명공학, 나노기술 등의 사례에서 보듯이, 예상하지 못했던 혁신적 기술 변화는 과학 연구에서 나오는 경우가 많다. 탈추격형 사회의 생존 전략을 고민하는 우리는 이제 적어도 몇몇 기술 분야와 관련해서는 목적지향적 지식이라는 관점에서 과학을 보는 것에서 벗어나서, 과학을 '토양'으로 생각하고 여기에 폭넓게 투자하고 지원해야 한다. 즉, 특정 과학을 지원해서 특정 기술을 발전시키겠다는 의도에서가 아니라, 뒷세대가 거둘 곡식의 씨를 뿌린다는 생각으로 과학을 지원해야 한다는 것이다. 과학의 토대가 넓어지고 튼튼해질 때, 이것이 자연스럽게 미래 기술 혁신의 토대가 될 수 있다.

바람직한 과학-사회의 관계를 위한 열쇠 : 신뢰, 참여, 숙의 +

최근에 광우병 문제, 유전자조작 농산물 문제, 고엽제 파동 등 과학과 관련 있는 사회문제들이 연이어 발생하고 있다. 이러한 문제가 생길 때마다 전문가들과 언론은 시민들이 과학에 대한 이해가 부족한 것이 원인이라고 강조한다. 미국산 소고기를 먹고 광우병에 걸릴 확률은 골프를 치다가 홀인원을 한 뒤에 벼락을 맞을 확률보다 작은데, 사람들이 이런 확률을 이해하지 못하고 미국산 소고기를 조금만 먹어도 100퍼센트 광우병에 걸려서 죽는다고 생각하고 두려워한다는 것이다. 이런 논리에 의하면 문제를 해결하는 열쇠는 대중에게 더 많은 과학을 교육하는 것이다. 과학 커뮤니케이션은 현대 과학과 사회의 문제를 이렇게 파악하는 것을 '결핍모형Deficit Model'이라고 한다.

그런데 결핍모형의 문제는 실제로 이런 모형에 입각한 정책이 아무것도 해결해주지 못한다는 데에 있다. 선진국들은 지난 25년 동안에 결핍모형에 근거해서 대중을 위한 과학교육과 과학 커뮤니케이션에 많은 노력을 들였는데, 그 결과는 놀랍게도 실망스러운 것이었다. 대중의 과학 인식이 더 좋아지지도 않았지만, 보다 큰 문제는 사회적 논쟁이 완화될 기미가 전혀 보이지 않았다는 점이다. 결국 최근에 구미사회는 결핍모형에 대해 '사망선고'를 내렸다. 영국 정부의 『과학과 사회를 위한 비전』(2008년 7월)은 "몰랐던 과학 지식을 알게만 되면 대중이 과학의 효용을 확실히 지지하리라고 여겼던 예전 방식이 성공했던 적은 드물다"고 하면서, "(광우병 사태를 겪은) 2000년 이후 대중 참여는 쌍방향 소통과 대화를 통해 강조돼 왔으며, 이에 대해선 지금도 강한 (사회적) 합의가 있다"고 결론지었다. 이는 결핍모형 대신 쌍방향 대화를 강조하는 모형을 채택한 것이다. 미국과학진흥협회AAAS의 의장 오멘Gilbert Omenn은 2006년 연설에서 "위험 커뮤니케이션의 핵심은 사람들이 관심 있는 문제를 듣고 이에 답하는 것"이라고 하면서, 과학자 같은 전문가들이 "사람들과 확률로 이야기해서는 안 된다"고 충고했는데, 이 역시 비슷한 인식의 전환을 보여준다.

과학과 관련된 사회적 논쟁은 대부분 '위험'에 대한 것이다. 서구 선진국들은 1960년대부터 이런 문제를 경험했고, 사회적 갈등을 겪었으며, 오랫동안의 시행착오 끝에 문제를 인식하고 해결하는 방법론적, 제도적 틀을 발전시켰다. 이에 따르면 위험에 관한 정책은 기본적으로 참여지향적, 장기적, 신뢰구축지향적인 정책을 추구해야 하며, 이 과정에서 중요한 것은 '신뢰'이다. 신뢰는 위험 커뮤니케이션의 꽃이라고 해도 과언이 아니지만, 정의하기는 쉽지 않다. 그렇지만 일반적으로 신뢰는 타인에 대한 기대나 배려, 미래에 대한 방침, 위기나 기회를 받아들인다는 생각, 신용에 근거한 공약, 능력과 권한, 예측성 등으로 구성된다고 보며, 일종의 사회적 자본social capital의 성격을 띤다.

탈추격형 사회의 생존 전략을 고민하는 우리는 이제 적어도 몇몇 기술 분야와 관련해서는 목적지향적 지식이라는 관점에서 과학을 보는 것에서 벗어나서, 과학을 '토양'으로 생각하고 여기에 폭넓게 투자하고 지원해야 한다. 구체적으로 특정 과학을 지원해서 특정 기술을 발전시키겠다는 의도에서가 아니라, 뒷세대가 거둘 곡식의 씨를 뿌린다는 생각으로 과학을 지원해야 한다는 것이다.

주민이나 시민이 전문가와 정부를 신뢰할 때 과학 논쟁은 합리적 해결책이 나올 가능성이 커진다. 시민이 전문가의 발표를 신뢰할 경우에는 과학기술에 기반한 문제해결책을 더 쉽게 받아들인다. 그런데 신뢰가 깨지고 불신이 팽배할 경우에는 과학자들이 아무리 옳은 얘기를 해도 쉽게 받아들이지 않는다. 사람들은 정부가 과학자를 동원해서 어려운 전문지식을 무기로 자신들을 현혹한다고 생각하며, 정부가 제시한 해결책 뒤에는 무언가 감추는 게 있다고 생각한다. 우리가 한국 사회에서 종종 보았듯이, 소통은 단절되고, 갈등은 심화되며, 문제의 해결은 요원해진다.

그렇다면 신뢰를 형성하고 유지하는 방법이 무엇일까? 그것은 정보를 솔직히 공개하고, 정보에의 용이한 접근을 보장하는 것, 전문가와 시민이 함께 참여하는 위원회를 만들어 시민들의 경험을 충분히 정책에 반영하고, 다른 모든 가능성을 배제한 극단적인 선택보다는 서로가 한 발씩 양보한 합의를 추구하는 것, 논의 과정의 처음부터 시민 참여의 다양한 기제를 만들고, 교육과 주입보다는 대등한 토론과 숙의deliberation를 지향하는 것이다. 이러한 여러 가지 방법이 동시에 이루어질 때, 시민사회와 관료를 포함한 전문가들 사이에 신뢰가 형성되고 유지될 수 있다. 위험의 문제를 해결하기 위해서는 1) 과학적 사실, 2) 경제적 고려, 3) 참여라는 세 가지 기둥이 있어야 하는데, 이 세 기둥을 굳건히 받치고 있는 토대가 바로 신뢰인 것이다.

현재의 위험은 알 수 있지만 미래의 위험을 예측하기는 어렵다. 설문조사를 해보면 우리 국민은 현재 나노기술에 대해서 상당히 긍정적인 평가를 하는데, 이것이 언제 부정적인 평가로 바뀔지 알 수 없다. 따라서 예측하기 어려운 미래에 대비하기 위해서는 미래에 문제가 터

지면 이를 대처하면 된다는 수동적인 태도에서 벗어나야 한다. 마치 운동을 열심히 하고 화학적으로 가공하지 않은 음식을 먹어서 면역력을 키우는 것이 감기에 걸려도 이를 가볍게 앓고 넘어가는 지름길이듯이, 미래에 논란이 될 수도 있는 위험에 대해 사회적 면역력을 키우는 것이 중요하다. 이러한 사회적 면역력을 키우기 위해서는 과학 교육에서 과학의 여러 위험에 대해 현실적인 평가를 할 기회를 제공하고, 과학관이나 과학 TV와 같은 커뮤니케이션 채널 등을 활용해서 위험과 관련된 토론의 장을 만들며, 연구개발 정책과 관련 있는 정부의 다양한 정책위원회 등에 시민의 참여를 더 넓히게 하는 등의 방법이 있을 것이다. 미래 사회를 대비해서 현재의 과학 거버넌스를 재조직해서 사회적 면역력을 높이는 방안을 '예비 거버넌스anticipatory governance'라고 하는데, 이 과정에서도 핵심은 신뢰, 참여, 그리고 숙의인 것이다.

한국의 과학과 사회의 관계는 접점을 잘 찾지 못하는 부분이 있다. 사회에서 과학 연구를 지원하니까 과학에 종사하는 사람들이 그만큼 사회에 기여할 것을 요구한다. 연구를 지원한 만큼, 아니 그 이상의 GDP의 증가와 일자리 창출을 요구한다. 과학자들이 연구비를 신청할 때는 연구계획서 내에 "이 연구를 하면 일자리가 몇 개 늘어날 것이다"라는 항목에 답을 해야 한다. 국민의 세금으로 연구를 지원하는 것이기 때문에 국민의 관심이 가장 높은 일자리 창출을 요구하는 것이 당연하다는 것이 연구비 지원 기관의 입장이다. 그런데 이를 요구하기 전에 우리는 과학 지식 중 많은 부분은 사회적 요구의 기준으로 보았을 때에는 "쓸모없는 지식"이라는 점을 알아야 한다. 모든 과학이 기술을 낳는 것은 아니며, 일자리와 무관한 과학이 태반이다. 그렇지만 이러한 "쓸모없는 지식"의 기반이 넓어져야 "쓸 데 많은 지식"도 여기서 나올 수 있다. 과학과 관련해서는 좀 더 장기적이고 차분한 지원이 필요하다. 과학 연구를 지원하는 것은 가을에 열매를 맺는 나무를 가꾸는 것보다는 토양을 갈아엎어서 그것을 기름지게 하는 것과 비슷한 것이다.

과학기술이 낳는 문제, 특히 신기술의 위험과 관련된 문제는 과학의 개입만으로는 해결되지 않는다. 이것은 과학과 사회가 복잡하게 얽힌 문제이며, 갈등이 첨예한 경우는 대부분 신뢰가 깨져서 문제를 더 복잡하게 만들었기 때문이다. 우선은 과학기술자들이 이러한 기술 위험의 문제가 확률이나 경제적 지원과 관련한 것이 아니라, 신뢰와 소통으로 해결해야 할 문제라는 점을 인식해야 한다. 갈등과 혼란은 우리 사회의 민주주의를 위협하는 큰 도전이지만, 오히려 시민의 더 깊숙한 참여를 촉구하는 숙의민주주의나 참여민주주의를 확대할 좋은 계기가 될 수도 있다. 그렇지만 어느 경우에나 병이 생긴 다음에 이를 치료하는 것은 발병을 사전에 방지하거나 면역력을 키우는 것보다 더 어렵다. 위험은 예측하기 어렵기 때문에 결국 신뢰와 소통이 지배하는 건강한 사회를 만드는 것이 위험을 예비하고, 또 위험이 터져나와도 이를 적게 앓고 넘어가는 방법일 것이다.

앞에서 언급했듯이 1933년 시카고 박람회의 표어는 "과학은 발견하고, 산업은 응용하고, 인간은 순응한다"였다. 이러한 표어는 당시 과학기술이 중요하게 부상하던 시기의 정신을 잘 보여주지만, 지금 우리의 현실과는 맞지 않다. 21세기를 슬기롭게 살기 위해서는 과학기술과 인간의 위치를 바꿔야 한다. "사람들이 제안하고, 과학은 이를 연구하며, 기술은 순응한다People propose / Science studies / Technology conforms"는 것으로. 과학기술은 인간의 활동일 뿐만 아니라, 무엇보다 인간을 위한 활동이어야 하기 때문이다.

성gender 문제는
법조계에 드리워진 그림자다

양 현 아
서울대 법학전문대학원 교수

하나의 사건에서도 다양한 성인지적 추론 방식이 적용될 수 있고 또 그래야 할 것이다. 지금 사법부에 요청되는 것은 어떤 특정한 추론 방식이 아니라, 각 사안에 대한 성 편견 및 성차별에 대해 깨어 있는 감수성을 견지하는 일이다. 이 점에서 한국의 사법부는 감수성의 과잉이 아니라 과소 상태에 있다.

섹스로서의 성과 젠더로서의
성에 대한 법조계의 인식 +

민주화가 이루어진 시기인 1980년대를 지나 1998년까지 한국에서 여성 법률가 비율은 한 자릿수를 넘지 못했다. 그러나 지금으로부터 10여 년 전의 법률가 성비와 비교해보면 격세지감을 느낀다. 우리 사회에서 사법시험과 법조계는 이른바 여풍 현상이 두드러진 영역으로서, [표 1]은 1993년부터 2010년까지 사법연수원에서 교육받은 연수생 중 여성이 차지하는 비율을 보여준다. 즉 최근 여성은 사법시험 합격자 중 전체의 3분의 1을 넘어섰다.

이런 추이와 함께 전체 판사 중 여성 판사 비율은 2010년에 전체 판사의 24.4퍼센트이며, 검사 비율도 같은 해 20퍼센트를 넘어섰다. 변호사 비율도 점점 늘어나 2010년에 11퍼센트를 넘어서 전체 여성 변호사 수는 1208명이 되었다. 1970년대와 1985년까지 단 3명의 여성 변호사만을 두고 있던 사회였음을 감안할 때 상전벽해라 하지 않을 수 없다.

이는 신임 판사 임용이나 검사 임용에서는 여성 법률가의 비율이 전체에서 차지하는 비율보다 더 많음을 뜻하는 것으로서, 법조계 내 성별 구조의 변동을 분명히 보여주고 있다.

표 1 사법연수원 연수생의 여성 비율

기별	전체 연수생(명)	여성 연수생(명)	여성 비율(퍼센트)
24기 (1993)	293	16	5.5
25기 (1994)	284	18	6.3
26기 (1995)	291	31	10.7
27기 (1996)	315	27	8.6
28기 (1997)	496	35	7.1
29기 (1998)	592	49	8.3
30기 (1999)	694	92	13.3
31기 (2000)	717	119	16.6
32기 (2001)	801	152	18.97
33기 (2002)	976	171	17.52
34기 (2003)	972	230	23.66
35기 (2004)	887	187	21.08
36기 (2005)	987	243	24.60
37기 (2006)	977	309	31.63
38기 (2007)	971	365	37.59
39기 (2008)	1001	348	34.76
40기 (2009)	969	379	39.11
41기 (2010)	986	354	35.90

그렇지만 법조계 여성의 증가에 의해 법조계의 성평등gender equality이 예견된다 말할 수 있을까. 성평등한 사법적 판단에 '푸른 신호등'이 들어온 것일까. 남성의 영역이었던 법학과 사법부에 여성이 대거 참여한다는 것은 그 자체로 큰 의미가 있으며 성평등의 제고에 긍정적이라고 생각한다. 하지만 여성의 법조계 참여가 곧 법원의 성평등 의식과 판

결에서의 영향을 보증하지는 않을 것이다. 성평등은 그저 여성 젠더의 실재가 아니라, 젠더에 대한 성gender인지적 의식, 즉 우리 사회를 둘러싼 성별 문제에서 섹스로서의 성과 젠더로서의 성을 함께 고려하는 의식을 필요로 하기 때문이다. 더욱이 재판 영역에서는 기존 판례에서의 법 해석론이 존재하기에 이를 넘어서기 위해서는 성인지적 추론이 필요한 일이다. 이 글에서는 법에서 성인지성을 제고하기 위해 필요한 논증 방식에 어떤 유형이 있는지 함께 고민해보고자 한다.

법률가는 성에 대해
맹인이 되어서는 안 된다 +

법률가들은 일반적으로 성별 문제에 대해 어떤 인식을 갖고 있을까? 특히 최근에 크게 증가한 여성 법률가들은 성별에 대해 어떤 인식을 가져야 한다고 생각하고 있을까? 아래는 한 여성 판사의 의견이다.

> 판사들에게 있어 더 중요한 문제는 여성 법관들 스스로 자신의 여성성을 어느 범위에서 어떻게 적용하고 관철시켜야 하며, 균형을 잡아야 할 것인가라는 내면적 고민과 갈등들이다……. 실제 여성 법관의 형사부나 가사부의 배석 수가 늘어나면서 이혼시 위자료의 액수나 성폭력 피고인에 대한 양형이 현격히 높아지게 된 것은 널리 알려진 일이다. 여성 법관들의 존재 그 자체만으로도 이른바 성인지적 관점이 어느 정도 실현될 수 있음을 보여주는 예다.
> 하지만 그 양상이 너무나 다양하고 증거관계가 매우 불투명한 실제 재판에선 여성 법관이 개인적인 차원에서 아무리 목적의식적으로

연구하고 노력한다 해도 성인지적 관점의 실현이란 것이 단선적이고 결단적인 그 무엇이 되기는 매우 어렵다. 재판 작용이란 양 당사자 사이에서 균형을 잡는 일이기도 한데, 실제 재판에선 원고와 피고, 피해자와 피고인, 여성과 남성이 교차되어 등장할 뿐만 아니라,[*] 증거에 대한 판단과 가치에 대한 판단도 서로 다른 층위에서 교차하면서 공존하며, 그 속에서 진정 합당하게 관철되어야 할 남녀평등적 관점이란 때론 그 자체가 또다시 새로운 가치판단일 수밖에 없는 경우가 대부분이다.

일부 여성 법관은 특히 성폭력 사건과 같은 형사재판상의 합의시 자신이 반드시 피해자인 여성에 대하여 옹호하지 않으면 안 된다는 강박에 휩싸이기도 하고, 때로는 자신이 아무리 객관적이고 균형 잡힌 의견을 내놓아도 그 의견 자체가 남성 법관들에 의하여 한쪽에 치우친 것으로 늘 의심받는 게 아닌가 하는 의구심을 떨칠 수 없었다고 토로하기도 한다. 그 속에서 여성 법관 자신이 일관되게 관철할 수 있는 성인지적 관점이란 무엇이며, 그것은 어떻게 얻을 수 있을까. 여성 법관들의 고민은 계속되지만, 날로 정교하고 교묘해져가는 사건의 추이 속에서 그 해답 역시 점차 심오해지지 않을 수 없다.

위의 글은 여성 판사의 성인지성과 공정성 그리고 여성성이라는 문

---

[*](성매매 여성에 대한) 선불금 사건의 예만 보더라도 여기에 등장하는 인물들은 피해자인 여성뿐 아니라 직업소개소를 운영하는 실제 자금주인 여성, 때론 악의적인 사기 행각의 일원으로 상습적으로 타인의 선불금을 빼앗는 여성 사기꾼, 역시 사기의 한 방식으로 사기꾼인 여성을 소개하여 연대보증을 하였으나 후에 선불금 무효를 주장하면서 자신의 책임을 회피하려는 소개업소의 여성 직원, 위증을 일삼는 여성 증인 등이 있다.

제를 진솔하게 제기하고 있다. 인용된 말대로 그것은 어떤 단순한 결단이나 하나의 방법은 아닐 것이다. 이 점에서 성인지적 관점의 '일관성'이 필요한 것인지도 의문시된다. 성인지적 태도는 필요하겠지만 곧 살펴볼 것처럼 그것이 개별 사건들에서 나타나는 구체적 양상은 저마다 다르기 때문이다. 법률가의 성인지적 논리는 현실의 성차별과 성별구분에 대해 무력한 성맹적gender-blind 시각을 극복하고 실질적인 성평등과 정의를 구현하고자 하는 추론 방식이라고 정의내릴 수 있다. 그것은 여성에 대한 기존의 편견을 해체할뿐더러 새로운 대안을 구성하는 창조의 방법을 뜻하기에 최근까지도 다 찾지 못한 방법들일 것이다. 이점에서 법률가의 성인지성을 둘러싼 고민은 심오한 것일 수밖에 없으리라. 그러므로 그 다양한 추론의 가능성을 국내외 판례를 통해 살펴보도록 하자.

판례 1 : 어떤 성별에나
"마찬가지로" 법적 처우를 하는 법률가 +

먼저 다음의 성희롱 사건에서 보듯이 성별의 특별한 속성을 따지지 않고 '합리적 인간' 혹은 '건전한 인간'의 감수성에 입각해 사안을 판단하는 추론 방식이 있다. 이는 어떤 성별에나 "마찬가지로" 법적 처우를 한다는 점에서 성중립적 추론 방식이라고 할 수 있다. 성중립적이긴 해도 이러한 추론으로써 성희롱 행위가 있었음을 인정하고, 행위자의 불법 행위 책임을 묻는 판결에 있어 일정한 성인지성을 구현할 수 있다. 아래는 서울대 성희롱 사건의 대법원(대법원 1998. 2. 10. 선고, 95다39533) 판결문 중 일부이다.

이른바 성희롱의 위법성 문제는 종전에는 법적 문제로 노출되지 아니한 채 묵인되거나 당사자 간에 해결되었던 것이나 앞으로는 빈번히 문제될 소지가 많다는 점에서는 새로운 유형의 불법 행위이기는 하나, 이를 논함에 있어서는 일반 불법 행위의 한 유형으로 파악하여 행위의 위법성 여부에 따라 불법 행위의 성부를 가리면 족한 것이(다).

특히 남녀관계에서 일방의 상대방에 대한 성적 관심을 표현하는 행위는 자연스러운 것으로 허용되어야 하지만, 그것이 상대방의 인격권을 침해하여 인간으로서의 존엄성을 훼손하고 정신적 고통을 주는 정도에 이르는 것은 위법하여 허용될 수 없는 것이다.

그리고 어떤 성적 표현 행위의 위법성 여부는 쌍방 당사자의 연령이나 관계, 행위가 행해진 장소 및 상황, 성적 동기나 의도 유무, 행위에 대한 상대방의 명시적 또는 추정적인 반응의 내용, 행위의 내용 및 정도, 행위가 일회적 또는 단기간의 것인지 아니면 계속적인 것인지의 여부 등의 구체적인 사정을 종합하여, 그것이 사회 공동체의 건전한 상식과 관행에 비추어볼 때 용인될 수 있는 것인지의 여부, 즉 선량한 풍속 또는 사회질서에 위반되는 것인지의 여부에 따라 결정되어야 할 것이다.

주지하다시피 이 사건은 한국에서 최초로 제기된 성희롱 사건으로 큰 관심을 불러일으켰다. 1심(서울지방법원 1994. 4. 18. 선고, 93가합77804)에서 재판부는 피고 측의 교수가 한 성희롱 불법 행위를 인정하고 3000만 원의 위자료 청구를 인정하는 등 원고가 승소했으나 항소심(서울고등법원 1995. 7. 25. 선고, 94나15358)에서는 성희롱 행위를 인정하지 않았다. 잠시 판결문의 일부를 통해 당시 법원의 사유의 단면을 살펴보자.

한 직장에서 근로자의 인격권에 대한 침해가 그 침해하는 자 측에서 보아 업무 수행을 위하여 필요한 것이거나 불가피한 것인 때에는 그 근로자는 그 직장을 떠나지 않으려면 또는 그가 그의 업무를 충실히 수행하려면 그 침해를 수인할 의무가 있는 경우도 있다. (…)

첫째로, 성이 인간의 발전을 이끄는 원동력이고 기본적인 에너지원이라고 하는 인식을 제쳐둔다고 하더라도, 남녀관계를 적대적인 경계의 관계로만 인식하여 그 사이에서 일어난 무의식적인 또는 경미한 실수를 모두 법적 제재의 대상으로 삼으려는 주장은 경계해야 한다. 그렇게 되면 남녀 간의 모든 접촉 시도는 위축되고 모든 남녀관계가 얼어붙게 되어 활기차고 정열적인 남녀관계의 자유로움과 아름다움이 사라지게 될 우려가 있다. 그것은 남성에게뿐 아니라 여성에게도 불행한 일이 될 것이다.

둘째로, 성적 괴롭힘은 일반적으로 남녀 간의 은밀하거나 사적인 공간에서 이루어지는 것이 대부분인데, 이러한 관계가 법적인 개입의 대상으로 된다는 것은 간섭 없이 자유로워야 할 사생활 등 개인의 사적 영역이나 사인 간의 관계에 증거 조사 등을 위해 국가의 공권력의 개입을 부르게 된다는 점에서 주의를 요한다는 점이다.

한편 대법원에서는 원심을 파기하고 성희롱 행위를 인정했지만 피고 측인 서울대 총장과 대한민국의 책임을 인정하지 않은 '부분 승소'를 거두었다. 국내 입법에 성희롱 조문도 규정되어 있지 않던 상태에서 법원은 민법상 불법 행위의 관점에서 이 사안을 판단했다. 성중립적 관점을 견지하더라도 성희롱 행위의 불법성을 성차별이나 성의 자유가 아닌 인격권의 침해라는 관점에서 구성한 것이다. 선례가 없던 상황에서 법조계의 이러한 노력은 높이 평가해야겠지만, 이제까지 존재하지 않았던 불법 행위를 '건전한 상식'과 '선량한 풍속'이라는 보통의 질서 속에서 판단하면 족한 것인지는 고민해봐야 한다. 즉 사회 공동체의 건전한 상식이나 관행이 성희롱을 유발하거나 성희롱에 무감無感하게 하는 것이라면, 성희롱의 판단은 사회 공동체의 일반 상식에서 더 나아가 여성의 섹슈얼리티sexuality와 조직 내 성차별 문제라는 관점에서 젠더적 논리로 구성될 필요가 있을 것이다. 이런 성중립적 논리는 미국 법원의 엘리슨 대 브래디Ellison vs Brady 사건*의 '합리적 여성 관점'과 대조를 이룬다.

판례 2 : 성별 고정관념을 파기하는 법률가 +

1980~90년대 미국에서는 젠더 편견 태스크포스Gender Bias Task Force들이 조직되어 법 제도 안에서 여성 법률가가 관찰하거나 경험한 차별에 대해서 보고서를 작성했다. 예컨대 여성이 할 수 있으므로 전문성이 낮고 쉬

---

* 엘리슨 대 브래디(924 F.2d 872, 1991) 사건에 대한 법정 의견을 살펴보면, 여성은 남성에 비해 성적 공격으로부터 더 많이 피해자가 되어왔기 때문에 성희롱에 대해서도 남성과는 다른 우려를 품게 되며, 성희롱 행위를 희롱으로 체험하는가에 대해 합리적 남성의 기준을 택한다면 이미 만연해 있는 차별 수준을 강화시킬 위험이 있음을 지적했다. 이에 법정에서는 '합리적 여성 관점Reasonable woman standard' 혹은 합리적 피해자의 시각을 선택해야 한다고 판시했다.

운 일, 저임금, 저지위라는 사회적 시선이 정당화되곤 하지만 그 반대는 참이 아니라는 점 등이 내용에 포함되었다. 이러한 편견은 여성이 수행하는 노동의 가치 평가 즉 직무 분석, 비교 가치 등의 판단에 영향을 미친다는 것이 밝혀졌다. 이러한 성별에 대한 고정관념은 젠더라는 측면을 보지 않거나 무시하는 태도가 아니라 젠더가 부정적인 영향을 미치는 현실을 뚜렷이 인식하고자 한다는 점에서 성중립적 추론과 차이를 보인다. 즉 해당 사안에 있어서 젠더 차원의 중요성을 인식하고 있다.

이와 관련하여 '윅스 대 서던 벨 전신전화회사Weeks vs Southern Bell Telephone and Telegraph'(408 F.2d. 228. 5th Cir. 1969)라고 불리는 미국의 한 노동 관련 사건을 살펴보자. 1970년대 초 피고 측 회사는 미국 최대 규모의 사기업 전화통신사로서 종업원 수만 무려 80여만 명이었고 이 가운데 50퍼센트가 여성이었다. 40여만 명의 여성을 고용하면서도 성차별적인 고용 관행에 별 신경을 쓰지 않았던 기업은 윅스라는 여성 노동자에게 도전장을 받는다. 윅스는 1948년에 입사하여 교환원으로 일하다가 38세에 고임高賃 직종인 스위치맨으로 가고 싶다고 지원을 했으나 회사로부터 거절당했다. 여성이라서 그 일을 할 수 없다는 게 이유였다.

윅스는 고용상 성차별이 있었다는 이유로 조지아 주의 지방법원에 제소했지만 1967년 원고 패소 판결을 받았다. 당시 조지아 주법에서는 여성 노동자를 보호한다는 이유로 30파운드 이상의 무게가 나가는 장비를 들어야 하는 직종에는 여성이 취업하지 못하도록 금지했다. 기업 측에서는 30파운드 무게를 들어야 하는 직무가 진정직업자격BFOQ, Bona Fide Occupational Qualifications에 해당된다고 주장했다. *

하지만 윅스는 진정직업자격을 근거로 한 기업 측의 항변이 거짓된 것이라고 주장했다. 윅스는 세 아이를 홀로 키우며 가족의 생계를 책임져왔다. 자녀가 성장하면서 전화 교환직의 임금으로는 생활을 꾸려나가기 어려워서 고임금 직종을 찾았지만 이런 직종은 모두 남성이 독차지하고 있었다. 윅스는 '전형적인 가족'과는 다른 편모 가족의 가장으로서 주법의 여성보호 조항은 편모 가족의 실제 삶과는 전혀 맞지 않는 허구적인 것이며, 기업 측의 변명은 여성을 고임 직종에 고용하지 않으려는 술책이라고 생각했다. 여성이 나약한 존재라는 이미지를 심어주는 조지아 주의 보호 입법은 현실을 전혀 반영하지 않았다. 윅스는 전화 교환 일을 하면서 3교대 직무를 하도록 되어 있었고 이미 야간근로도 하고 있었다. 또한 세 아이를 키우면서 30파운드 이상의 물건을 드는 일을 수차례 해왔다. 30파운드는 두 살 된 아이의 몸무게보다도 가벼운 것이었다.

윅스를 1심에서 패소하게 했던 법적 근거는 민권법 제7편의 진정직업자격 조항이었다. 항소 법정에서는 여성이 30파운드를 들지 못하는 반면 모든 남성은 할 수 있을 것이라는 가정은 '전형화된 특성stereotyped characterization'에 기초해 있다고 보았다. 피고 측 회사는 스위치맨이 성별의 진정직업자격이 된다는 입증 책임을 충족시키지 못했다고 판단했다. 이렇게 여성의 완력에 대한 실증적 태도를 통해 이른바 보호 입법이 가진 허구적 전제가 드러났다. 즉 보호받아야 할 여성이 오로지 법

• 진정직업자격Bona Fide Occupational Qualification, BFOQ이란 고용주에 의해 특정 성별, 종교, 출신국이 어떤 직무를 수행하는 데 실질적 자격이 된다는 것이 입증된 경우의 직무수행자격을 의미한다.

률적 통념의 대상이었음이 드러났던 것이다.

그다음 살펴볼 판례는 고용기회평등위원회 대 브라운 건설회사 EEOC v. Brown & Root, Inc.(688 F.2d 338. 1982)라고 불리는 사건이다.

사라 Sarah John Boyes 는 브라운 건설회사에서 일했는데 그녀는 머리 위에 있는 높이의 철제빔에서 일하도록 업무 배치를 받았다. 그런데 그녀는 높은 곳에서 작업하면서 공포로 몸이 마비될 지경이었고 다른 사람의 도움을 받고서야 비로소 아래로 내려올 수 있었다. 이에 대해 회사 측은 그녀가 배정받은 업무를 하는 데 적당치 않다는 이유로 해고 통보를 했다. 여기서 문제가 된 사안은 사라와 똑같이 고소공포증이 있는 남성 노동자도 해고되었느냐 하는 것이었다.

고용기회평등위원회 EEOC, Equal Employment Opportunity Commission 는 회사 내의 조사를 통해 동일한 조건에서 일했던 남성 노동자 네 명의 진술을 확보했다. 이 남성들은 자신을 포함한 몇몇의 남성 노동자 역시 같은 근무 환경에서 공포로 몸이 마비된 적이 있을 뿐 아니라 다른 사람의 도움을 받지 않고서는 내려올 수 없었다고 진술했다. 그럼에도 불구하고 그들은 해고되지 않았고 이들 중 한 명은 땅에서 일하도록 배정받았다고 진술했다. 고용기회평등위원회는 이러한 조사를 근거로 남성도 공포를 느낄 수 있는데 여성만 해고한 것은 성차별이라고 주장했다. 이 사건에서 여성이기 때문에 공포를 더 많이 느낄 것이라는 성별 고정관념은 실증적 조사가 뒷받침됨으로써 그 근거가 사라졌다.

실제로 성평등을 다루었던 미국 법원의 사건들에서 여성에 대한 고정관념을 파기하고 남성과 법 앞에서 '마찬가지의 사람'임을 천명한 사건들이 대표적이라 할 수 있다. 이 점에서 성별 고정관념의 파기는 여성주의 법적 추론에서 매우 중심적인 지위를 점한다.

판례 3 : 여성의 입장을
추론하는 법률가 +

성별에 따라 다른 인식과 감각을 갖게 되는 성희롱과 같은 사건에서 누구의 관점에 설 것인가? 특정한 행위가 성적 불쾌감과 굴욕감을 느낄 정도의 것인지 아닌지의 여부는 개인뿐 아니라 특정 성별에 따라 달라지는 것이라면 판단 주체가 어떤 성별 위치에 설 것인가는 중요한 문제이다. 앞서 서울대 성희롱 사건에서 본 것처럼 "사회 공동체의 건전한 상식과 관행"에 비추어볼 때 용인될 수 있는 행위인지 아닌지를 말할 만한 객관적 기준을 정하기는 굉장히 어렵고, 오로지 사회적으로 "용인되는" 기준이나 감각을 사용할 수밖에 없을 것이다. 이에 미국 법원에서 택하는 '합리적 여성 기준'이 주목된다. 즉 비슷한 경험이나 입장에 선 합리적 피해자의 시각이 사안을 판단하는 기준이 되어야 한다는 것이다.

지금부터 살펴볼 것은 서울지방법원에서 내려진 성폭력 사건(서울지방법원 2004. 10. 22 선고, 2004고합228)에 대한 판결문의 일부이다. 여기서는 피해자의 시각을 추론하기 위한 노력이 돋보인다. 참고로 이 사건의 피해자는 자신과 사실혼 관계에 있는 배우자 누나의 남편에게 세 차례 강간을 당했다고 주장하면서, 이 사건이 일어난 지 8개월 후 가해자를 고소했다. 아래는 각각 고소를 제기했던 (1)피해자의 태도 (2)가해자와 피고의 '관계' (3)피해자의 저항 정도에 대한 기존의 의혹을 재판부가 어떻게 판단했는지 보여준다.

(1) 피해자의 진술 내용을 이 사건 심리 과정에서 밝혀진 피해자의 불우했던 어린 시절과 참담했던 과거 경험에 비추어 살펴보면, 피해자가 남편과 혼인생활을 하면서 오랜만에 어쩌면 생애 처음으로 찾

은 행복을 너무나 소중하게 생각했고, 그 행복을 잃지 않기 위해서 자신과 시누이의 혼인이 파탄되지 않기를 바라는 절실한 마음과 그 행복을 지키려면 자신이 당했던 모멸적 기억을 숨길 수 있다고 믿었던 마음, 하지만 그럼에도 결코 잊을 수 없었던 죄책감과 모멸감 때문에 8개월이 지난 시점에 고소를 결심하게 된 상황을 넉넉히 짐작할 수 있다. 이와 같이 이 사건에서 피해자의 특수한 경험과 당시 처한 형편을 참작할 때 피해자가 강간 후 8개월이 지나서 고소를 제기한 사정은 피해자 진술의 신빙성을 의심케 하는 정황이 되지 못한다는 것이 이 법원의 판단이다.

(2) 피고인과 변호인은 피해자가 집을 나와 순순히 피고인과 함께 여관방에 들어간 사실, 피해자가 주장하는 1차 강간 후에도 피고인이 구해놓은 집에 입주했고, 피해자가 주장하는 2차 또는 3차 강간 후 피고인과 함께 비디오를 빌리러 갔으며, 피고인과 함께 게임방에 가서 게임을 하는 등 피해자가 피고인의 호의를 받아들이고 친밀하게 지낸 사실을 들어 피해자 진술의 신빙성을 탄핵하고 있다. (…) 학교 성교육 시간에 만일 성폭력에 직면하게 되면 침착성을 잃지 말고 상대 남자의 흥분을 가라앉히기 위하여 대화를 시도하라고 가르치는 현실에서 피해 여성이 가해 남성의 성폭력 위협에 직면하여 대화를 시도하고 담배를 나누어 피우자고 제안했다는 반응의 특이성만을 들어 다른 사정에 대한 참작 없이 성폭행 당했다는 피해자 진술에 합리적 의심이 있다고 판단하고 (…)

(3) 처음 당한 성폭력에서 강하게 저항했다가 심한 폭력을 당하고 큰

피해를 입은 경험을 가진 여성이 또 다른 성폭력을 당한 경우 비교적 약한 폭력과 협박하에서도 쉽게 저항을 포기하는 사례도 볼 수 있으며, 윤간을 당하는 여성이 처음에는 강하게 저항하다가도 후에는 자포자기의 심정으로 저항을 포기하는 사례도 볼 수 있다. 정조의 가치를 목숨보다 중하게 여기는 문화 속에서는 더 많은 여성들이 성폭력에 직면하여 목숨을 건 저항을 시도할 것으로 생각되지만, 성폭력을 당한 것이 모멸적인 경험이 될지언정 피해 여성의 인격적 가치를 떨어뜨리는 일이 될 수 없는 현 문화 속에서 법과 국가가 성폭력에 직면한 여성들에게 목숨 건 저항을 요구하는 것은 온당한 일이 아니다. 또한 범죄에 직면한 피해자가 구조를 요청한다고 하여 반드시 구조되는 것이 아니고 더 강한 폭력, 더 큰 피해를 초래하는 경우도 얼마든지 있다는 것이 우리의 경험이며 현실이다.

위의 판결에서 눈에 띄는 것은 여성 피해자의 입장을 상상하고 고려하는 자세이다. 이에 따라 기존 판결에서 강간상의 유죄를 인정치 않게 하는 요소, 즉 1차 강간 이후 피해자와 가해자가 다시 만났을 때 함께 외출을 했다든가 크게 저항하지 않았다는 요소들을 강간을 방지하고자 하는 노력이나 피해를 최소화하려는 시도로 해석하고, 피해자의 개인적 성향으로도 고려했으며, 무엇보다 남편의 시가족이라는 특수한 관계 속에서 벌어진 행위였음을 감안하고 있다. 길리건^{Carole Gilligan}은 여성의 '다른 목소리'라는 상징을 통해 여성들은 남성 발달심리학이나 도덕발달론에서 높이 평가하지 않았던 타인에 대한 연결감, 상상력에 바탕한 도덕적 추론을 함을 밝혀냈고 이를 '배려의 윤리^{ethics of care}'라고 명명했다. 위의 판결에서는 여성이 행하는 관계적 추론을 재판부가 추론했다는 점에서 길리건의 의미를 적용했을 때 이중으로 여성적이다.

이렇게 여성의 입장을 구성하고자 하는 추론은 앞서 본 성중립적 추론이나 성별 고정관념 파기의 추론에 비해 보다 적극적으로 여성 옹호적인 성격을 띤다. 즉 정의를 구현하기 위한 법적 판단이 단지 개인으로서의 공정성을 넘어서 취약한 성적 관계 속에 위치한 여성의 입장을 추론했다는 점에서 여성 옹호적인 것이다. 여러 여성주의 법학자는 '여성의 입장'이란 어떤 것이며, 어떻게 알 수 있는지, 그것이 법적 공정성과 어떻게 조화를 이룰 수 있는지 등을 정의하고자 힘썼다. 우선 필자는 여성의 입장을 충실히 수용하기 위해서는 여성이 처한 현실, 체험, 논리가 무엇이었는지, 그 목소리가 무엇이었는지 알아야 한다는 웨스트Robin West의 입장에 공감한다. 이것이 바탕이 되어야 사건에 대한 객관적인 해석이 가능할 것이기 때문이다. 그렇지 않다면 피해자 관점이라는 것이 또 하나의 고정관념이 되고, 여성은 '피해자'로 고정되거나, 차이를 가진 2등 시민, 열등한 젠더로 고정될 위험이 있다. 이렇게 차이의 문제는 현대 여성주의 법학에서 실질적인 평등을 이루기 위해 그리고 인간적인 삶을 꾸려나가기 위해 풀어야 할 화두라 하겠다.

판례 4 : 성차별 분석을 통해
역사를 새로 쓰는 법률가 +
마지막으로 성차별 제도에 대한 분석과 극복의 논리를 구성하는 과정에서 사회구조와 역사를 분석하고 그것을 변화시키는 추론을 구성하는 경우이다. 바꿔 말하면, 성차별 제도를 없애는 것은 목적이자 사회 변혁을 위한 수단이 된 것이다. 이 경우는 젠더가 역사 서술의 방법이

여성의 법조계 참여가 곧장
법원의 성평등 의식과 판결에서의 영향을
보증하지는 않을 것이다.
성평등은 그저 여성 젠더의 실재가 아니라,
젠더에 대한 성gender인지적 의식,
즉 우리 사회를 둘러싼 성별 문제에서
섹스로서의 성과 젠더로서의 성을 함께
고려하는 의식을 필요로 하기 때문이다.

자 이론이라는 역사학자 스콧^{Joan Scott}의 논의가 적용될 수 있을 것이다. 그녀에게 젠더란 한 사회가 가진 성적 차이에 대한 지식이자 사회를 조직하는 방식이다. 한국에서 50여 년간 지속된 호주제도 폐지에의 열망은 이에 걸맞은 사례라고 할 수 있다. 헌법재판소는 (심판 대상 조항인 민법 제778조, 제781조 제1항 본문 후단, 제826조 제3항 본문이 그 근거와 골격을 이루고 있는) 호주제가 혼인과 가족생활에서 개인의 존엄과 양성의 평등을 규정한 헌법 제36조 제1항에 위반된다고 판단하고, 새로운 호적 체계로 호적법을 개정할 때까지 심판 대상 조항들을 잠정적으로 계속 적용케 하는 것이 필요하다며 헌법불합치 결정을 선고했다(이상의 내용은 헌법재판관 9인 중 6인의 의견이었다). 이어지는 내용은 헌법재판소의 헌법불합치 결정문의 일부이다.

(1) 헌법과 전통의 관계에 관하여: 호주제는 전통가족 제도이므로 존중해야 한다는 주장이 있어 먼저 헌법과 가족법의 관계, 헌법 제9조(전통문화의 계승·발전)와 헌법 제36조 제1항(혼인과 가족생활의 개인 존엄 및 양성평등)의 관계에 관하여 살피고 있다. (…)
헌법 전문과 헌법 제9조에서 말하는 '전통' '전통문화'란 역사성과 시대성을 띤 개념으로서 헌법의 가치질서, 인류의 보편 가치, 정의와 인도정신 등을 고려하여 오늘날의 의미로 포착해야 하며, 가족 제도에 관한 전통·전통문화란 적어도 그것이 가족 제도에 관한 헌법 이념인 개인의 존엄과 양성의 평등에 반하는 것이어서는 안 된다는 한계가 도출되므로, 전래의 어떤 가족 제도가 헌법 제36조 제1항이 요구하는 개인의 존엄과 양성평등에 반한다면 헌법 제9조를 근거로 그 헌법적 정당성을 주장할 수는 없다.

(2) 호주제의 위헌성에 관하여: 심판 대상 조항인 민법 제778조, 제781조 제1항 본문 후단, 제826조 제3항 본문이 그 근거와 골격을 이루는 호주제는 '호주를 정점으로 가家라는 관념적 집합체를 구성하고, 이러한 가를 직계비속남자를 통하여 승계시키는 제도', 달리 말하면 남계 혈통을 중심으로 가족 집단을 구성하고 이를 대대로 영속시키는 데 필요한 여러 법적 장치로서, 단순히 집안의 대표자를 정하여 이를 호주라는 명칭으로 부르고 호주를 기준으로 호적을 편제하는 제도는 아니다.

(3) 호주제의 성차별에 관하여: 호주제는 성역할에 관한 고정관념에 기초한 차별로서, 호주 승계 순위, 혼인시 신분관계 형성, 자녀의 신분관계 형성에 있어서 정당한 이유 없이 남녀를 차별하는 제도이고, 이로 인하여 많은 가족들이 현실생활과 가족의 복리에 맞는 법률적 가족관계를 형성하지 못하여 여러모로 불편과 고통을 겪고 있다. 우선 호주 지위를 승계함에 있어 철저히 남성우월적 서열을 매김으로써 남녀를 차별적으로 취급하고 있다. (…) 다음으로 혼인을 하더라도 남자는 자신의 가에 그대로 머무르거나 법정 분가하면서 새로운 가의 호주가 되는 반면, 여자는 자신의 가를 떠나 남편이 속한 가 또는 남편이 호주로 된 가의 가족원이 될 뿐이다.

헌법재판소는 이렇게 호주제도가 가족 내 모든 인간관계를 서열화할 정도여서 인간의 존엄과 양성평등에 반하는 것임을 분명히 했다. 나아가 호주제의 전통성 논란에 대해서는 헌법 이념인 개인의 존엄과 양성평등에 반한다면 헌법 제9조를 근거로 한 헌법적 정당성이 없다고 논증함으로써, 헌법불합치 결정을 이끌어낸 것이다. 이로써 호주제도가 '전통적 제도'라는 논란의 종지부를 찍는 결정이 나오면서 오랜 성차별 제도이자 국민통제 제도이자 국민의 가족화 제도가 역사 속으로 사라졌다. 즉 성별 분석을 통해 고질적인 국가 제도이자 호적이라는 국민공부 제도를 변혁시킨 것이다. 미흡한 점은 호주제도의 전통성과 함께 논란이 되었던 식민지성^{coloniality} 부분이 헌재의 결정문에서 누락되었다는 점이다. 호주제도가 인간의 존엄과 양성평등에 반하기에 논할 가치가 없는 전통인 것인지, 아니면 법 제도로서의 호주제도는 일제강점기의 유산으로서 전통을 논할 가치가 없는 것인지에 대한 논증으로 나아가지는 못하여, 법적 결정이 식민지 유산을 극복할 수 있음을 명백히 보여줄 기회를 완성시키지는 못했다.

법조계, 성을 향한
새로운 인식이 필요할 때 + 이처럼 성인지성의 논증은 하나가 아니라 여럿이다. 물론 이 글에서 제시된 것보다도 훨씬 더 다양할 것이다. 앞서 살펴본 호주제도 결정문은 법 앞에서 동일한 대우라는 성중립적 추론에서부터 여성 입장의 추론 방법까지 종합적인 논증을 택하고 있다. 이렇게 하나의 사건에서도 다양한 성인지적 추론 방식이 적용될 수 있고 또 그래야 할 것이다. 지금 사법부에 요청되는 것은 어떤 특정한 추론 방식이 아니라, 각 사안에 대한 성 편견 및 성차별에 대해 깨어 있는 감수성을 견지하는 일이다. 이 점에서 한국의 사법부는 감수성의 과잉이 아니라 과소 상태에 있다. 앞서 서울대 성희롱 사건에서 보았듯이 성차별 사건에서조차 성중

립적 태도가 견지되곤 했고, 이런 태도야말로 법원(혹은 법학)의 공정성과 객관성의 표지標識가 되어온 것이 아닌가 한다.

남녀가 서로 같은 조건이라면 동일하게 대한다는 중립적 기준으로 구조화되고 그 속에 만연해 있는 차별, 예컨대 남성에 비해 여성이 비정규직에 더 많이 몰려 있고, 더 많이 성판매자가 된다는 사실을 포착할 수 있을까. 이미 똑같은 상황에 처하지 않은 사람에 대해서 어떤 논리로 인간의 평등과 존엄을 보호할 수 있을까. 어째서 이러한 현상이 발생했고 이에 대한 구제는 어떤 것인지, 여성의 입장에서 추론하지 않는다면 현실의 차별을 그대로 용인하는 결과를 가져올 것이다.

앞서 지적한 바와 같이, 소수자의 차이와 평등의 변증법은 여성과 소수자의 평등을 위해 그리고 정의론과 배려론의 조화를 위해 풀어야 할 논증 과제이다. 차이를 받아들이면서도 실질적 평등을 이루기 위한 추론 방법을 구성하는 데 힘써야 할 것이다. 나아가 소수자가 가진 차이가 아니라 우리 모두가 상대와 비교하여 나타나는 차이들에 대해서도 민감해야 할 것이다. 여성뿐 아니라 남성도 차이를 가진 성별화된 주체gendered subject로 보면서 남성과 여성의 차이, 여성 간의 차이와 남성 간의 차이, 여성과 남성, 그리고 그 너머 제3의 젠더들이 '공존할' 수 있는 관점이 요청된다. 이 관점을 성숙하게 함에 있어서 평등과 차이 그리고 사회변혁을 위한 논증의 장場이 된 젠더 사건에서 법원의 성인지적 관점이 매우 중요하다. 한국의 법원이 차이를 가진 다양한 집단과 개인을 평등하게 다룰 수 있는 추론과 상상력을 가질 때, 무지개처럼 다양하고 찬연한 색깔을 가진 사회가 구현될 수 있지 않을까 생각한다.

중국이 뜨겁다 : 정치외교학적 관점에서 본 중국의 부상

정재호

서울대 정치외교학부 교수

언제부터인가 정부 부처, 학계, 기업, 언론에서 중국은 일상의 화두이자 초미의 관심사가 되었다. 중국이라는 주제가 빠지면 마치 큰일이라도 난 듯 엄청난 수사의 홍수 속에서 중국의 '실체'에 대한 이해는 대체로 뒷전으로 밀려나 있다. 시간은 자꾸만 가고 있고 한중 관계는 과거 속에 남아 있는 난제만 무겁게 쌓여가는데 우리의 대 중국 인식은 그저 제자리 걸음만 하는 듯하다. 더 늦기 전에 바로 지금 중국의 부상이 가져올 다양한 미래상과 불확실성에 대해 진지한 고민을 나눌 때이다.

냉전만 끝나면 마치 인류가 가진 고민의 대부분이 해결될 것처럼 생각했던 때가 있었다. 그 당시에는 이념의 대립이 심했고 군사적 긴장감이 극에 달했다. 그러나 냉전이 끝난 지 어언 20년이 흘렀지만, 전 세계적으로나 지역적으로 갈등과 분쟁이 줄어든 것처럼 느껴지지 않는 것은 21세기 국제정치의 아이러니가 아닐 수 없다. 오히려 이념의 퇴조가 남긴 공간에 보다 전통적인 갈등의 요인들—영토, 역사, 인종, 종교 등—이 비집고 들어와 자리 잡기 시작했다. 특히 앞으로 동아시아와 한국의 미래에 다른 무엇보다 지대한 영향을 미칠 변수는 중국의 부상이며, 이에 대한 몇 가지 생각을 함께 나누고자 한다.

중국의 부상에 대한 평가 + 1970년대 말에 시작된 개혁·개방 노선은 30년 만에 중국의 부상을 전 세계적인 중요성을 띠는 사건이자 국제사회의 핵심 화두로 만들었다. 지금으로부터 50년쯤 후에, 이 시기를 돌아보며 학자들이 연구하게 될 가장 중요한 주제는 아마도 세계 최대의 빈국貧國이었던 중국이 어떻게 국제정치의 구조와 규범에 막대한 영향력을 행사하는 '상층 국가'이자 '선도 국가'로 등장할 수 있었는지에 대한 것일지도 모른다. 27년에 걸친 마오쩌둥의 사회주의 낙원 구축에 대한 실험이 참담한 실패로 끝난 후, 덩샤오핑의 실사구시에 기반한 개혁·개방정책이 중국을 전 세계가 관심을 갖고 있는 대상으로 만들었기 때문이다. 중국보다 사회주의의 구속에서 일찍이 탈피한 러시아와 동구 국가들이 이제 막 정체 상태에서 벗어나고 있는 것과는 달리 중국은 급속한 경제성장을 이뤄내고 있다.

1978년부터 2007년까지 중국 경제는 연 평균 10퍼센트에 달하는 고성장을 지속적으로 이뤄냈고, 이는 전례를 찾기 쉽지 않은 성과라 할 수 있다. 이렇게 빠른 성장 속도를 기반으로 중국은 2007년 독일을 제치고 세계 3위의 경제대국으로 자리매김했는데, 이는 원래 2010년으로 예상했던 목표를 3년이나 앞당긴 것이었다. 2010년 드디어 중국은 일본을 제치고 세계 2위의 경제대국(구매력 기준이 아닌 GDP 절대액 기준)이라는 자리에 올랐다. 뿐만 아니라 2009년 기준으로 중국은 이미 세계 최대의 수출국이자 세계 1위의 자동차 판매시장이 되었으며, 여기에 최대 무역국의 위상과 3조 달러가 넘는 외환보유고를 더하면 중국의 부상은 이미 상당한 성과를 이뤘다고 해도 과언이 아니다.

이러한 변화에서 드러나는 핵심적인 추세가 있다면 그것은 미국의 상대적 쇠퇴와 중국의 부상이라는 인식의 확산이라 하겠다. 미국 국가정보위원회NIC가 발간한 『글로벌 트렌드Global Trend 2025』(2008년 11월)에서 이미 '미국 독주 시대의 종료'가 선언되었고, 유명 자문사인 프라이스워터하우스쿠퍼^{PWC}도 2008년 한 보고서에서 중국의 경제력이 2025년이면 미국을 앞설 것으로 전망했다. 『포린 폴리시^{Foreign Policy}』 2010년 1월호에 실린 한 논문에서도, 2040년에 중국 경제가 전 세계 GDP의 40퍼센트를 점할 것이나 미국의 비중은 14퍼센트에 그칠 것이라는 전망을 제시했다. 2010년 『워싱턴포스트』와 ABC방송이 공동으로 조사한 바에 따르면, 경제 영향력(41퍼센트 대 40퍼센트)과 국제적 영향력(43퍼센트 대 38퍼센트) 부문에서 공히 중국이 미국을 앞지르는 것으로 나타났다.

여기서 관건이 되는 질문은 과연 이러한 중국의 성장 추세가 앞으로도 지속될 것인가이다. 이와 관련해 다음의 네 가지 정도를 언급할 수 있겠다. 우선 첫째로, 중국은 개혁 초기부터 이미 구체적이면서도 실질적인 발전의 성과를 보여줌으로써 국제사회의 다양한, 즉 악의적 성격을 띤 비판과 회의론까지도 잠재워왔다는 점이다. 일례로 1980년대 후반 고도의 인플레이션과 경기과열이 일어났고 곧이어 1989년에 비극적인 천안문 사태가 발생했지만, 1990년대 초반 이후 고성장을 지속함으로써 해외에 만연했던 '중국 붕괴론'을 불식시켰다. 또 1990년대 후반 동아시아 전체가 금융위기로 휘청거릴 때에도 중국은 보란 듯이 고성장 기조를 유지했다. 당초의 온갖 우려와 달리, 2000년대에도 고성장은 지속되는 추세에 있으며, 전 세계적인 경제위기의 상황 속에서도 중국 경제는 가장 빠른 회복세를 보이고 있다. 이런 점들을 볼 때, 향후 중국의 지속적인 성장 가능성은 비교적 높은 편이라고 할 수 있다.

둘째로는 중국 발전의 내재적 논리를 들 수 있다. 비록 지금까지 중국의 경제성장이 상당 부분 대외무역과 해외직접투자를 중심으로 이뤄진 것은 사실이지만 그렇다고 해서 중국이 가진 자생적 경쟁력을 무시할 수는 없다. 특히 중국의 대내적인 경제발전에 대해 미국 등 서방의 개입과 억제가 가능할 것이라고 보는 시각에는 적잖은 오류가 있는 듯하다. 경제발전의 동학은 상당 부분이 내재적 논리에 좌우되며, 그것에 비해 외부 요인이 절대적인 영향을 미친다고 보기 어렵기 때문이다. 뿐만 아니라 자신의 경제성장에 적합하고 호의적인 외부환경을 만들기 위해 중국은 '화평발전和平發展'과 '화해세계和諧世界' 등의 담론을 개발해 국제사회의 분위기가 적대적으로 바뀔 가능성을 사전에 차단하는 데도 적잖이 성공한 것으로 보인다. 2006년 당시 세계경제의 성장에 있어 중국이 이미 25퍼센트가량을 기여하고 있었는데(미국은 20퍼센트에 불과), 이는 향후 외부환경 자체가 중국에 대해 보다 긍정적으로 변할 가능성을 시사한다.

셋째로는 중국이 30년 넘게 지속적으로 보여주고 있는 높은 학습효과를 들 수 있다. 개혁·개방 초기 중국은 주로 임가공來料加工 방식을 통해 저렴한 노동력을 활용하는 산업 분야의 기술을 습득했다. 1990년대 들어 시장과 기술의 교환을 통해 중간 단계 산업 분야의 기술을 축적했으며, 2000년대부터는 소위 '밖으로 나가는走出去' 방식으로 외국에 산재한 저평가 기업들을 적극적으로 합병·매수해 그들의 선진기술을 획득하고 있다. 다국적 기업 IBM의 단말기 생산회사인 레노보Lenovo와 한국의 쌍용자동차 매수 등이 그 대표적인 예이다. 이와 더불어 대학에서의 연구와 교육에 대한 획기적인 투자와 함께 중국인 해외 유학생의 적극적인 국내 유치는 중국의 지속 성장 가능성을 가장 든든히 뒷받침해주는 요인인 것으로 보인다.

마지막으로는 지속적 성장의 공간空間에 대한 문제인데, 지난 4반세기 동안 중국의 고성장을 가능하게 해준 연해지역이 앞으로도 긍정적인 역할을 계속해낼 것인가 하는 점이다. 미국의 예를 보더라도 골드러시gold rush와 같이 서부지역에 대한 정복과 개발을 통해 지속적인 성장의 지역적 발판을 확대하는 데에 성공했다. 중국에서도 2050년을 그 완료 시점으로 상정하는 서부대개발西部大開發을 비롯해 중부굴기中部崛起, 진흥동북振興東北 등 21세기 판 지역발전 전략들이 단계적으로 진행되고 있다. 이들의 실질적인 성패를 현 시점에서 구체적으로 단언하기는 어렵지만, 만약 이들이 성공을 거둔다면 중국 또한 지속적인 성장의 충분한 공간(및 시간)을 마련하는 셈이 되어 앞서 언급한 내재적 발전의 논리를 보다 충실히 뒷받침하게 될 것이다.

이상의 논의를 종합할 때, 필자는 중국의 지속적인 성장 가능성에 대해 신중하면서도 긍정적인 입장을 갖게 된다. 1990년대 말 동아시아를 삼켜버린 금융위기가 몇 년도 채 되지 않아 진정되었을 때만 해도 낙관론이 상당히 널리 퍼져 있었다. 이는 동아시아의 경제 회복세가 예상보다 훨씬 빨랐을 뿐 아니라, 중국의 가파른 부상 또한 긍정적인 전망을 가능케 했기 때문이기도 했다. 따라서 얼마 지나지 않아 훨씬 큰 규모의 경제위기가 다시 닥치리라는 예상을 한 이는 별로 없었던 것이 사실이다. 이와 같이 중국의 부상과 관련해서도 예상을 뛰어넘는 장애가 있을 수도 있으나, 앞에서 제시한 이유들을 기반으로 한 비교적 낙관적인 전망이 가능할 것으로 보인다.

중국의 부상과 동아시아 + 1990년대 말의 동아시아 금융위기와는 달리 현재의 경제위기는 동아시아뿐 아니라 다른 지역들, 특히 서구 유럽의 선진국들과 중국에까지도 적잖은 영향을 미치고 있다. 따라서 '미국발'이라는 접두어가 붙은 오늘날의 경제위기는 동아시아와 세계경제가 얼마나 긴밀히 연계되어 있는지를 여실히 보여준다. 또 1990년대의 경제위기로 인해 '치앙마이 이니셔티브^{CMI}'라는 위기관리를 위한 역내 협력이 이뤄졌다면, 지금은 G-20과 같은 전 세계적 협의 기제가 모색되고 있다. G-20에 아시아 국가가 다섯 나라(한국, 중국, 일본, 인도, 인도네시아)나 포함된 것은 기존의 G-7에 일본만 들어 있던 것과는 대조를 이루는 동시에 21세기의 경영에 있어 동아시아가 지닌 지분의 규모를 잘 보여주는 것이기도 하다.

'위기'란 위험危과 기회機가 함께 배태된 것이기에 동아시아는 오늘날의 경제위기를 전화위복의 계기로 활용하기 위한 노력을 적극적으로 할 필요가 있다. 무엇보다도 동아시아 금융위기의 과정에서 제대로 마치지 못한 구조조정과 규범의 적용을 완료할 수 있는 좋은 여건들이 자리를 잡아가고 있기 때문이다. 개별 국가들의 노력 없이 동아시아 지역이 21세기 경영을 위한 주도적 위치를 점하기란 쉽지 않을 것이다. 더 나아가 치앙마이 이니셔티브와 같은 역내 협력의 기제들을 보다 다양하게 마련하고 확대하는 노력도 병행되어야 할 것이다.

지난 30년의 궤적을 보면 이런저런 부침과 굴곡에도 불구하고 동아시아 경제는 그 성장의 지속성과 역동성이 타지역에 비해 현저히 높았던 것으로 평가된다. 특히 그 성장의 중심에 중국의 부상이 있었음을 부인하기는 어렵다. 이제 '세계의 공장'과 '세계의 시장'을 겸하고 있는 중국이 동아시아의 경제발전과 역동성의 증대에 기여하는 바는 별도의 논의를 필요로 하지 않을 것이다. 문제는 중국의 부상이 국제사회의 당초 예상보다 너무도 빨리 그리고 가파르게 이뤄지고 있다는 점이다. 1990년대 중반만 해도 아무리 빨라야 2050년경에야 중국의 경제력/종합국력이 미국과 비등해질 것이란 전망이 주류를 이루었다. 그러나 이러한 전망의 실험 시점은 이미 2020년대 중반 또는 그 이전까지 계속해서 앞당겨지고 있는 실정이다.

중국의 빠른 부상과정은 가속화는 최소한 두 가지의 중대한 문제를 낳고 있다. 하나는 중국의 '자기 인식'과 연관된 문제로서, 나폴레옹이 오래전에 언급했던 것처럼 중국의 부상 속도는 전 세계를 놀라게 하고 있을 뿐 아니라 중국인 자신들에게도 일종의 정체성 혼돈의 상태를 안겨주고 있는 것처럼 보인다. 아직까지는 중국이 그저 대국大國일 뿐 강국強國의 수준에는 이르지 못했다며 세계 90위권의 일인당 평균소득의 통계를 내미는 모습도 그렇고, 지역 격차나 소득 불균형 등 내부 문제가 너무 많아 중국은 빨리 강대국이 되기 어려울 것임을 부득불 강조하는 것도 그렇다. 이들이 그저 '도광양회韜光養晦'(능력을 드러내기보다는 시간을 벌며 힘을 키우는)의 면면일 뿐이라고 치부하기에 조금은 과한 것이 아닌가 싶기도 하다. 마치 19세기 말 제국의 역량을 이미 갖췄으면서도 그 힘을 적극적으로 펼치지 않았던 미국을 따라하기라도 하는 듯 보인다.

전 세계적 경제위기 속에서 중국은 미국과 함께 소위 'G-2'로 불리기 시작했으며, 혹자는 이와 유사한 뜻을 가진 차이메리카Chimerica라는 신조어를 만들기도 했다. 전 세계적 불균형의 중심에 이 두 나라가 마주 서 있기에 이러한 개념과 용어들이 전혀 근거가 없이 나왔다고 보기는 어렵다. 그럼에도 불구하고 이런 견해에 대해 중국은 예외 없이 손사래를 치고 있다. 심지어 G-2나 차이메리카와 같은 개념들을 '중국 위협론'의 변종變種이라고 부르면서 아직 중국은 그럴 자격이나 능력이 없음을 강조하고 있다. 사실 G-2는 능력과 자격의 문제이기도 하지만 동시에 국제사회의 인식과도 연관되어 있기에 그와 같은 중국의 반응은 어떤 면에선 지나친 점이 있는 것도 사실이다.

중국의 과민 반응은 중국 부상 과정의 가속화가 파생시킨 두 번째 문제와도 매우 밀접한 관계를 갖는다. 1990년대 초반 소련의 급작스런 붕괴 이후, 예상치 못한 이른 시기에 국제정치의 무대 중심에서 일대일로 대면하게 된 미국과 중국 사이의 미묘한 전략적 동학과 연관된 것이다. 중국의 부상이 가속화되고 국제정치 및 경제 운용에서 중국이 차지하는 비중이 커지면서 미중 관계의 미래에 대한 다양한 관점이 제기되기 때문이다. 소련과 중국은 본질상 서로 다른 국가이자 문명임에 틀림없지만, 냉전기 국제정치에서 미소 관계가 수행했던 역할(핵심 변수로서의 대립관계)을 21세기에는 상당 부분 미중 관계가 대체할 것이라는 견해가 있는 것도 사실이다. 물론 미국의 지속적 발전과 우위의 유지를 전제로 중국이 미국과 대등한 자리까지 오르기란 쉽지 않을 것이라는 전망도 있지만, 지난 30년간 중국의 상승 추세를 장기적인 관점에서 평가할 때 이는 '현상 유지'를 선호하는 희망적인 편견에 가까울지 모른다.

21세기 국제관계의 핵심 축으로 작동할 미중 관계의 미래에 대한 다양한 전망은 크게 다음의 몇 가지로 나눌 수 있다. 우선 향후 미중 간 갈등과 충돌이 불가피할 것이라는 비관론이 존재한다. 비관론적 관점은 다시 두 가지 유형으로 나뉜다. 그중 하나는 중국의 의도와 인식을 중시하는 것으로, 중국은 서구의 구조와 규범을 받아들이지 않을 것이며 결국에는 신중화주의적 세계질서Neo-Sinocentric order를 모색할 것이기에 미국과의 충돌을 피하기 어려울 것이라는 관점을 가리킨다. 따라서 이 관점을 따르게 되면, 중국에 대한 '봉쇄'라는 정책적 대응이 주로 강조되거나 선택되게 된다.

향후 미중 간 갈등과 충돌이 불가피할 것이라 보는 또 다른 비관론적 관점은 특정 국가가 가진 의도나 인식보다는 힘의 우열을 통해 형성되는 구조가 더욱 중요하다는 견해를 피력한다. 다시 말하면 중국이 어떤 전략적 의도를 갖고 있거나 가질 것인지와는 상관없이, 중국의 부상 그 자체가 국제정치에서 미국의 전략적 운신의 폭을 줄일 수밖에 없기에 미중 간 충돌과 갈등은 불가피하다는 관점을 가리킨다. 이 경우에도 결국은 대對 중국 '봉쇄'라는 정책적 대응에 방점이 찍힌다.

반면에 향후 미중 관계를 전망함에 있어 그다지 비관적이지 않은 관점도 여럿 있다. 우선 적잖은 전문가들이 아직은 중국이 현상을 바꾸려 하는 '수정주의적revisionist' 국가라고 단정할 근거가 많지 않다는 점을 강조하고 있다. 물론 이는 향후에도 중국이 그렇지 않을 것이라는 판단의 근거가 되지는 못한다. 지금 우리가 보는 것의 대부분이 자신의 부상에 대한 국제사회의 우려와 의심을 최소화하기 위해 수행하는 소위 '계산된 겸허calculated modesty'일 수도 있기 때문이다. 19세기 후반 이미 강대국 이상의 능력을 지녔으면서도 그러한 행태를 보이지 않았던 미국이 당시의 패권국 영국으로부터 견제를 거의 받지 않았던 것을 중국은 누구보다도 잘 알고 있기 때문이다.

또 다른 낙관론적 견해로는 중국의 부상 과정이 길어질수록 국제사회의 보편적 규범과 가치관에 중국이 동화되는 정도도 함께 깊어지고 학습 효과도 두드러질 것이라고 보는 것이 있다. 실제로 중국은 통상 영역뿐 아니라 군축에서도 국제 규범을 수용하는 속도가 원래의 예상보다 훨씬 빠른 것으로 평가받기 때문이다. 물론 이 또한 국제사회의 우려와 견제를 둔화시키기 위한 중국의 '속 깊은 계산'의 일부라고 한다면 사실 이를 반박할 근거는 별로 없다.

실제로 10년이나 20년 후에 미중 관계가 어떤 모습일지 지금 시점에서 명확히 판단하고 예측할 수 있는 방법은 없다. 그러나 최소한 한 가지는 명확하다. G-2의 실질적인 구축과 함께 미중 관계의 갈등이 드러나는 시점은 미국과 중국이 세계 각지에서(특히 동아시아에서) "우리 편이야 아니면 저쪽 편이야?"라는 소위 줄 세우기 식의 질문을 던지기 시작하는 때라는 것이다. 이때부터 전 세계와 동아시아가 처한 전략적 딜레마는 분명 심각한 단계로 진입한다고 볼 수 있다.

전 세계적 차원에서는 지역별 환경과 관점에 따라 중국의 부상이 여전히 하나의 열린 질문이라 하더라도, 동아시아로 초점을 맞추는 순간 중국이 이미 강대국으로 부상했으며 또 G-2의 모습을 상당 부분 띠고 있음을 우리는 알게 된다. 왜냐하면 동아시아 그 어느 국가도 떠오르는 중국에 대해 어떤 전략적 좌표를 설정할 것인가라는 고민으로부터 자유로울 수 없기 때문이다. 동아시아의 모든 국가들이 적극적인 '개입/교류engagement'를 통해 중국의 부상이 만들어내는 경제적 기회의 극대화를 모색하는 동시에 중국의 부상이 몰고 올 수도 있는 안보 딜레마의 그늘에 대해 노심초사하고 있기 때문이다.

미얀마, 북한, 라오스처럼 중국의 지원과 보호막에 기대는 국가들도 몇몇 있지만, 이들 대부분은 미국과 대척점에 있거나 그리 우호적이지 않은 나라들이다. 동아시아 지역 내 국가들 중 대부분은 중국의 부상에 대해 '순응', '편승'하기보다는 시간을 두고 전략의 조율과 선택을 모색하는 '적응' 또는 최악의 상황에 미리 대비하는 '대응'의 모습을 보이고 있다. 중국이 자신의 부상 속도에 대해 적잖이 놀라고 있는 만큼이나 동아시아 지역 내 국가들의 대 중국 인식과 대응 전략도 수차례의 시행착오와 함께 일정한 변화의 과정을 겪을 수밖에 없을 것이다.

　'절대로 우두머리를 맡지 않으며 패권을 추구하지 않을 것^{不當頭 不稱霸}'이라는 중국의 외침이 최근 들어 상당 부분 미국, 일본, 러시아, EU 등 국제질서상의 강대국만을 주된 청중으로 하는 것 같아 아쉬움이 큰 것이 사실이다. 중국이 반세기 넘게 외쳐온 '반^反패권' 외교가 단순한 외교적 수사의 수준을 벗어나 중국의 진심을 제대로 보여주는 것이 되려면 그 주된 대상은 바로 중국과 가까운 나라들이어야 하기 때문이다. 그래야만 중국 외교가 지난 60년간 외쳐온 일관성^{始終如一}이 제대로 지켜질 것이며, 많은 이들의 예상을 깨고 2010년에 드러난 중국의 공격성도 일련의 실수로 받아들여질 것이기 때문이다.*

중국의 부상과
한국의 전략적 딜레마 + 이제 논의의 초점을 한국으로 좀 더 좁
　　　　　　　　　　　혀보자. 지정학적으로나 역사적으로 중국과의 관계는 떨어지려야 떨어질 수 없는 것이었다. 그 관계의 구체적인 성격에 따라 국익이 상당 부분 좌우될 수밖에 없었던 한국의 사정을 감안할 때, 21세기 중국의 부상은 그 어떤 외적 요인들보다도 중요한 변수로 작동할 수밖에 없을 것이다. 쇠퇴해가던 청조^{淸朝}와 강대국화의 가도를 내달리던 일본과 미국 사이에서 100여 년 전 조선이 품을

---

*2010년 들어 중국은 일본과의 해상 분규, 동남아 국가들과의 남중국해 분쟁, 천안함 및 연평도 피폭 사건을 두고 한국과 다른 입장임을 드러냈고, 희토류^{稀土類}의 수출 규제 등 기존의 정책 노선과 비교할 때 상당히 공격적인 행태를 보였다. 그러나 2011년 들어 이에 대한 성찰을 기반으로, 다시 그 이전의 모습으로 돌아가려는 노력을 하는 것으로 보인다.

수밖에 없었던 번민을 이제는 초강대국 미국과 떠오르는 중국 사이에서 한반도 전체가 다시 한번 안게 된 것이다. 600여 년에 걸친 조공 관계 이외에도 한국과 중국은 지정학적 '저주'를 공유하고 있다. 한반도가 대륙 세력과 해양 세력 사이 갈등의 기로에 위치한 관계로 한국은 줄곧 중국의 목을 겨누는 단검에 비유되곤 했다. 예컨대 1592년 명 왕조의 대장군이었던 설범薛帆은 "요동遼東은 북경의 팔이며 조선은 곧 요동의 울타리"라고 하면서 중국에 대한 조선의 전략적 중요성을 강조했다. 명의 관리인 조숭산趙崇山도 "조선의 보호는 중국 방어에 있어 가장 핵심이며, 경상도와 전라도의 장악은 조선의 방어에 있어 관건"이라고 보았다. 명 왕조는 이 같은 지정학적 고려에 기반을 두고 16세기 말 일본으로부터 조선을 구하기 위해 대규모 군대를 파견했으며, 이를 통해 조선은 명을 '자국을 소생시킨 은인'으로 칭하며 명에 대한 사대가 심화되었다.

17세기 들어 정묘호란과 병자호란을 겪은 후 쇠퇴하던 명과의 관계는 단절되었고, 조선과 청淸의 관계는 이전의 조명朝明 관계와 같은 위계적인 관계로 바뀌었다. 임진왜란 시기에 조선을 지원했던 명조에 대한 도덕적 사대는 조선이 한족 왕조가 아니었던 청에 대해 좀 더 일찍 외교상으로 유연한 모습을 띠기 어려운 요인으로 작용했다. 이와 유사한 상황이 19세기 말에도 있었는데, 종주국 청조에 대한 조선의 관성적 사대는 당시 강대국으로 부상하던 미국, 일본, 러시아에 대해 보다 빨리—즉 청일전쟁이 발발하기 전에—그리고 보다 유연하게 대처할 수 있는 조선의 의지를 약화시킨 것으로 볼 수도 있다.

20세기 중반 냉전 구조가 전 세계적 범위로 확장되어갈 때, 동북아의 '대륙동맹'(소련-중국-북한)은 한반도에서 '해양동맹'(미국-일본-한국)

과 대치하게 된다. 두 동맹 사이에서 발발한 한국전쟁은 중국이 한반도를 전략적으로 얼마나 중요하게 생각했는지를 다시 한번 증명해 보인 사례였다. 당시 중국은 건국 이후인 1949년 말에도 여전히 쓰촨四川, 꾸이저우貴州, 티베트에서 국민당과의 내전을 진행 중이었다. 또 국민당 정부가 남기고 간 엄청난 인플레를 겪고 있었고 대만 수복을 목표로 하고 있었기에 건국 1년 만에 한국전쟁에 참전하기에는 모든 상황이 좋지 못했다. 마오쩌둥은 350여 년 전 조선을 보호하기 위해 대군을 파견했던 명 왕조의 운명이 어떻게 되었는지를 잘 알고 있었음에도 불구하고 핵무기를 보유한 초강대국 미국과 UN의 반대편에 서기를 선택했던 것이다. 즉, 중국의 안보에 있어 관건이라고 할 북한 방어를 위해 자국의 이익인 경제발전과 대만통일을 희생하고서라도 참전을 결정했던 것이다.

북한에 대한 중국의 군사적 지원 결정에는 단순히 이념적 연대를 뛰어넘는 어떤 이유가 있었다. 중국이 한반도 또는 북한에 대해 언급할 때 주로 사용하는 개념은 소위 '순치상의脣齒相依'또는 '순망치한脣亡齒寒'과 같은 말이다. 즉, 입술(한반도 혹은 북한과 같은 완충지역)이 없다면 무엇보다 중요한 치아(중국)가 큰 상처를 입게 된다는 뜻이다. 이러한 상호성의 개념은 한국전쟁 이후 북중 관계를 가리키는 '혈맹'이나 '형제와 같은 관계' 등의 특수한 호칭으로 발전되었다. 따라서 지정학적 관점에서 보면, 중국의 부상이 미국과의 갈등을 만들어낼 가능성이 커질수록 한반도도 다시 한번 고통스런 선택과 그에 따른 딜레마에 빠질 수밖에 없음을 예고하고 있다. 이러한 딜레마는 장래의 국운과 국익을 송두리째 바꿔놓을 수도 있다는 점에서 현재 한반도에서 살고 있는 우리 모두의 고민일 수밖에 없다.

표면적으로는 마치 역사가 그대로 되풀이되는 것처럼 비칠 수도 있다. 현재의 한반도를 둘러싼 강대국들이 단 하나의 예외도 없이 한 세기 전과 똑같은 나라라는 점이 그렇다. 국내에서 이들 나라 중 어디와 더 가깝게 지내야 할지에 대한 이견이 있는 것까지도 19세기 말의 상황과 사뭇 닮아 있다. 그러나 유사점은 거기까지이고 21세기인 지금 한국이 직면한 딜레마에 들어 있는 선호選好의 순서는 100년 전과는 다른 모습을 보이고 있다. 중화질서에 대한 집착과 서구의 부상 속에서 갈팡질팡하던 조선이 결국 주권 상실의 길을 걸었다면, 지금의 한국은 중국의 급속한 성장을 목도하면서 미국 주도의 안보 질서를 지지하고 있기 때문이다. 결국 관건은 한국이 미국과의 동맹 구조에서 탈피할 때 발생하는 비용이 대체 방안을 선택할 때 얻게 되는 이익보다 더 클 것인지, 또 크다면 얼마나 클 것인지의 문제이다.*

섣부른 선택을 하기보다는 앞으로 20년 정도는 한국이 미국과의 동맹 구조 안에 남아 있는 것이 더 나을 것이라는 평가가 적지 않으며, 이에 대한 근거는 여러 가지가 있다. 우선 앞서 말했듯, 중국의 부상이 미국 중심의 국제 질서 구조를 완전히 대체하는 효과를 가져오려면 앞으로 최소 15~20년은 걸릴 것이라는 전망이 우세하기 때문이다. 또 한반도 긴장 완화와 평화 보장의 구체적이고도 효과적인 장치가 제대로 뿌리내리기까지는 한미동맹이 갖는 안보상의 안정적 속성과 이를

---

*위키리크스WikiLeaks에 따르면 2009년 12월 21일 청융화程永華 당시 주한 중국대사와 캐서린 스티븐스 미국 대사와의 만찬에 배석했던 천하이陳海 참사관은 "청나라가 명조를 대체한 후에도 조선이 명에 조공을 보냈듯이, 한국은 변화하는 환경(중국의 부상을 가리키는 듯)에 대한 두려움을 갖고 있다"고 말했다. 즉, 주한 미국대사에게 한국이 가야 할 곳은 미국이 아니라 중국이라는 요지의 발언을 한 것이다. 더 자세한 내용은 『조선일보』 2011년 1월 5일을 참조할 것.

유지하기 위해 낮은 비용이 든다는 합리성을 무시하지 못하기 때문이 기도 하다. 더 나아가 한반도에 대한 중국의 미래 전략이 아직은 확실 히 드러나지 않았고, 또 북핵 문제와 2010년의 천안함, 연평도 사건에 서 본 것처럼 중국이 북한을 포기하면서까지 한국을 지지할 의도를 갖 고 있지 않기 때문이다. 뿐만 아니라 통일의 달성과 통일 이후의 재건 에 있어서 미국의 지원은 필수적일 수밖에 없다.*

그럼에도 불구하고 한미동맹의 구조가 무한정, 무기한, 무조건 바 람직하다고 볼 수 없는 몇 가지 이유가 있다. 우선 동맹 관계에서 파생 되는 소위 '연루'(동맹국 사이의 관계가 지나치게 밀접해 불필요한 분쟁에 휘말 릴 가능성) 및 '방기'(동맹국 사이의 신뢰가 낮아 지원을 받지 못할 가능성)의 위 험은 대개 역逆의 관계를 갖는다. 즉, 동맹국 간의 관계가 지나치게 긴 밀하면 방기의 위험은 줄어도 동맹국이 제3국과 벌이는 분쟁에 연루 될 가능성은 높아진다는 뜻이다. 한미동맹의 중심 추가 이미 일정 부 분 대 북한 견제에서 동아시아 안보의 일익—부분적으로는 대 중국 견 제를 포함하는—을 담당하고 또 미일동맹을 지원하는 방향으로 이동 함에 따라 한국이 '방기'와 '연루'를 동시에 경험할 가능성을 안고 있기 때문이다. 즉, 미국이 일본의 전략적 지위를 강화함으로써 한국의 주 요 안보이익을 손상시키는 '방기'의 위험과 한국이 대 중국 견제의 구 조 안에 휘말려 들어가는 '연루'의 위험이 양陽의 관계를 가질 수도 있 다는 의미이다.

* 2010년의 한 조사에 따르면 미국(16.5퍼센트)보다는 중국(30.4퍼센트)을 통일의 장애로 인식하는 한국인 의 비율이 훨씬 높았다. 『EAI여론 브리핑』, 84호(2010년 6월 25일) 참조.

과연 우리는 미중 간 갈등에서 연루의 위험을 감당해낼 수 있을 것인가? 마늘 분쟁에서 보았듯이, 중국이 행한 한국산 폴리에틸렌과 휴대폰 단 두 가지 물품의 금수조치만으로도 정부와 재계가 휘청거렸던 2000년의 경험을 떠올려볼 때 이는 그리 간단히 생각할 일이 아니다. 대 중국 무역의존도가 9.4퍼센트에 불과했던 2000년에 비해 2010년에는 그 비율이 무려 21퍼센트에 달한 상황에서 한국 사회와 한국 정부는 과연 어느 정도까지 불편함을 감수할 수 있을까?

동아시아 국가들 중에서 중국의 부상이 가져올 딜레마의 규모와 난이도가 한국보다 더 큰 나라도 별로 없을 것이다. 10여년 전만 해도 한국의 안보 그리고 경제의 양대 중심축은 공히 미국을 중심으로 돌아갔다고 해도 과언이 아니지만, 이제는 중국을 떼어놓고 한국의 경제를 논하기 어려운 단계에 이르렀다. 미국, 일본과의 교역을 합쳐도 대 중국 교역 규모에 미치지 못하는 것은 중국의 중요성을 보여주는 극명한 예다. 이미 G-2의 반열에 오른 중국과 가까스로 G-20에 합류한 한국 간의 국력 차는 시간이 갈수록 벌어질 수밖에 없으며, 그로 인해 아마도 한중 관계의 '한미 관계화化'라는 경향이 생겨날지도 모른다. 이는 한국에게 있어 중국이 미국만큼 중요한 대상이 될 것이라는 의미이기도 하지만, 한미 관계에 대해 오랫동안 연구해왔으며 지금까지 한국이 미국을 어떻게 대해 왔는지를 면밀히 파악하고 있는 중국이 이제 서서히 한국에 대해 미국과 같은 수준의 대우를 요구할 것이라는 뜻을 포함한다. 더 나아가 양국 간 '관심의 격차'가 그동안 한미 관계에서 드러난 갈등의 주된 원인이라고 할 때, 전 지구적 국가로 부상하는 중국과 한국의 관계도 이와 유사한 문제에 직면할 가능성이 크다고 볼 수 있다.

한국에서 새로운 대통령이 선출되면 대통령은 곧이어 한국과 밀접한 관계를 맺고 있는 4대 강국을 대상으로 국빈방문을 한다. 1998년부터 5년마다 이뤄진 중국에 대한 국빈 방문에서 한중 관계는 매번 지속적인 '격상'을 경험했다. 가장 최근인 2008년 5월에 맺어진 '한중 전략적 협력동반자관계'는 이론적으로는 기존의 양자 중심의 관계를 넘어 지역 및 전 세계적 현안에 대한 양국의 적극적인 협력 모색을 명시적인 목표로 설정했다. 그러나 실제로 한중 간에는 가장 대표적인 지역 및 전 세계적 현안이랄 수 있는 북한/북핵 문제에 대해서 조차도 제대로 된 논의와 행동을 하고 있지 못하다. 무엇이 '전략적'인지, 무엇을 위한 협력 동반자 관계인지에 대한 성찰과 반추가 필요하다고 하겠다.

2010년 천안함과 연평도 사건을 겪으며 한중 관계는 현재 '경제는 여전히 뜨겁고, 외교는 그나마 미지근하지만, 안보는 냉랭한'經濟熱 外交溫 安保冷 국면으로 진입했다. 2012년에는 수교 20주년을 맞으며 한중 관계가 일부 회복될 수도 있겠지만, 한국이 겪게 될 전략적 딜레마의 본질은 하나도 바뀌지 않을 수도 있다. 언제부터인가 정부 부처, 학계, 기업, 언론에서 중국은 일상의 화두이자 초미의 관심사가 되었다. 중국이라는 주제가 빠지면 마치 큰일이라도 난 듯 엄청난 수사의 홍수 속에서 중국의 '실체'에 대한 이해는 대체로 뒷전으로 밀려나 있다. 시간은 자꾸만 가고 있고 한중 관계는 과거 속에 남아 있는 난제만 무겁게 쌓여가는데 우리의 대 중국 인식은 그저 제자리 걸음만 하는 듯하다. 더 늦기 전에 바로 지금 중국의 부상이 가져올 다양한 미래상과 불확실성에 대해 진지한 고민을 나눌 때이다.

태극기, 한국 현대사를 읽는 새로운 코드

정 근 식

서 울 대 학 교   사 회 학 과   교 수

1980년 5월 20일 오후 7시, 시민들이 수십 대의 차량을 동원해 전남도청 앞 군인들을 향해 시위를 감행했다. 시위 진압에 동원된 공수부대는 도청을 지켰고 대형버스를 앞세워 택시기사와 시위 군중이 이들을 압박하다가 대치했을 때 한 시민이 버스 위에 올라가 군인들을 향해 태극기를 흔들었다. 당시의 숨 막히는 대치 상황을 생각한다면 버스 위에서 시민이 태극기를 흔든다는 것은 목숨을 담보한 저항이었지만 동시에 국기가 국민국가의 상징이며 국군이 일상적으로 경례를 하는 대상이라는 점을 떠올려본다면 '국군을 향한 저항의 상징으로서의 국기'를 우리는 어떻게 해석할 수 있을까?

1980년 5월 20일 오후 7시, 시민들이 수십 대의 차량을 이끌고 전남도청을 지키던 군인들을 향해 시위를 감행했다. 시위 진압에 동원된 공수부대들은 도청을 지켰고 대형버스를 앞세워 택시기사와 시위 군중이 이들을 압박하다가 대치했을 때 한 시민이 버스 위로 올라가 군인들을 향해 태극기를 흔들었다. 당시의 숨 막히는 대치 상황을 생각한다면 버스 위에서 시민이 태극기를 흔든다는 것은 목숨을 담보한 저항이었지만, 동시에 국기가 국민국가의 상징이며 국군이 일상적으로 경례를 하는 대상이라는 점을 떠올려본다면 '국군을 향한 저항의 상징으로서의 국기'를 우리는 어떻게 해석할 수 있을까?

시민의 저항에 담긴
상징 읽기 +

당시 군부 정권이 광주의 시위 가담자들을 폭

도 또는 불순분자로 규정하고 있었다는 점을 감안한다면 그것은 낙인에 대한 거부의 몸짓이었는가? 국민에게 온갖 폭력을 행사하는 군대는 더 이상 국군이 아니라는 부정의 표시였는가? 아니면 사태가 끝나는 이후를 염두에 둔 일종의 계산된 장치였는가? 프랑스혁명에서처럼 시민혁명의 상징으로 쓰인 깃발이 국기로 바뀐 적은 있지만 이미 공식적으로 지정된 국기를 국가 권력에 저항하는 상징으로 사용하는 경우는 그렇게 흔하지 않다. 그렇다면 관행적인 국가 의례가 아닌 국가 권력에 대한 긴박한 저항, (국가의 공권력을 대표하는 국군과 시민 간의) 대치 국면에서 나타나는 국가상징에 대한 해석은 시민들의 진정성이 담긴 심층적 망탈리테를 보여주는 중요한 사례로 봐야 하지 않을까.

1980년 5월 광주에서 전개된 10일간의 항쟁을 담은 영상이나 사진을 보면 곳곳에서 시민들이 태극기를 사용하고 있다는 사실을 쉽게 알 수 있다. 초반 저항 국면의 시민들의 활동뿐 아니라 중반 해방 국면에 나타난 시민군의 행위, 그리고 각종 집회 및 주검에 대한 의례에서 공통적으로 태극기가 사용되었다. 그 당시 시민들은 항쟁의 전 국면을 통해 이 상징으로 무엇인가를 적극적으로 표현하려고 한 것임에 틀림없다. 그동안 5·18 민중항쟁 연구에서 항쟁의 기본적인 이념이나 성격에 관한 많은 논의가 있었지만 항쟁 기간에 사용된 시민들의 상징을 구체적으로 분석한 시각은 없었다. 더 넓은 맥락에서 말한다면, 한국의 민주화운동에서 시민들이 자발적으로 자신을 드러내는 상징과 그것의 정치사회적 의미가 무엇인지 알아보는 논의는 별로 이루어지지 않았다.

한국 현대사에서 국가 의례나 시민들의 정치사회적 집회, 시위에서 사용되는 상징과 그 용법은 정치사회학이나 문화사회학에서 탐구해야

1980년 5월 20일 차량시위의 모습

할 중요한 연구 주제다. 그것은 시민들이 가진 정체성의 표현이고 문화적 기억의 장소이기 때문이다. 따라서 무엇이 그리고 왜 그것이 시민들의 상징으로 채택되는가, 그 상징은 어떤 국면에서 채택되며 보다 일반적인 사회구조의 변동과 어떻게 연관되는가라는 질문들이 제기되어야 한다. 나는 광주항쟁에서 사용된 저항의 상징으로서의 태극기는 1948년 헌법에서 우선 관념적으로 먼저 얻었던 민주공화국의 이념이 권위주의 국가 권력에 대한 시민들의 투쟁으로 실체화되는 과정으로 본다. 또한 이런 현상이 1960년 4월 혁명에서 시작되어 1987년 6월 항쟁까지 지속되었다는 사실에 주목하여 한국이 민주공화국이 되는 것을 하나의 사건이 아닌 국면으로 해석해야 한다고 본다.

지금까지 이루어진 5·18에 관한 이론적 연구 중에서 가장 뛰어난 최정운의 시각(1999)은 당시 시민들의 욕망과 불안을 매우 정확하게 잡아냈으나 그 핵심 개념인 '절대공동체'는 좀 더 한국 정치사상의 역사적 맥락에 자리 잡힐 필요가 있다. 5·18에 관하여 또 하나 중요한 한상진의 언급(1998)은 찰스 테일러의 논의(1992)에 기대어 '국민주권'과 '승인투쟁'을 핵심 개념으로 삼고 있는데 이것은 시민적 공화주의의 핵심 개념이기도 하다. 이런 주장을 뒷받침하기 위하여 우선 5·18민중항쟁 전 기간 동안, 더 나아가 1980년 5월에 학생이나 시민들이 사용한 저항의 상징들, 특히 항쟁 당시에 찍은 사진들 가운데 태극기가 나타나는 사례들을 선택하고 이런 사진 속의 장면들을 항쟁 당시 광주시민들이 작성한 여러 성명서와 팸플릿 그리고 항쟁이 끝난 지 10년 가까운 시점에서 행한 증언들을 교차시켜 그 의미를 추적할 것이다. 항쟁 당시의 성명서나 팸플릿은 『5·18광주민중항쟁 자료집』과 광주시 사료편찬위원회에서 발간한 자료집에 실려 있으며, 각종 증언들은 1990년에 출간된 『광주민중항쟁사료전집』, 그리고 전남대 5·18연구소에서 펴낸 증언 자료집에 실려 있다. 또한 1960년의 4월 혁명 사진집, 1987년 6월 항쟁 사진집들에 실려 있는 자료 중에서 태극기가 나타나는 사례들을 살펴 볼 것이다.

태극기는
한국 현대사와 함께했다 + 한국 사회에서 태극기는 19세기 후반부터 국가 혹은 민족의 깃발로 존재

했다. 국가 주권을 상실했던 식민지 시기, 해방기와 분단기를 거치면서 태극기는 항상 중요한 상징이었지만 그 의미는 각각 달랐다.

태극기는 1882년 처음 만들어지고 대한제국에서 국기가 되었다. 그러나 국권 상실과 식민지화는 태극기의 의미와 용법을 변화시켰다. 국가 주권이 상실된 과정에서 태극기는 민족주의의 상징으로 자리 잡았으며 국권을 회복하고,* 식민지 상태에서 해방되는 것을 바라는 뜻으로 쓰였다. 1919년 3·1운동은 단적인 예다. 그 당시 한국인들은 모두 태극기를 손에 들고 독립을 외쳤고 상해임시정부 또한 독립에 대한 의지로 태극기를 사용했다. 식민지 지배 아래 태극기는 제작, 소지, 사용이 금지되었지만 그럴수록 태극기는 광복이나 해방을 염원하는 상징이 되었다.

---

*의병들이 태극기에 '불원복不遠復'이라는 글자를 새겨 광복의 상징으로 사용하기 시작한 것이 이에 해당된다.

1945년 해방 때에도 태극기는 해방과 독립을 자축하는 상징이었다. 시민들은 갖고 있던 일장기를 개조하여 태극기 대용으로 쓰는 경우가 많았다. 그러나 미군의 주둔과 함께 대중은 국가의 독립이 아니라 점령 국가의 비애를 맛봐야 했다. 국가의 (지배)권력을 상징하는 조선총독부의 국기게양대에서 일장기가 내려가고 (태극기 대신) 성조기가 올라갔다. 남북한 지역 모두 해방과 독립의 상징으로 사용하던 태극기는 1948년 분단국가가 만들어지면서 남한 정부를 상징하는 국기로 의미가 줄어들었다. 남북한의 분단이 고착화되고 특히 1948년 8월과 9월, 남북한에 다른 국가가 만들어지는 과정에서 남한은 헌법에 "대한민국은 민주공화국"임을 천명하고 1949년 10월에 태극기를 국기로 지정한 반면, 북한은 이를 버리고 인민공화국을 선포했으며 새로운 상징을 만들어 인공기라는 이름을 붙였다. 주민들은 어느 한쪽의 국민이 되기를 강요받았다. 태극기는 점차 분단 체제에서 남한에 소속되었다는 것을 의미했고, 이를 버리거나 다른 상징을 사용한다면 그것은 한 국가의 국민이라는 위치에서 배제됨을 의미했다. 남북한이 모두 '공화국'임을 선포했지만 이후 공화국은 북한에서 친숙한 용어가 되었던 것과 달리 남한에서는 회피되거나 금기시되었다. 이것은 한국에서 오랫동안 공화주의에 대한 논의가 활발하게 일어나지 않은 한 요인이었다.

1950년 한국전쟁은 태극기의 의미를 한반도의 모든 주민에게 생생하게 각인시켰다. 내전 아래 주민들은 스스로의 선택에 의해 그리고 국가 권력의 강요에 의해 두 개의 상징 중 어느 하나를 택해야 했다. 자신이 선택한 상징과 자신이 속한 국가권력이 같다는 것은 생존을, 그것보다 높은 의미는 죽음에 해당되었다. 그런 점에서 태극기는 단순한 상징이 아니라 생사를 가르는 운명이었다. 군인들은 전장에서 자신의 운명을 국가의 상징과 동일시했지만, 주민들은 점령국이 바뀔 때마다 자신의 정체성과 소속을 고백해야 했다. 군인들을 향한 환영 의례는 자신의 정체성을 드러내는 고백 의례이기도 했다. 그것은 국가 권력에 대한 개인의 복종을 나타냈다. 이때 태극기의 용법은 (민족주의와 다른) 국민주의적인 것이라고 말할 수 있을 것이다.

국가 상징의 국민주의적 용법은 민족주의적 용법보다 좀 더 균질적이지 않은 요소들을 포함하고 있다. 전쟁이 하나의 전선을 따라 움직였다면 혼란이 덜했겠지만, 남북한이 서로 점령과 후퇴를 반복했고 일부 지역에서는 혼전이었기에 많은 주민들이 국가 상징을 이중적으로 사용해야 했다. 주민들은 위험을 줄이기 위해 일상생활 속 공식적인 자리에서 자신의 정체성을 감추면서 국가 상징을 속옷이나 신체에 새겨두었고 결정적인 순간에만 드러내는 생존 논리에 익숙해졌다.

국민 형성의 목적과 함께 대한민국이라는 나라의 국기라는 의미를 지닌 태극기는 국가 권력을 상징하는 매체였을 뿐 아니라 대중의 국민적 정체성을 드러내는 상징이 되었다. 민주공화국의 정치적 주체로서의 시민은 1960년에 모습을 드러냈다. 3·15부정선거에 항의하다가 사망한 김주열의 시체가 발견되었을 때 마산 시민들은 태극기로 그를 감쌌다. 특히 4·19 당시 저항의 상징으로 태극기가 최초로 사용되었다는 점을 주목해야 한다. 여기서 처음으로 태극기는 민족주의나 국민주의와는 다른 용법으로 쓰이기 시작했다.

민주공화국을 구성하는 두 가지 원리인 민주주의와 공화주의는 아이러니하게도 민주주의를 짓밟은 군사정권에 의해 정당의 명칭으로 결합되면서 사용되었다. 박정희가 조직한 정당의 명칭은 민주공화당이었다. 이 정당은 박정희 정권하에서 여당이 되었다. 그의 집권 전반기에는 형식적 민주주의로서의 선거제도는 유지되었고 근대적 교육 시스템을 가진 학교 제도 아래 민주주의의 이념이 지속적으로 교육되었다. 이런 흐름에 결정적인 반전을 가져온 것은 1972년 유신헌법의 선포였다. 이 헌법은 주권재민과 대의제의 원리를 결정적으로 훼손한 것이었으므로 학생들은 이에 저항했지만 정부는 물리력과 정보기관의 공작을 통해 철저하게 억압했다. 군부 세력이 주도한 권위주의 정부는 한편으로는 지역 불균형을 동반한 경제성장, 다른 한편으로는 국가 권력의 정당화를 위한 '한국적 민주주의론'을 만들어내고 국민 의례를 강화했다. 국민 의례의 중심적 상징은 당연히 태극기였다. 국기에 대한 맹세는 국가 권력이 시민들에게 강제하는 의례였고 이를 통해 태극기는 충성을 표해야 하는 대상이 되었다. 이런 태극기의 용법을 국가주의라고 부를 수 있다면 이에 대한 비판과 저항이 '민주회복 담론'이었다. 반면 군사 정권은 스스로를 3공화국 또는 5공화국 등으로 불렀기 때문에 공화주의에 관한 진지한 논의는 형성되지 못했다.

광주민주화운동에서
태극기의 상징성을 읽다 +
1979년 10월의 부마항쟁을 거쳐 박정희 대통령이 사망한 후 다가온 1980년 봄은 기존 군부 중심의 권위주의를 유지할 것인가, 아니면 시민 민주주의를 회복할 것인가를 결정하는 중요한 국면이었다. 이해 5월은 민주화를 요구하는 열기가 전국적으로 달아오르면서 유신 체제를 떠받쳐온 군부와 학생들의 결정적인 대결 국면이 만들어졌다. 특히 민주화를 바라는 열기가 전국적으로 번져가는 가운데 서울과 광주가 그 중심이 되었다. 서울이 한국 정치의 중심도시였다면 광주는 1970년대에 상대적으로 발전이 더뎠던 주변 지역의 정치적 중심도시로 성장했다. 따라서 서울과 광주의 민주주의에 대한 요구는 동일하면서도 그 속뜻은 달랐다. 광주에서 학생들의 민주화 요구는 서울과 달리 태극기라는 상징을 동반하는 경우가 많았다. 태극기는 민주주의 회복의 상징이라는 의미를 넘어 또 다른 의미를 함축하기 시작했다.

시민의 저항을 표현했던 태극기 + 1980년 5월 18일 계엄령이 전국 계엄으로 확대되고 이에 대한 저항이 광주에서 시작되었을 때, 시위는 비조직적이었고 산발적이었다. 일부 학생들이 시위를 조직하기 위하여 태극기를 사용했다는 증언이 있지만(『사료전집』 368쪽), 점차 폭력적인 시위 진압을 경험하면서 이에 대한 저항은 이른바 애국시민을 불러냈다. 5월 19일 당시 광주시민 민주투쟁회가 작성한 선언문과 광주 애국시민 조선대학교 민주투쟁위원회가 작성한 팸플릿을 보면 '민주시민'이라는 용어를 썼다. 5월 21일에 뿌려진 「민주수호 전남도민 총궐기문」에는 다음과 같은 내용이 담겼다.

"400만 전남도민이여 총궐기하라. 전남 애국 청년들이여 총궐기하라. 전남 애국 근로자들이여 총궐기하라. 전남 애국농민들이여, 총궐기하라. 3000만 민주시민들이여 총궐기하라…… 민주 군대여 말하라. 저 흡혈귀 살인마 전두환과 유신 잔당을 죽일 것인가 아니면 민주를 외치는 순박한 애국시민을 죽일 것인가를. 민주 경찰이여 대

답하라. 우리 아들딸들이 다 죽어가도 최루탄을 쏘아댈 것인가 아니면 민주 국민의 편에 서서 무참히 죽어가는 애국 시민을 살릴 것인가를."

이들은 애국과 민주라는 용어를 쓰면서 진압군은 국군이 아니라 절대 권력자의 사병이라고 재정의하고 있다. 앞서 언급한 20일 저녁의 차량 시위에서 한 시민이 버스 위에서 흔들었던 태극기는 시민들과 진압 경찰 또는 진압군의 시선에 초점이 놓여 있었다. 진압에 동원된 경찰이나 군인들은 이런 모습에 큰 부담을 느꼈다. 당시 이 현장에 출동했던 한 전투경찰대원은 이 광경을 보면서 "예측할 수 없는 절대적인 상황으로 치달을 것이라고 직감했다"고 한다.

그러나 항쟁 참여자들의 증언들을 보면 이보다 더 충격적인 사건은 시위진압용 장갑차를 타고 계엄군을 향해 돌진하던 한 청년의 죽음이었다.

"장갑차를 탄 한 청년이 웃옷을 벗고 머리에는 띠를 질끈 동여매고 태극기를 든 채 '해치' 위에 서서 도청을 향해 가다 목에 총을 맞아 고개가 뒤로 젖혀진 채 덜렁거리면서 돌아왔다. 5·18을 얘기할 때면 빠지지 않고 나오는 장면이 바로 21일 도청 앞 상황이고 바로 그 청년의 처참한 모습이다."

이 장면은 여러 사람의 증언에 언급되었는데, 이 장면에서 눈여겨볼 점은 청년이 들고 있는 태극기와 그가 목에 총을 맞아 죽는 순간이었다. 시민들은 곧바로 그를 장갑차에서 끌어내려 지프차에 헝겊을 깔아

누이고 대형 태극기로 덮었다. 이어서 지프차를 시내로 몰고 다니면서 시민들에게 그의 죽음을 알리고 궐기하라고 외쳤다. 이를 통해 목숨을 건 민주화 투쟁의 의미와 태극기라는 상징은 같아졌다.

그렇다면 5·18항쟁에 사용된 태극기는 어떤 과정을 거쳐 시민이나 시민군들에게 주어졌는가. 태극기의 획득은 개인이 소장하고 있던 것을 내오기도 하고, 휘장업徽章業을 하는 주민이 내주거나 일괄적으로 구매하여 나누어주는 방식이었다. 태극기가 시위 차량과 시민군 차량에 보급되는 상황은 다음의 증언에서 잘 드러난다.

"(5월 21일 목포 시위에서) 남교동 체육사에 가서 '태극기 몇 장 있소' 하니까 '있는 거 싹 내라' 하니까 10장 있다고 큰 대형 태극기요. 그 놈 돈 있는 대로 줬어요. 그 놈 열 개를 가지고 기를 전부 각 버스에 하나씩 나눠줬어요. '태극기를 전부 부착해라.' 그때부터 시위를 밤 한 12시까지 해분 거입니다."

구매 방식 이외에 시위대가 공공관서, 특히 경찰관서에 걸려 있는 태극기를 빼오기도 했다. 그런데 이 과정들을 자세히 검토해보면 태극기 사용이 확산되는 과정은 시민들이 무기를 구해 무장하는 과정과 상당 부분 일치한다.

"(5월 19일 아침에 나주에서 시민군 차를) 타니까 차 안에서 대한민국만세, 물러가라, 계엄 해제하라 소리 지르면서 광주 쪽으로 향해서 가는데 (남평 비상활주로) 거기쯤 가니까 의병대 버스 차량을 한 20대 한꺼번에 만났어요. (…) 우리 차가 선두에 서서 '우리가 도청을 접수해야 된다' 계엄령을 해제하도록 해야 되고 (…) 애국가, 목포의 눈물 등을 부르며 (…) 차량을 지휘하면서 '도청을 접수해라' 소리 지르면서 우리가 내려왔어요."

이 내용을 보면 시민들은 자신을 의병에 비유했으며, 도청을 접수하여 계엄 해제를 시도하는 것이 '대한민국 만세'라는 의미로 이어졌다는 것을 알 수 있다. 5월 21일 광주에서 시민들이 무기를 얻기 위하여 담양경찰서로 가던 차량의 상황을 증언한 바에 따르면 한국 남성의 군대 경험이 시민들의 무장과 출정 분위기를 쉽게 조성하는 요인이었다. 시민들의 무장은 진압군이 저질렀던 인간적 존엄성의 부정에 대한 조치였다. 25일 시민군 대표의 이름으로 발표된 「우리는 왜 총을 들 수밖에 없었는가」라는 팸플릿에서 시민들은 무장의 이유에 대해 "그 답은 너무나 간단합니다. 너무나 무자비한 만행을 더 이상 볼 수 없어서 너도 나도 총을 들고 나섰던 것입니다"라고 답했다. 군대의 무자비한 만행은 인간적 존엄성을 파괴했다. 이런 인간적 존엄성의 문제를 가장 잘 표현한 것이 5월 25일 가톨릭 사제였던 김성용 신부가 행한 강론이었다. 그는 이 강론의 요지를 적어놓은 일기에서 다음과 같이 썼다.

(1) 이제 우리는 네 발로 기어다녀야 하며 개나 도야지와 같이 입을 먹이 그릇에 처박아 먹어야 하며 짐승과 같이 살아가야만 한다. 폭력과 살인을 일삼는 유신 잔당이 우리를 짐승같이 취급해, 때리고 개를 죽이듯이 끌고 가고 찌르고 쏘았기 때문이다.

(2) 두 다리로 걷고 인간답게 살려고 하면 생명을 걸고 민주화 투쟁에 몸을 던져야 한다. 과거의 침묵, 비굴했던 침묵의 대가를 지금 우

리는 지불하고 있는 것이다.

시민들은 진압군에 대한 저항과 함께 방송국과 세무서를 공격했다. 시민들이 방송국을 공격한 것은 자신들의 시위 상황을 사실대로 보도하지 않고 정부의 일방적인 입장만을 방송하는 것에 대한 분노와 항의의 표현이었다. 시민들은 5월 20일 광주 MBC에 불을 질렀고 곧이어 KBS에도 불을 질렀다. 아울러 시민들이 세무서를 공격한 이유는 자신들을 무참하게 진압하는 군대와 자신들이 낸 세금을 연결시켰기 때문이다. 이는 기존의 정부를 부정하고 새로운 정부를 염원한다는 것을 나타냈다.

이상의 내용처럼 5월 21일 저녁부터 26일까지 무장한 시민군들의 모습에서 태극기를 자신들의 상징으로 사용한 것을 쉽게 알 수 있다. 태극기는 극단적인 대치의 상황뿐 아니라 해방된 공간에서도 쓰이고 있었다. 태극기는 시민과 시민군이 지닌 정체성의 표현이자 정치적인 요구를 담은 상징물이었다.

시민군은 항상 차량 앞에 태극기를 달고 다녔다. 복면을 한 사람들도 태극기라는 상징으로 자신들의 행위를 정당화했다. 이들은 자치 공간을 방어하면서 태극기라는 상징 아래 자신들의 임무를 수행했다. 이들은 다른 차량의 태극기 속에서 동지애를 확인했다. 김성용 신부는 5월 22일의 일기에서 「펄럭이는 태극기」라는 제목으로 다음과 같이 썼다.

"아침부터 시위하는 각종 차를 몰고 태극기를 휘날리며 질주하는 여러 차 위에는 무장한 학생들과 시민으로 가득 차 있었다. (…) 지금 무장을 하지 않을 수 없었던 학생과 시민군은 손에 태극기를 날리며

광주항쟁에서 사용된 저항의 상징으로서의 태극기는
1948년 헌법에서 관념적으로 먼저 얻었던 민주공화국의 이념이
권위주의 국가 권력에 대한 시민들의 투쟁으로 실체화되는
과정이다. 또한 이런 현상이 1960년 4월 혁명에서 비롯해
1987년 6월 항쟁까지 계속되었다는 사실은 한국이 민주공화국이
되는 것을 하나의 사건이 아닌 국면으로 해석해야 함을
알려준다. 지금까지 이루어진 5.18에 관한 이론적 연구 중에서
가장 뛰어난 최정운의 시각은 당시 시민들의 욕망과 불안을
매우 정확하게 잡아냈으나, 그 핵심 개념인 '절대공동체'는
좀 더 한국정치사상의 역사적 맥락에 자리 잡힐 필요가 있다.

그리하여 나는 5·18 민중항쟁 전 기간 동안
시민들이 사용한 저항의 상징들,
특히 태극기가 나타나는 사례들로써
그 의미를 추적할 것이다.

완전히 장악한 시가지 전역을 행진하면서 환영을 받고 있는 것이다. 나도 시민 속에서 손을 흔들고 힘차게 박수를 퍼부었다. 아낄 것이 무엇이 있겠는가. 전 시민은 자발적으로 밥을 지어 운반하고 음료수를 제공했다. 성금을 모아 보내주기도 했다. 자유와 민권을 위하여 청춘을 불태우고 싸우는 사랑스러운 용사들, 이들이 어찌 폭도이며 불순분자라고 할 수 있는가. 이들이야말로 봉기한 애국투사가 아닌가. 펄럭이는 태극기. 오, 펄럭이는 태극기의 물결이여."

이런 맥락에서 사용된 애국가와 태극기는 점차 시민과 시민군이 하나됨을 표현하는 매체로 전화轉化해갔다. 시민군의 기동타격대로 활동했던 사람의 증언은 애국가와 태극기의 상징화를 잘 보여준다.

"나는 광주고속버스를 타고 광주 시내 일대를 돌아다녔다. (…) 가끔 애국가를 부르기도 했다. 나는 항상 운전석 옆자리에 앉아 누군가가 준 태극기를 머리에 두르고 또 대형 태극기를 창밖으로 흔들었다. 그러면 시민들이 환호성을 지르며 환영해주었고 거리거리마다 주먹밥, 음료수, 빵 등을 올려주었다."(『사료전집』 491쪽)

이런 증언은 다른 여러 증언자에게서 확인된다. 흔히 민중의 표상으로 제시되는 시장 상인들도 시민군에게 주먹밥을 날라다줄 때 태극기가 휘날리는 차로 그것을 싣고 왔다(『사료전집』 225쪽). 흔히 대동세상大同世上이라고 명명되는 상황도 태극기로 상징화되었다. 태극기를 시민군의 활동과 일치시키는 것은 매우 강렬한 경험이어서, 이는 군인들로부터 심하게 구타당해 정신분열증을 앓게 된 어느 항쟁 참여자의 이상한 행동에서도 나타난다. 그의 어머니의 증언에 따르면, 아들은 "태극기만 보면 머리에 질끈 동여맸다. 또 몽둥이나 긴 막대기가 있으면 그것으로 온 집안을 다 부수었다."

시민들의 집회에 등장한
태극기 +

시민들은 시위뿐만 아니라 자신들의 집회에서도 항상 태극기를 사용하고 애국가를 함께 불렀다. 진압군이 시내에서 일시적으로 물러간 상황에서 시민들의 집회는 5월 23일 제1차 범시민 궐기대회를 시작으로 하여 24, 25일에 한 차례 그리고 26일에는 두 차례 열렸는데 모두 도청 앞 광장에서 열렸다. 이 집회에서 사회를 본 김태종과 이현주의 증언에 따르면 궐기대회는 대체로 희생자에 대한 묵념을 시작으로 애국가, 경과 보고, 공지사항 전달, 시 낭송, 각계각층의 성명서 발표, 결의문 낭독, 민주주의 만세 삼창의 순으로 진행되었다. 여기에서 집회 주최자들은 계엄군과의 협상 결과를 보고하고 정부에 대한 요구 사항을 발표했으며 투쟁을 위한 방향을 논의했다. 시민들은 남녀노소에 관계없이 이 집회에 참여했다. 흥미로운 것은 이런 집회를 시작할 때 항상 태극기를 집회 장소에 마련해두었다는 점이다. 다섯 차례의 궐기대회를 준비한 김효석에 따르면 준비 사항은 태극기와 마이크 설치, 투사회보 배포, 대자보 부착, 가두방송 등이었다. 5월 26일 아침, 시 외곽으로부터 계엄군이 탱크를 앞세우고 진입했다는 소식을 접한 시민들 3만여 명이 모여 자발적으로 임시민주수호범시민궐기대회를 열고 시가행진을 했는데 이때 시위자들은 태극기를 앞세웠다.

그렇다면 시민들이나 무장한 시민군은 저항 행위나 집회에서 왜 태극기를 사용했는가? 한 가지 가능한 설명은 한국의 특수한 정치 상황, 즉 남북이 대치한 상황에서 정부에 대한 저항은 고사하고 정치적 비판까지도 반국가 또는 반체제로 몰려온 상황을 의식하고 있었으며, 따라서 이들은 자신들의 생명을 좌우할 극단적인 상황, 즉 반체제로 몰리는 것을 막기 위해 태극기를 사용했다는 것이다. 실제로 당시에 시민들이 발표한 성명서에는 북한을 언급하는 내용들이 이따금씩 포함되었다. 이들은 '북한은 오판 말라'는 구호를 내세웠는데, 이는 북한에 대해 한국의 내부적인 문제를 이용하여 군사적인 작전을 펼치거나 한국 문제에 개입하는 것을 반대하는 표현이었을 뿐만 아니라 한국 정부에 대해 북한을 이용하여 자신들의 요구나 항의를 왜곡하지 말라는 뜻이 담긴 이중적인 목소리였다.

그러나 극단적인 상황을 가정한 심리전에서의 방어 수단으로 태극기를 사용했다는 가설은 몇 가지 한계를 가진다. 군부의 통제를 받는 한국 정부가 북한에 관한 담론을 사용하기 이전에 이미 태극기가 사용되고 있었다. 또 하나의 이유는 시민들이 보다 적극적으로 자신의 의사를 표현하는 수단으로 태극기를 사용한 측면이 있다는 점이다. 이들은 태극기를 통해 자신과 다른 시민들 간의 동질성을 확인하고 공동체를 구성해갔다. 이것은 산 사람들뿐 아니라 희생자들에게도 적용되었다.

태극기, 희생자를 위한 애도 + 광주민주화운동에서 사망자는 180여 명이었다. 이들 중에는 시위와 무관한 시민도

있고 무장한 시민군들도 있었다. 태극기를 들고 앞섰던 시민군들도 총을 맞고 사망했다. 시민들의 희생이 공적인 주목의 대상이 된 것은 5월 20일이었다. 항쟁 기간에 가두방송을 담당했던 두 명의 여성 중 한 명인 차명숙은 "(5월 20일) 새벽에 시체 2구를 전남대 하천 쪽에서 우리가 발견을 했어요. 우리가 싣고 와 가지고 태극기를 덮어서 방송차량 옆에. 그걸 시민들에게 알렸죠. 이렇게 죽어가고 있다고"라는 내용을 증언했다. 가두방송을 담당했던 전춘심도 이 수레에 시신을 싣고 태극기로 덮어 도청 앞까지 이송했다고 증언했다. 현재 남아 있는 세 장의 연속사진들은 처음 발견된 상태의 사진, 태극기로 상징되기 이전의 모습에서 태극기로 상징화되는 과정, 그리고 상징화된 주검이 광장으로 옮겨져 전시되는 모습을 생생하게 보여준다.

이 증언에서 가장 주목을 끄는 것은 이들이 죽음을 다루는 방식이다. 이들은 희생자들의 죽음을 발견하자 곧바로 이들을 시민들에게 보여주기 위해 시체를 수레에 실어 사람들의 중심적 저항 공간인 도청 앞으로 옮겨왔으며, 더 중요한 것은 이들이 희생자들을 태극기로 덮어 감쌌다는 사실이다. 죽음을 다루는 방식이 매뉴얼화된 것도 아닌 상태에서 이들은 어떤 본능적인 습성에 따라 죽음에 의미를 부여하고 특정한 방식으로 상징을 부여하고 있었다. 이 여성 투사들은 이 시신을 계엄군 지휘관(중령)에게 보여주면서 잔인한 진압에 대해 항의했고, 그 지휘관은 "우리가 죽인 것이 아닙니다. 간첩이 나타나서 그런 겁니다"라고 대답했다고 한다. 태극기를 통한 주검의 상징화와 진압군에 대한 항의 그리고 진압군 지휘관의 답변은 죽음의 의미를 둘러싼 시민과 국가 간의 상징투쟁 양상을 잘 보여준다. 희생자들을 태극기로 감싸는 실천은 이뿐 아니라 다른 사례에서도 발견된다. 21일 시민들의 무장화

상징화 이전의 모습(왼쪽), 상징화 과정(가운데), 상징적 죽음의 전시(오른쪽)

가 진행되던 상황에서, "광주공원 앞에서 태극기로 둘둘 말아 지프차 위에 올려놓은 시체를 목격했다. 태극기가 피로 빨갛게 물들어 있었다. '아마 조금 전 금남로에서 총에 맞은 시체인가보다'라는 증언도 있다." 죽음을 다루는 시민들의 태도나 행동은 진압군이 일시적으로 시 외곽으로 후퇴하고 시민들이 희생자들을 도청 앞 상무관에 안치하는 과정에서도 반복된다. 5월 23일 적십자병원에서 시체 처리 및 상무관으로의 수송을 담당한 한 참여자의 증언에 따르면 시체는 관에 넣어 태극기로 덮었으며, 관이 상무관에 들어올 때는 시민들이 모두 애국가를 불렀다.

뒤쪽의 왼쪽 사진은 시위 진압을 위해 동원된 군인들이 시민들의 저항에 견디지 못하고 시의 외곽으로 철수한 이른바 해방 국면 상황에서, 도청 앞에 있는 한 건물(상무관)에 안치되어 있는 희생자들의 모습이다. 시민들은 이들을 관에 넣은 뒤 모두 태극기로 감싸두었다. 당시 시민들은 이들을 위하여 합동 영결식을 거행했으며 이때 반드시 시신을 태극기로 덮어서 조의를 표했다. 오늘날 광주항쟁을 기념하는 몇몇 기념관에 가면 매장했던 태극기를 발굴하여 전시하고 있는 당시의 모습을 볼 수 있다.

희생자들을 태극기로 덮는 행위는 어떤 지시나 통제에 의해서가 아니라 당시 시민들의 자발적인 정치 감각에 따른 것이었다. 적십자병원에서 희생자들을 발견하고 태극기를 덮어준 한 참여자의 증언을 보면 태극기를 덮지 않고 방치하는 것은 죽음을 더욱 원통하게 만드는 것이라고 믿고 있었다. 이와는 대조적으로 항쟁이 진압되고 국가 권력이 다시 정상화된 상황에서 희생자들이 어떻게 다루어졌는가를 볼 수 있는 장면이 오른쪽 사진이다. 이 사진은 5월 29일 망월동에 안장하기 직전

'해방' 국면에서의 상무관에 전시된 희생자(왼쪽), 항쟁 종료 후 망월동 안장시의 희생자(오른쪽)

의 상황으로 태극기가 모두 벗겨져 있다. 이 두 사진을 비교해보면 너무나 분명하게 태극기의 의미가 부각된다.

시민들의 희생에 대한 최초의 반응은 분노와 추도였다. 이것은 조의를 어떻게 표할 것인가라는 문제의식으로 나타났다. 이것은 서로 잘 모르는 사람이 '우리'라는 공동체의 성원으로 바뀌어가는 과정이다.

"(21일 밤에 도청에 갔다가 22일 새벽에 녹두 시점에 온) 김영철이 '조기를 게양하자. 도청에 조기를 게양해야 한다. 오면서 보니까 그게 없더라.' '죽은 사람에 대한 애도의 표시를 하는 것이 우리 시민으로서 첫 번째 할 일이다.' 좀 있으니까 윤상원씨도 나타나고 사람들이 오는데 제일 먼저 검은 리본을 제작하는 거예요."(박병기 편, 191~192쪽)

여기에는 명백하게 시민적 덕목이나 의무가 나타나고 있다. 상무관에 희생자들의 시신을 모으고 안치된 시신들을 애도하며 영결식에서 향을 피우고 묵념과 애국가를 불렀다. 일정한 의례를 통해 죽음에 의미를 부여하는 공적 과정이 모두 시민적 책무였다. 시민군으로 참여했던 김효석의 증언에는 태극기와 관련한 증언이 세 차례 등장하는데 첫째는 차량시위에서의 태극기, 둘째는 궐기대회에서의 태극기, 셋째는 시체 처리와 합동영결식에서의 태극기이다. 특히 그는 일정한 절차를 거친 경우만 영결식의 대상으로 삼았다는 증언을 했다. 우리는 이 증언에서 죽음이 공적인 것을 넘어서 국가적 의례의 맥락에서 다뤄졌음을 알 수 있다.

태극기를 둘러싼 갈등 + 한편 진압을 맡은 군인들에게 태극기는 자신들의 진압 행위가 부정당하는 경험이었다. 국군이 국기를 흔드는 시민들에게 발포해야 하는 곤혹스러운 상황이 발생한 것이다. 당시 계엄 당국은 시민들을 끊임없이 폭도, 불순분자 또는 지역감정에 현혹된 비이성적 군중으로 몰아 격리시키려고 했다. 시민들은 「계엄군과 광주시민」이라는 작은 전단을 작성했는데 여기에는 "계엄군은 가짜 애국, 광주 시민 진짜 애국 / 계엄군이 진짜 폭도, 광주시민 민주의거 / 계엄군은 정권강도, 광주시민 민주항쟁"이라는 표현이 있다. 여기서 애국과 폭도의 이분법과 그것을 둘러싼 전체적인 지형은 당시의 국가 권력과 시민들 사이에 누가 국가의 진정한 주체인가를 둘러싸고 벌어진 정체성 투쟁이 반영된 것이다. 상징의 전유를 둘러싼 갈등, 즉 구체적으로 시민들이 저항의 상징으로 태극기를 사용하는 것에 대해 현지에 파견된 진압군들은 어떤 반응을 보였을까.

진압군들은 태극기를 달고 다니는 것을 빨갱이들의 행동으로, 폭도들의 행동으로 이해했다. 한 회사의 간부가 광주를 빠져 나가려고 시위대 차량 차림으로 나가다가 불심검문에 걸렸을 때 진압군 지휘관은 "태극기를 달고 헤드라이트를 켜고 다니는 것은 빨갱이들이나 하는 것"이라고 말했다는 증언이 있다. 계엄군에 체포되어 호송당한 한 참여자는 공수대원이 총을 겨누면서 "너희가 애국가 부르고 태극기를 들고 왔다갔다한다고 다 애국이냐? 너희 같은 놈들은 죽어 마땅하다"면서 구타했다고 한다. 27일 새벽 진압군이 도청을 함락하고 숨어 있던 시민군을 수색하는 과정에서 시민군이 태극기를 갖고 있는 것을 발견하자 그 군인은 "지가 뭔데 태극기를 품고 있어? 이 새끼 간첩이 아냐, 빨갱이 아냐?"라고 말했다고 한다.

이런 증언들에서 보듯이 당시 계엄군이 시민들의 태극기 사용에 대해 매우 신경질적인 반응을 보였으며 태극기를 갖고 다니는 사람을 적극적인 시위 참여자로 인식했다는 것을 알 수 있다. 한 시민 참여자의 증언에 따르면 "태극기를 들지 말라. 지금 여기저기서 비디오를 찍고 있는데 뒷일을 어떻게 감당하려고해?"라는 충고를 친구로부터 받았다. 그럼에도 불구하고 시민군들의 태극기 사용은 이들이 체제에 반하는 활동가로 여겨지는 것을 막는 기능을 한 것임에 틀림없다. 상징을 공유하는 데서 나타난 역설적인 효과였던 것이다.

1980년 5월 18일 이전, 태극기의 상징성을 점화하다 +

그렇다면 1980년 5·18 항쟁에서 사용된 저항적 상징으로서의 태극기의 용법이 이때 처음 나타난 것인가. 이에 대한 답을 찾기 위해 우리는 5·18 직전의 짧은 국면, 그리고 보다 장기적으로 4월 혁명이나 1970년대의 민주화 시위의 양상을 관찰해야 한다.

우선 1980년 4월부터 5월 16일까지 진행된 광주지역의 민주화운동을 좀 더 자세히 검토해보자. 광주에서 학생들의 민주화운동은 기본적으로 서울에서의 움직임과 궤를 같이하면서도 몇 가지 독자적인 특징이 있었다. 광주에서 규모가 가장 크고 중요한 대학은 전남대와 조선대인데 조선대가 1980년 당시에 주로 학내 민주화투쟁을 진행하고 있었

---

* 조선대는 대학총장의 1인 집권체제가 30여 년간 유지되었기 때문에, 이에 대한 교수 및 학생들의 저항이 1980년에 분출되고 있었다.

던 반면[*] 전남대에서는 학생회의 부활과 함께 유신체제 아래에서 정부에 적극적으로 협조했던 교수들에 대한 비판이 전국 대학 중에서 가장 강하게 이루어지고 있었다. 이것은 전남대의 오랜 학생운동의 전통이자 1978년 이루어진 '교육지표 사건'의 영향 때문이기도 하다.[*] 1980년 5월 8일 전남대 총학생회는 이른바 '민족민주화 성회'를 개최했는데 여기서 강령과 행동 방식을 규정하는 선언을 하고 전前 조선대 민주투쟁위원회가 공동으로 「제1시국선언문」을 발표했다. 여기에서 표현된 세 가지 요구 사항은 비상계엄 해제, 휴교령 거부, 정부 주도의 개헌공청회 규탄이었다.[*]이보다 자세한 내용이 5월 9일 전남대 학생회를 구성하던 대의원총회가 발표한 「현 시국에 관한 우리의 견해」이다. 여기에는 당시의 핵심 쟁점으로 헌법 개정 논의, 비상계엄, 최근의 학원사태, 과도정부의 발언, 언론, 노동자―농민 문제 등 6가지 사항을 다루고 있다. 당시 학생들은 서울에서와 마찬가지로 민주화와 계엄해제를 요구하고 있었다. 그러나 보다 자세히 관찰한다면 당시 학생들은 유신헌법의 철폐와 함께 누가 어떤 내용으로 헌법을 개정할 것인가를 핵심 쟁점으로 다루고 있었다. 학생들의 요구는 5월 15일에 열린 집회에서 발표된 「제2시국선언문」에서 다시 구체적으로 확인되고 있다. 이런 학생들의 민주화 투쟁에 대하여 전남대 교수들은 대형 태극기를 앞세운 시위를 조직하는

[*]'교육지표 사건'은 1978년 6월 27일 전남대의 교수들이 군부 권위주의 정권이 시행한 교육정책의 상징이었던 '국민교육헌장'의 이념을 정면 비판하는 성명서를 발표하고, 이 일이 있은 후 이틀 동안 학생들이 적극적인 지지의 뜻을 담아 벌인 시위를 말한다. 이 사건으로 참여 교수들은 구속되거나 해직당했으며 학생들도 처벌을 받았다. 이들이 곧 1980년 봄부터 일기 시작한 민주화운동의 중심 세력이 된다.

[*]세 번째 요구 사항은 당시 5월 20일 "여수에서 열리는 개헌 공청회를 민족의 이름으로 거부할 것이며 아울러 양식 있는 교수님들의 참석을 극렬히 반대한다"는 것이었다.

입장(왼쪽), 집회(가운데), 퇴장(아래)

것으로 응답했다. 2차 민족민주화대성회의 첫째 날인 5월 14일 도청 앞 분수대에서 열린 집회를 위한 행진에서 교수들은 학생들의 시위대열을 선도했다. 이것은 명백히 오래된 민주화 의례로 인식되는 4월 혁명기 당시 교수들의 행진을 떠올리는 행위였다. 이의 연장선에서 학생들은 집회 장소인 분수대 위를 태극기로 덮었고, 마지막 날인 5월 16일 집회가 끝나고 횃불시위를 하면서 캠퍼스로 돌아갈 때 다시 대형 태극기를 6명의 여학생들이 들고 그 뒤를 200여 명의 교수가 따르며 그 뒤를 학생들이 8열로 서서 행진하는 모습을 만들었다.

시위행진에 나타난 대형 태극기의 직접적인 의미는 학생들의 시위가 평화적인 것임을 보여줘 군부의 출동을 막아보려는 노력의 산물이었으나, 보다 적극적인 의미는 5월 13일 전남대학교 교수협의회가 발표한 「시국선언」에서 찾을 수 있다. 이 선언문에는 7개의 요구 사항이 표현되었는데, 이중 첫 번째 항목은 "과도정부는 비상계엄을 즉시 해제하여 국군을 국토방위에 전념하게 할 것이며 정부주도 하의 개헌을 중단하고 진정한 민의와 여론에 입각한 헌법을 제정하여 빠른 시일 안에 민주정부에 정권을 이양하라"는 것이었다. 이와 함께 여섯째 항목으로 "일반 국민은 과장된 사회 혼란 선전에 오도되지 말며 민주화를 위한 진통을 이해하고 인내해줄 것을 바라며 북괴는 국민의 철통같은 안보태세를 오판하지 말라"는 것이 있었다.

결국 민족민주화성회라는 대규모 시위와 집회에서 이미 태극기가 상징으로 쓰였으며, 그것은 헌법의 민주적 개정과 헌법 개정의 주체인 국민을 강조하는 의미를 담은 것이었다. 특히 5월 14일부터 16일 사이에 전남대 교수와 학생들이 시민들에게 보여준 태극기는 헌정주의와 평화 시위를 드러내는 표시였다. 5월 16일 제2차 민족민주화대성회의 마지막 집회에서 두 가지 메시지가 발표되었는데, 그중 한 가지는 「국군장병에게 보내는 메시지」였고 다른 하나는 「민주의 나라」라는 시였다. 마지막 의례는 횃불 행진이었다. 그 시는 "횃불이여 / 역사의 그날까지 활활 타올라라 / 백성의 나라를 위해"를 노래한 것이었다. 횃불 행진의 경험은 "운동과 예술의 아름다운 결합"으로 표현될 정도로 감동적인 것이어서 마치 혁명 전야를 방불케 했으며 이후 많은 사람의 기억 속에 깊이 각인되었다. 이처럼 광주항쟁에서 태극기를 사용하던 용법은 5월 18일 이전 민족민주화성회에서 이미 나타났고, 이것은 5·18항쟁이 발발한 후에도 지속되었다. 이로 미루어본다면 광주민주화운동을 과도하게 5·18 전후로 구분하는 것은 무리라고 할 수 있다.

1960년 4월 혁명, 태극기는 이미 시민의 저항 속으로 +

그렇다면 저항의 상징인 태극기의 용법은 언제부터 시작되었을까? 당연히 우리는 1960년 4월 혁명으로 눈을 돌려야 한다. 4월 혁명에 관한 사진집들을 검토해보면 흥미롭게도 최초의 태극기는 4월 11일 김주열 군의 시신을 덮은 것이었다. 이 태극기의 용법은 1980년 5월 20일 광주에서의 용법과 매우 유사하다. 두 번째로 발견되는 사례는 4월 12일 마산고등학교 학생들의 시위다. 학생들은 태극기를 한 장씩 들고 시위를 했다. 같은 날 창원군청 앞 시위에서도 태극기가 사용되었음을 알 수 있다.

이어 확인되는 것은 서울에서 4월 19일 여성과 어린이들이 시위하는 장면, 그리고 서울 해무청 앞에서 이루어진 시위다. 두 경우 모두 한 장씩의 소형 태극기가 사용되었다. 해무청 앞에서 경찰의 발포가 이루어졌는데 이에 항의하는 학생이 태극기를 들고 절규하는 성면이 매우 인상적이다. 경무대 앞에서 학생 및 시민들과 경찰이 대치할 때 바리케이드에 태극기가 걸려 있는 장면도 비교적 널리 알려진 4월 혁명의 기억이다.

4월 혁명의 운명을 다룬 것으로 거론되는 4월 25일의 교수단 시위는 행렬의 선두를 태극기를 든 사람들이 이끌었다. 이어 이승만 대통령의 사임 발표 직전인 4월 26일 아침 시위에서도 태극기가 사용되었다. 이승만 대통령의 사임 발표에 환호하는 시민들의 사진에는 적어도 두 명 이상의 서로 다른 시민이 태극기를 사용했다는 것을 알 수 있다. 특히 세 명의 시위자가 드디어 승리했다는 의미로 태극기를 앞세우고 걷는 장면은 이 기간에 사용된 태극기의 의미를 비교적 선명하게 보여준다. 이처럼 4월 혁명 기간에 태극기가 학생이나 시민들의 상징으로 사용된 예는 4월 11일부터 26일까지 최소한 10군데 이상이 확인된다. 최초의 출발은 죽음에 대한 의미를 드러내는 수단이었고 학생들이 주로 사용했다는 점인데, 1980년과 비교하면 상대적으로 드물게 사용되었다. 그렇지만 1980년 5월 광주에서 활용된 태극기의 용법이 1960년에 출발한 것은 틀림없다.

시민과 태극기의 관계는
어떻게 변했나 +

1980년의 광주항쟁이 끝난 이후 태극기는 항쟁의 가치를 기억하고 계승하기 위한 수단으로 또는 시민들에게 무차별적 진압을 가했던 자들의 책임을 묻는

학생운동에 참여한 대학생이 태극기를 걸쳐 입은 모습

투쟁에 다시 등장했다.

광주항쟁에서 저항의 상징이었던 태극기는 당시 항쟁에 참여했던 시민들에게 깊은 인상을 주었다. 그리하여 항쟁이 끝난 후에도 개인적으로나 집단적으로 항쟁의 기억을 재현할 때 자주 등장하는 소재가 되었다. 단적인 예로 유명한 판화 작가 홍성담의 「봄」이라는 작품이 있다. 그는 자신이 직접 광주항쟁에 참여했으며 항쟁이 끝난 후 항쟁의 기억을 불러내 부활의 의미를 담은 작품을 만들었다.(그는 광주항쟁에 직접 참여했고 항쟁 이후 가장 활발한 미술운동을 전개한 화가들 중 한 명이었다.)

그는 광주항쟁의 진상을 밝히고 이를 기억하는 연작판화를 만들었는데, 그중에서 널리 알려진 대표작이 「대동세상」 「횃불행진」 「봄」(1985) 등이다. 이 작품은 한 농부가 대지에 씨를 뿌리는데 대지 속에는 태극 문양의 새로운 생명체가 싹트고 있다. 음양으로 나누어진 형상과 원리는 남북한의 분단과 통일로 나아가는 것을 의미한다. 1980년 시민들의 좌절을 봄이라는 희망의 맥락에서 통일로 연결시키는 이미지로 되살린 것이다.

우리는 이 작품의 제작 시기가 1985년이라는 점을 주목할 필요가 있다. 1980년 5월 항쟁이 무참하게 좌절된 후 가장 극적으로 태극기가 저항의 상징으로 등장한 것은 1985년이다. 서울에 있는 미 대사관에 대학생들이 들어간 후 광주항쟁 진압 당시 미국의 책임을 묻는 점거농성을 감행했을 때 대학생들은 이 건물의 유리창에 태극기를 걸어 두었다. 이때 태극기는 광주항쟁에 대한 군의 진압과 관련하여 미국의 역할과 책임을 묻고 있으며 한국에서 고조된 반미운동의 상징으로 태극기가 사용될 수 있음을 보여준다.

1980년대 중반부터 1990년대 전반까지 약 10년간 한국 사회는 격렬

홍성담의 「봄」에 그려진 태극기 문양

한 민주화 투쟁기와 급속한 민주화 이행기를 거쳤다. 이 기간에 학생 운동은 대중적인 규모로 일어났고 노동운동도 보다 활발하게 전개되었다. 저항의 수단이자 특정한 정치적 의미를 지향하는 것을 드러내기 위한 태극기의 용법은 1987년 6월 항쟁에서도 여지없이 발휘되었다. 시위 현장, 박종철이나 이한열 같은 국가 폭력의 희생자들에 대한 장례에서 수많은 깃발과 함께 태극기가 사용되었는데, 1980년에 비교한다면 전통적 만장輓章을 포함한 수많은 깃발이 함께 사용되면서 비중이 약화되고 있다. 또 1987년 7~8월의 노동자 대투쟁에서 사용된 상징은 이전과 다른 것이었고, 이는 곧 저항적 상징이 다양해졌음을 의미했다.

1987년 6월의 시민항쟁과 7~8월의 노동자 대투쟁이 있은 후 정부는 정당성의 위기를 민주화 세력 내에 있었던 지역주의적 갈등으로 벗어나려 했고, 일단 이를 통해 정권의 재생산에 성공했다. 이 지역주의적 분단정책은 광주항쟁의 배경이 되는 지역 간 불균등 구조를 빌린 것이기도 하지만, 동시에 1980년 경험의 지역별 차이에 바탕을 둔 것이기도 했다.

한국 사회는 민주주의로의 이행기에 사회 변혁의 방향을 둘러싸고 격렬한 이념논쟁을 겪었다. 몇 개의 정파로 나뉜 사회운동가들이나 노동조합은 사회변혁이라는 동일한 목표에도 불구하고 구체적으로 지향하는 바는 서로 달랐다. 이들은 항상 깃발이나 대형 그림, 그 밖에 자신들의 요구나 소속을 나타내는 상징들을 많이 사용했는데, 이들이 내세우던 지향점의 차이는 이런 상징물들에 잘 반영되었다.

한국의 사회운동 특히 1980년 항쟁을 기억하고 이를 계승하는 5월 운동에서 태극기가 아닌 다른 상징을 사용한 사례는 1992년 5월에 나타났다. 1990년대 초 탈냉전이라는 국제 구도와 한국의 고양된 통일

1987년 6월, 고故 이한열의 영정과 태극기

1987년 명동성당, 6월 항쟁에서의 태극기

고 이한열 추모식에서의 태극기

운동이 모인 상황에서 망월동 묘역에 걸린 대형 걸개그림을 보면 태극기 대신 붉은 깃발이 나온다. 이 그림은 5월 운동을 계승한다는 취지에서 통일운동을 주제로 한 것인데, 그림 속 인물들이 들고 있는 것은 태극기가 아니었다. 분단체제하의 한국에서 붉은 깃발은 사회주의를 의미했으므로 이 그림은 금기를 넘어선 것으로 해석될 수 있었고 소련 해체 이후의 이데올로기적 관용의 결과라고 할 수도 있지만, 그것보다 더 중요한 것은 1960년부터 약 30년간 지속된 태극기의 특정 용법이 끝난 것은 아닌가 하고 추론할 수 있다는 점이다. 다만 2000년 5월 17일에 벌어진 광주항쟁 20주년 기념 전야제에서는 20년 전 차량시위와 이 시위에 사용된 태극기의 용법이 퍼포먼스로 재현되었다. 전야제는 대형 태극기를 든 외국인 참여자와 시민들의 행렬로 시작되었고 항쟁의 기억을 재현한 거리극에서 버스 위에서 한 시민이 태극기를 흔들었다. 여기서 차량시위와 태극기는 5·18을 구성하는 몇 가지 극적인 장면 중 하나이자 상징이었다.

1980년부터 2000년까지 20년의 5월 운동의 기간 동안 사용된 태극기의 용법과는 다른 관점의 용법이 2002년 월드컵 축구경기 응원에서 나타났다. 2002년 월드컵 당시 한국팀 응원단은 자신들을 붉은 악마로 명명했고 이들은 대형 태극기와 함께 각종 의상, 바디 페인팅에서 태극 문양을 사용했다. 시민들도 모두 붉은 악마가 되어 광장으로 나왔다. 누구도 이를 비난하지 않았으며 적색 콤플렉스에서 해방되었다는 변화에 대해 많은 시민이 스스로 놀랐다. 이를 가능하게 만든 힘은 무엇이었을까.

2002년 월드컵 당시 태극기는 사회적 통합의 상징이었다. 외부에서 볼 때 태극기의 대규모 동원은 과잉된 민족주의로 여겨질 수 있었지만 이것을 단순히 민족주의라고 부르는 것은 정확성이 떨어진다. 또한 이것은 과거의 국민주의나 국가주의로도 설명하기 어렵다. 이는 시민들의 자발적 투신과 미디어 자본의 동원이 결합된 집단을 향한 헌신이었으므로 상업적 애국주의 용법이라고 할 수 있을 듯한데, 지금까지 이야기한 저항을 상징하는 용법과는 애국주의적 요소를 공유하면서도 미디어의 역할에서 분명히 다른 것이었다.

2003년 노무현 정부가 출범한 후 시민들의 대규모 집회는 2004년에 촛불시위로 나타났다. 당시 야당이었던 한나라당은 지속적으로 새로 성립한 정부를 인정하지 않으려는 자세를 보이다가 급기야 대통령 탄핵안을 헌법재판소에 냈다. 시민들은 자신들이 선출하여 구성된 두 권력기구가 부딪치는 것을 목격해야만 했다. 시민들은 국회 내 다수당인 야당이 자신들이 뽑은 대통령을 부정하는 상황에서 국민주권의 원리도 부정되는 것을 정치적 위기로 인식했다. 그리하여 광화문을 비롯한 주요 도시 광장에서 대규모 촛불시위를 열었다. 시민들이 직접 민주정치의 주체로 나서지 않을 수 없었던 것이다. 이때 많은 노래가 만들어졌는데 그중 하나가 「대한민국은 민주공화국이다」이다. 헌법 제1조를 확인하는 이 노래는 한국 시민들이 민주주의의 실현 과정에서 절차적 민주주의뿐만 아니라 공화주의적 원리가 또 다른 중요한 문제임을 알게 되었음을 의미한다. 홍윤기는 2004년 탄핵사태는 민주공화국의 실체적 정체성과 그 공화국적인 작동 원리를 거의 육신화하여 체험시켰다고 보았는데, 사실 이런 체험은 1980년 광주와 1987년 민주항쟁에서 앞서 했던 것이지만 표현 양식과 그 상징이 달라진 것이다. 국가 권력에 대한 시민적 저항의 의미가 담긴 촛불시위와 저항의 상징으로 사용된 촛불을 둘러싼 행위의 양식은 전자 매체의 발전과 이에 조응하는 커뮤니케이션 체계에 기초한 것으로 한국 시민사회의 역동적 변화와 결합한 것이다. 이런 시민적 표현양식은 2008년 미국산 소고기 수입 문제를 둘러싸고 다시 나타났다. 촛불시위가 시민에게 주권이 있다는 것을 보여주는 새로운 형태였다면, 이것이 단발성 이벤트로 나타나 사라지는 것이 아니라 시간상으로 지속적인 면을 가진 어떤 체계의 일부임을 보여준다.

시민적 공화주의의
표상으로서의 태극기 + 지금까지 한국 현대사에 나타난 국가를 상징하는 태극기의 용법과 역사적인 변화의 상을 살펴보았다. 태극기는 민족주의, 국민주의, 국가주의, 상업적 애국주의 등 서로 다른 맥락에서 유력한 상징으로 활용되었다. 물론 이것들은 상징의 모호함 때문에 명백히 구분되지 않는 경우도 있고 특히 분단체제라는 요인 때문에 민족주의적 용법과 국민주의적 용법이 중첩되기도 한다. 그러나 이런 다양한 용법 중에서 1960년부터 1987년까지 있었던 저항적 시위나 집회에 등장한 태극기는 국민주권의 원리를 확립하려는 욕망의 표현이었으며 시민적 연대의 상징이었다. 그렇다면 시민의 저항을 상징하던 태극기의 용법과 그것을 둘러싼 정치사회학적 원리를 무엇이라 규정할 수 있을까.

태극기는 이 기간 동안 부당한 국가 권력에 대한 저항, 직접민주주의의 성격을 띤 집회, 죽은 자에 대한 예의와 연대 등의 의미를 담고 있을 뿐 아니라 민주주의와 국민주권, 헌법 제정 권력의 차원에서 활용되었다. 여기에 시민들의 인간적 존엄성을 인정받으려는 투쟁, 차별

없는 주체성의 재확인이라는 의미가 추가로 포함되어 있었다. 태극기가 투쟁 과정에서 희생된 자의 몸을 감싸며 (칸트가 주장했던) 시민들의 일반의지一般意志를 표출하는 집회와 시위를 인도하고 살아 있는 공론장을 나타내면서 시민이라는 집합적 주체의 일부로 작동했다는 점을 감안할 때, 우리는 이를 관통하는 정치적 원리를 시민적 공화주의라고 명명할 수 있을 것이다. 시민적 공화주의는 상호 의존적일 수밖에 없는 인간들 사이에서 자유의 문제를 다룬다. 자유는 같은 지향점을 가진 정치 공동체 내 성원의 의식을 통해 실현될 수 있다. 공화주의적 전통에서 자유는 자치 및 공동선을 향한 관심과 참여에 바탕을 둔다. 서구 공화주의의 확립 과정을 면밀하게 검토한 조승래는 공화주의를 시민들의 공공이익 실현을 위한 참여와 연대, 자의적 지배의 부재(제거), 시민군 사상, 소유 불균형의 제도적 방지, 민주적 절차나 결사 또는 직접 행동 등을 통한 주체화, 애국주의 등을 구성 요소로 하는 정치적 원리로 해석했다.

공화주의 정치는 상호 의존적인 시민들이 개인의 권리에 바탕을 두면서 공공선이 무엇이고 그것을 어떻게 실현해야 하는가를 다룬다. 여기선 단순히 개인의 권리에 초점을 맞추는 자유주의 이론과는 달리 공동선의 실현을 위한 시민적 의무나 덕목을 강조한다. 또한 정치를 공동체 안에서 정치적으로 공유된 가치의 표현으로 보는 공동체주의와는 달리 공화주의는 정치공동체의 정치적 구성 형태를 강조한다.

호노한은 시민적 공화주의가 이론적으로 완성된 것이 아니라 발전하는 중에 있는 개념이라고 보고 시민적 덕목, 자유, 참여, 인정(승인)이라는 네 가지 핵심 개념을 중심으로 시민권 논의를 전개하고 있다. (호노한은 시민적 공화주의의 부활에 기여한 이론가로 아렌트와 테일러를 들고 있다.) 호노한에 따르면 공화주의의 문제는 오랫동안 자유주의 대 사회주의 간의 경쟁 속에 묻혀 있었으나 자유민주주의의 승리가 명확해지면서 다시 부각되었다. 승리를 구가하려는 자유주의에 대해 공동체주의적 비판이 이루어지고 공동체를 이론적으로나 실천적으로 다시 확증하려는 흐름이 만들어졌다. 그러나 오늘날과 같은 도덕적, 문화적 다양성의 시대에 개인적 자유를 강조하다보면 파편화의 위험에 빠지고, 공유된 가치를 강조하면 억압이나 배제의 위험에 빠진다. 시민적 공화주의는 딜레마에 빠진 이 상황에서 문제 해결의 실마리가 된다.

한국에서 이런 시민적 공화주의는 1960년부터 1987년까지의 민주화운동의 국면에서 국가를 상징하는 목적을 지닌 태극기를 통해 드러났고, 2000년 이후에는 촛불을 통해 자신의 모습을 드러냈다. 이런 차이는 아마도 한국에서 국가가 만들어지는 경로와 기간을 말해주는 것인지도 모른다. 서구의 시민혁명에 들어 있는 공화주의적 원리는 한국의 경우 오랜 기간의 민주화운동 속에서 구성되었으며, 이 기간의 민주화가 주로 국민의 대표를 선출하는 대의제 선거를 중심으로 진행되었다는 점에서 민주화운동은 곧 장기적인 국가 형성 과정의 일부였다고 해석할 수 있을 것이다. 또한 1980년 당시 시민들은 국가 권력이 시민의 의사를 왜곡할 가능성을 늘 경계하면서 투쟁했다. 이는 분단체제하에 놓여 있는 한국에서 민주주의의 실현이 얼마나 어려운 것인가를 보여주는 것이다. 이런 구조적 장애를 넘어선 세 차례의 거대한 민주화운동은 민주주의를 향한 투쟁과 그 속에 살아 숨 쉬고 있는 공화주의적 원리를 구체적으로 체득하는 역사적인 실험장이었다.

호모 모빌리스, 모바일 사회를 사는 신인류

이 재 현

서울대학교 언론정보학과 교수

미디어 테크놀로지의 변화는 우리에게 몇 가지 지침을 주는 것 같다. 최근 아주 빠르게 발전하고 있는 모바일 테크놀로지는 가까운 미래의 호모 모빌리스의 모습을 그려보는 데 도움을 준다. 먼저 최근 아이폰 같은 스마트폰에서 보듯 모바일 미디어는 제공하는 기능과 정보를 처리하는 성능 측면에서 기존의 컴퓨터를 능가하는 특성을 보여줄 것이다. 이런 점에서 전화, 컴퓨터, 음악 플레이어라는 식의 구분은 사실상 무의미하며 개인의 활용도에 따라 완전히 다른 기기로 구성될 것이다.

모바일 미디어를 든
호모 모빌리스 +

호모 사피엔스가 인류 진화의 한 단계를 의미
한다면 호모 루덴스는 놀이라는 인간 본성의
한 측면을 가리킨다. 그렇다면 호모 모빌리스^{Homo Mobilis}는 인류 진화의
한 단계일까? 혹은 인간이 갖고 있는 또 다른 본성일까? 호모 모빌리
스, 즉 이동하는 인간이라 직역^{直譯}될 이 말은 두 가지 의미를 모두 갖
고 있는 듯하다. 이 장은 디지털 시대를 사는 우리의 모습을 모바일 미
디어 또는 이동성^{mobility}이라는 관점에서 그려보고자 한다.

본격적인 논의에 앞서 몇 가지 혼란스러운 개념을 명확하게 정리할
필요가 있다. 먼저 모바일 미디어라고 하면 흔히 휴대전화만을 생각
하지만 사실 모바일 미디어의 범위는 매우 넓다. 워크맨 이후에 나온
MP3플레이어라는 음악 재생 장치가 대표적인데 특히 청소년들에게는
휴대전화 못지않은 일상생활의 필수품이 되었다. 또 다른 하나는 다른
기기에 결합되어 있는 형태이긴 하지만 DMB라 불리는 이른바 모바일

텔레비전이다.(전화, 텔레비전, 음악재생기가 각각 띠고 있는 매체적 속성을 보면 하나는 대인 미디어를, 다른 하나는 매스 미디어를, 또 다른 하나는 상호작용 미디어를 대표한다.) 이외에도 닌텐도 게임보이와 같은 포터블 게임기, 디지털 카메라 등도 휴대전화에 비해 그 비중이 뒤지지 않는 모바일 미디어들에 해당된다.

그다음은 모바일 미디어가 디지털 시대에 국한되는 것인가 하는 점이다. 당연히 아날로그 형태도 포함된다. 그럼에도 불구하고 모바일 미디어라고 하면 그 용어가 디지털 테크놀로지 등장 이후에 만들어져서인지 흔히 디지털 미디어만을 연상하게 된다. 어쩌면 모바일 미디어가 고정형 미디어에 비해 더 일찍 등장하였고, 그 종류도 더 많을지 모른다. 일례로 고대 수메르 지역에서 처음 등장한 점토판과 그 이후에 생겨난 파피루스 두루마리를 비롯해 메모장이나 연필, 18세기 독서 혁명 이후의 서적 등은 모바일 미디어에 해당하며 앞에서 언급한 워크맨 등을 포함하여 컴퓨터 등장 이후에도 아날로그 형태의 모바일 미디어는 지속적으로 이용되며 나름대로 그 위상을 유지해왔다.

이렇듯 모바일 미디어는 전체 미디어 지형에서 차지하는 비중, 그 가짓수, 사회적 위상 측면에서 고정형 미디어 못지않았고 어쩌면 그 이상이었다고 말하는 것이 타당할지 모른다. 그럼에도 이 장에서는 휴대전화와 요즘 대중적으로 널리 소비되고 있는 스마트폰을 중심으로 모바일 미디어의 특성을 살펴보고자 한다. 다른 모바일 미디어가 중요하지 않기 때문이 아니라, 최근 가장 빠르게 보급된 미디어인 휴대전화와 스마트폰에 주목하고 이를 설명함으로써, 다른 모바일 미디어를 탐색하는 데 공고한 출발점이 될 수 있을 것으로 보기 때문이다.

이동성을 정의하기 + 이론적으로 복잡한 문제들이 있지만 이동성,
즉 모빌리티의 정도가 높은 사회 혹은 모바
일 미디어가 사회문화적으로 주요한 기능을 하는 사회를 '모바일 사회'
라 부르는 데 이견이 없을 것 같다.

그렇다면 먼저 이동성이란 무엇인가. 역사적으로 접근하여 단순하게
표현하자면 이동성은 인류가 채렵을 하던 시절을 특징짓는 개념일 것
이다. 그 이후 농경이 시작되면서 정주 사회로 진입한 인류는 근대 교
통수단의 발달로 이동성이 고도화되는 시대를 맞이하게 되었다. 이런
식으로 이동성을 설명할 때 이동성의 핵심 요소는 '육체 또는 물체의
공간적 이동'이다. 이런 의미에서 보면 이동성이 고도화되었다는 것은
우리 몸이나 사물이 테크놀로지에 힘입어 비교적 빠른 시간 내에 다
른 곳에 있음으로써, 거리라는 공간적 한계를 극복하게 되었음을 의미
한다. 문제는 육체가 공간적으로 이동성을 갖게 되었다고 하더라도 이
른바 '이동성의 욕망'이 충족되었는가 하는 점이다. 즉 다른 곳에 우리
몸이 이동해 있더라도 기본적으로 다른 곳에 있는 다른 사람과 커뮤
니케이션을 할 수 없이 고립되어 있다면 이는 만족스러운 생활이 아니
다. 이동성의 욕망이 제대로 충족되려면 커뮤니케이션 기능을 수행할
미디어가 뒷받침되어야 한다. 그런 의미에서 교통수단의 발달은 필연
적으로 통신수단 즉 미디어, 그중에서도 모바일 미디어의 발달을 수반
한다. 바꿔 말해 모바일 미디어가 없는 육체적 이동성은 심리적으로나
사회경제적으로 공허한 것이다. 저명한 미디어 이론가 마샬 맥루한이
미디어를 "인간의 확장extensions of man"이라고 정의한 것도 바로 미디어를
인간의 본질적인 한계인 시간과 공간의 문제를 극복해주는 도구로 보
았기 때문이다. 이런 점에서 미디어라면 아날로그 미디어든 디지털 미

디어든 마찬가지이며 모바일 미디어의 경우도 예외는 아니다.

그러나 이렇게 이동성을 공간적 이동으로 규정하는 것은 거시적인 범위 안에서는 타당할지 모르지만 모바일 미디어가 갖는 하나의 속성으로 여길 때에는 또 다른 문제가 발생한다. 즉 이렇게 모바일의 의미를 규정한다면 모바일 미디어란 '이동 중에' 이용할 수 있는 미디어라는 것인가. 이동하는 중에만 이용하는 미디어라면 모바일 미디어를 움직이지 않는 상태 혹 가정에서 이용하는 것은 어떻게 설명해야 하는가. 이런 난점을 해결하려면 이동성의 개념을 수정해야 한다. 그리하여 이 장에서는 이동성을 '장소의 구속에서 벗어난 자유로움'으로 정의하고자 한다. 즉 이용자가 이동을 하든 정지해 있든 그 상태에 구애받지 않고 미디어를 통해 다른 곳에 있는 누군가와 통화를 하거나 정보를 송수신할 수 있다면, 이동성이 구현되었다고 할 수 있다는 것이다.

이와 같이 이동성은 육체나 사물의 공간적 이동 그리고 장소의 구속에서 벗어난 자유로움이라는 두 가지 의미를 갖고 있으나, 최근 모바일 미디어의 발달을 보면 기본적인 컨셉은 전자보다는 후자의 개념을 구현한 것이 더 많다는 것을 알 수 있다. 즉 장소의 구속에서 벗어난 자유로움이라는 개념의 틀 속에서 이동성을 이해하지 못하면 새로운 모바일 미디어나 서비스의 개발은 물론이요 그것과 관련된 적절한 학문적 개념의 이해 단계에도 이르지 못할 것이다.

모바일 미디어의 전략:
융합과 재매개 +

컴퓨터와의 상호작용을 설명할 때 사용하는 인터페이스란 개념은 일반적으로 인간과 도구 사이의 접점이라는 의미보다 인간과 도구 사이의 상호작용 방식을 규정해주는 하드웨어 및 소프트웨어의 설계를 의미한다. 모든 도구는 이용자와의 접점, 보다 간명하게 말하자면 조작 방식affordances을 제공한다. 이런 의미에서 인터페이스는 조작 방식의 집합체라 할 수 있다.

특히 모바일 미디어 가운데 휴대전화는 인터페이스 측면에서 다른 미디어와 구별되는 특징을 갖고 있다. 그 핵심은 바로 제한된 인터페이스를 갖고 있다는 것이다. 예를 들어 모든 모바일 미디어는 스크린의 크기가 기껏해야 3인치에 불과할 정도로 작다. 이는 넓은 창에 대한 욕망과 소형화에 대한 욕망 사이에서 전자를 포기할 수밖에 없음을 뜻한다. 다른 한편으로 데스크톱 컴퓨터와 비교할 때 단축된 버튼 또는 키 숫자에서 볼 수 있듯이 조작 방식의 한계를 드러내는데, 이것은 자유로운 조작에 대한 욕망과 소형화에 대한 욕망 사이에서 후자가 선택되었음을 뜻한다. 이런 한계는 소프트웨어 측면에서도 마찬가지다. 이처럼 모바일 미디어는 인터페이스 측면에서 태생적인 한계를 지녔다. 이동성을 구현하는 것이 모바일 미디어의 제1차적 목표이기 때문이다. 그럼에도 불구하고 모바일 미디어는 이런 한계를 두 가지 전략으로 극복하려 한다.

첫 번째는 다른 미디어나 도구들의 기능을 융합convergence해 여러 가지 기능을 수행하는 것이다. 이것은 물론 융합 개념이 적용되는 다른 미디어의 경우에도 해당되지만 모바일 미디어에서는 보다 극명하게 나타나는 것 같다. 본래의 전화 기능에 덧붙여 카메라, 캠코더, 네비게이터, MP3플레이어, 게임기, 시계, 메모장, 신용카드, 그리고 최근의 스마트폰에서 보듯 인터넷 접속을 비롯하여 이루 헤아릴 수 없을 정도로 많은 기능을 융합하고 있다.

두 번째는 다른 미디어의 인터페이스, 표현 양식, 사회적 위상 등을 빌려 쓰는 이른바 '재매개remediation'의 전략을 취하는 것이다. 이것 또한 다른 미디어에서 공통적으로 확인할 수 있는 미디어 논리지만 모바일 미디어만의 독특한 재매개 전략을 보여준다는 점에서 재매개의 계보를 찾아보면 흥미롭다. 예를 들어 SMS에서 숫자버튼을 이용한 문자 입력은 원래 유선 전화기의 입력 방식에서 가져온 것이고, 무선 인터넷은 일반 컴퓨터에서 그리고 모바일 미디어에서 보편적으로 활용하는 영상 양식은 원래 텔레비전, 영화, 사진, 더 올라가면 회화의 표현 방식을 차용한 것이다. 가로 보기와 세로 보기는 바로 이런 전통이 이어져온 상징적인 방식이라 할 수 있다.

이렇듯 모바일 미디어는 다른 미디어의 기능을 기술적으로 융합하거나 다른 미디어의 인터페이스를 차용함으로써 이동성과 소형화를 구현해야만 하는 모바일 미디어 고유의 태생적 한계를 극복하고자 한다. 이런 점에서 모바일 미디어는 가히 융합과 재매개의 결정체라 부를 만하다.

모바일 미디어, 인간의 감각 양식을 바꾸다 +

원래 휴대전화는 음성 통화만 가능했지만 점차 기능이 발달하면서 문자를 주고받는 SMS서비스와 멀티미디어를 주고받는 MMS 단계를 거쳐, 급기야 스마트폰의 등장 이후 다른 미디어를 통해 접할 수 있는 모든 콘텐츠를 구현해주는 미디어가 되었다. 한마디로 멀티미디어 기기가 된 것이다. 이런 변화는 두 가지 측면에서 의미를 갖는다. 첫 번째는 미디어 사이에 콘텐츠가 이동한다는 것이고 다른 하나는 멀티미디어 콘텐츠를 제공하게 되면서 이에 연계되는 감각 양식 또한 달라졌다는 것이다.

첫 번째 경향은 하나의 콘텐츠가 다른 미디어에서도 활용될 수 있다는 의미에서 흔히 '가전성versatility'이라 부르고, 최신 용어로 표현하면 콘텐츠의 '멀티플랫포밍multiplatforming'이라고 부르기도 한다. 예를 들어 종이 신문으로 보던 뉴스 기사나 텔레비전 프로그램은 스마트폰으로도 볼 수 있다. 이를 위해서는 각기 다른 미디어, 보다 정확하게는 각기 다른 인터페이스에 적합한 형태였던 콘텐츠가 화면 크기나 해상도 등을 고려한 형태로 변해야 한다. 이것을 은유적 표현으로 '축척변용성scalability'이라 부른다. 마치 지도의 축척이 변함에 따라 보는 지형의 세밀함의 정도가 변화되는 것처럼 콘텐츠의 해상도나 크기도 변경되어야 한다는 것이다. 최근의 기술은 이를 자동적으로 처리해준다.

두 번째 경향인 감각 양식의 변화는 이보다 더 극적이다. 발전해온 모바일 미디어의 콘텐츠나 서비스, 이에 연계되는 감각 기관을 대응시켜보면 음성 서비스는 청각에, SMS와 MMS는 시각과 촉각에, 최근에 나온 터치스크린은 촉각과 연계된다. 물론 각각의 서비스가 하나의 감각 양식에만 영향을 끼치는 것은 아니지만 지배적인 감각 기관이 무엇이냐에 따라 이렇게 대응시켜 볼 수 있다. 맥루한이 미디어는 인간의 확장이라고 말했을 때 먼저 주목한 것은 감각 양식이었다. 그는 어떤 미디어가 지배하느냐에 따라 그 시대를 사는 인간의 감각 양식이 미디어를 중심으로 반응하고 특정한 감각 채널은 축소되거나 심지어 절단된다고 보았다. 그런 점에서 모바일 미디어와 연계된 감각 양식의 변화는 맥루한의 말대로 거시적인 차원에서 인간 자체의 변화를 초래했다고는 아직 단정할 수 없지만, 특정 감각 기관이나 신체 기관이 부각되는 것은 분명하다. 이런 점에서 모바일 미디어는 귀에서 눈으로 그리고 눈에서 손으로 연결되는 감각 기관과 신체 기관의 변화를 유도해왔다.

이 과정에서 SMS의 등장과 보편화는 촉각의 부활이라 표현할 정도로 감각 양식의 변화를 몰고 왔다. SMS를 많이 쓰는 젊은 세대를 일컬어 엄지족 또는 문자통신 세대^{GenTxt}라 부르는데, 이는 변화에 담겨진 의미를 상징적으로 나타낸 것이다. 이런 감각 양식의 변화는 터치족이라는 말에서 보듯 스마트폰이나 태블릿PC와 같은 새로운 모바일 미디어의 등장으로 더 빨라지는 듯하다. 이같이 모바일 미디어가 시각, 촉각, 청각 등이 함께 동원되는 멀티미디어로 급속히 전환되는 모습은 역사상 그 유례를 찾아볼 수 없었다는 점에서, 미디어 테크놀로지와 인간 사이의 연결고리를 직접 관찰하고 설명할 수 있는 좋은 사례이다.

호모 모빌리스는
우리를 미디어의 노예로 만들 것인가 + 하나의 미디어가 사회에
도입되었을 때 어떻게,
어떤 과정을 거쳐 수용되는가. 이 문제는 급속히 보급, 확산된 휴대전화와 같은 모바일 미디어를 이해하는 데 특히 중요하다.

먼저 모바일 미디어의 사회적 수용이 어떻게 이루어졌는지 살펴보자. 모바일 미디어 수용의 질적인 측면은 3단계로 구성된 사회적 수용 모델을 통해 알 수 있다. 첫 번째 단계는 미디어 테크놀로지의 '신기함'에 매료되는 테크놀로지의 시대다. 여기서 중심이 되는 것은 테크놀로지 자체이지 그것이 제공해주는 콘텐츠나 서비스가 아니다. 두 번째 단계는 수용자의 일상생활을 고려하는 콘텐츠와 서비스를 개발하여 제공하는 '수용자 리듬'의 시대다. 여기서 중심은 더 이상 테크놀로지가 아니며 미디어를 이용하는 수용자다. 세 번째 단계는 그 미디어가 완전히 정착하여 일상적으로 활용되는 '미디어 리듬'의 시대다. 여기서 중심은 수용자 측면에서 미디어로 넘어가 이용자는 미디어 리듬에 종속되는 단계에 이른다.

휴대전화가 한국에 처음 도입된 1984년 이후 26년간 이 과정을 그대로 밟아왔다는 점에서 모바일 미디어는 바로 이와 같은 3단계 수용 모델로 잘 설명되는 듯하다. 특히 중독 수준까지 다다른 모바일 미디어에 대한 의존 현상은 우리 사회가 이미 세 번째 단계에 위치하고 있다는 것을 단적으로 보여준다. 이런 경향은 사회적으로 느림이나 성찰보다는 속도와 즉각성을 중시하는 생활 양식, 그것에 영향을 받는 사회조직적인 논리가 늘어나면서 더 빠른 속도로 퍼지고 있다. 이런 점에서 우리는 미디어를 부리는 주인이 아니라 미디어의 명령에 따라 살아가는 노예인지도 모른다.

여기서 하나 덧붙일 점은 휴대전화 같은 모바일 미디어의 기능이 모든 사람에게 획일적으로 받아들여지는 것은 아니라는 점이다. 즉, 미디어가 다른 미디어들을 통합하여 다기능화되는 상황에서 인간이 어떤 측면을 활용하느냐에 따라 미디어의 의미는 달라진다는 것이다. 이를 개인화라 부를 수 있을 텐데 휴대전화는 보통 전화기로 생각하지만 어린이들에게는 장난감이 될 수도 있고, 인터넷을 통해 음악이나 동영상을 즐긴다면 더 이상 전화기가 아니라 과거 책이나 잡지처럼 문화적 형식들을 전달해주는 '문화 인터페이스'가 되기도 한다. 흔히 우리는 하나의 미디어가 모두에게 동일한 의미로 다가갈 것이라는 착각에 빠지곤 하는데, 사실 개인화의 양상은 우리가 일상생활에서 주변 사람들이 미디어를 이용하는 모습을 보면 쉽게 확인할 수 있다.

가상적 커튼 속의 호모 모빌리스 :
공간과 시간의 경계를 되묻다 +

모든 미디어가 거리라는 공간적 한계를 극복하려는 도구지만 모바일 미디어는 이 점이 가장 본질적인 속성이다. 이런 점에서 휴대전화로 대표되는 모바일 미디어는 이른바 공간 관리의 테크놀로지라 불린다. 그 특성을 살펴보면 다음과 같다.

먼저 모바일 미디어는 그동안 뚜렷한 경계선이 그어져 있던 공적 공간과 사적 공간 사이의 구분을 약화시키고 있다. 예를 들어 지하철 안과 같은 공적 공간에서 전화를 받을 때 이것은 공적 공간의 일부분을 자신의 것으로 사유화하는 것이다. 보이진 않지만 공적 공간에서 사유화된 공간은 가상적 커튼이 쳐진 셈이다. 마치 자기 방에 있는 것처럼 사적인 활동과 커뮤니케이션을 하는 데 물리적인 방과 가상적 커튼이 쳐진 공간 사이의 차이점은 후자의 경우 남에게 내가 노출된다는 것이다. 즉 엄밀한 의미에서 사적 공간이 보장되는 것은 아니며 그 속에 있는 사람이 의식적으로든 무의식적으로든 애써 남의 시선을 무시하는 것이다. 흔히 이런 현상을 공공 예절의 위반이라고 지적해왔지만 보다 중요하게 생각할 문제는 공적−사적 공간 사이의 경계가 약화되거나 소멸되고 있다는 점일 것이다.

그다음으로 우리는 모바일 미디어를 통해 이른바 '원격 현전telepresence'을 경험한다는 것이다. 원격 현전이란 테크놀로지의 도움을 받아

다른 곳에 존재한다는 느낌을 경험하는 것이다. 전형적인 '몰입형 가상 현실IVR, Immersive Virtual Reality'은 말할 것도 없고 인터넷 채팅, 컴퓨터 게임 등도 원격 현전 경험을 제공하며, 심지어 책을 읽거나 편지를 읽을 때에도 경험할 수 있다. 모바일 미디어는 일상적인 차원에서 원격 현전을 경험하게 해준다. 우리는 전화를 하거나 SMS나 인스턴트 메신저IM로 문자를 주고받을 때 함께하고 있다는 것을 경험하며 스마트폰을 통해 무선 인터넷 서비스를 이용할 경우에는 데스크톱에서 경험하던 것 이상으로 대상이 눈앞에 있다는 느낌을 받게 된다.

모바일 미디어의 공간성과 관련해서 주목할 것은 최근 스마트폰을 통해 제공되는 두 가지 서비스, 즉 위치기반 서비스LBS, location-based service와 증강 현실VR, Virtual Reality이다. 위치기반 서비스는 스마트폰과 같이 위치 인식 기능을 갖춘 기기가 이용자의 위치를 확인하여 이용자가 처한 상황에 적합한 서비스나 정보를 제공해주는 것이다. 예를 들어 백화점에 있을 때 그 안에 있는 매장의 할인 판매 정보를 알려주는 식이다. 이것은 이제까지 다른 미디어에서는 볼 수 없었던 모바일 미디어만의 고유한 서비스다. 증강 현실은 일반적으로 현실에 정보라는 하나의 층위를 덧붙여주는 것이다. 예를 들어 스마트폰의 앱을 들어 주위를 겨냥하면 카메라처럼 주위 장면을 비추면서 그 위에 건물이나 위치에 관한 정보를 알려준다. 주위 장소나 건물은 단순히 대상으로 머물지 않고 정보가 덧씌워진 증강된 사물이 되는 것이다. 이런 점에서 최근의 모바일 미디어는 통신과 정보검색의 수준을 넘어 사물과 세상의 모습까지도 바꿔놓는 단계에 이른 것 같다.

마지막으로 흥미로운 사실 하나를 더 보자면 모바일 미디어가 일상생활에 보편적으로 활용되면서 이른바 '이동성의 역설'이 발생한다는 점일 것이다. 우리는 매일 집에서 출발해 다시 집으로 돌아올 때까지 끊임없이 이동한다. 그러나 이렇게 움직이는 상황에서도 모바일 미디어를 이용해 누군가와 통화를 하고, 전자우편을 확인하여 답장을 써서 보내고, 인터넷을 통해 다양한 정보를 검색하고 예약을 하거나 물건을 주문한다. 결국 모든 정보가 거의 실시간으로 움직이는 나에게 즉시 날아오는 것이다. 즉 내가 움직이고 있다 하더라도 정보가 내게 온다는 점에서 나는 항상 중심에 위치하는 것이고, 비릴리오 $^{Paul\ Virillio}$의 통찰대로 빠르게 내게 날아오는 정보의 속도와 비교하면 이동 중이지만 중심에 있는 나의 상대속도는 영 ^{zero}이 된다. 이것이 바로 이동성의 역설 현상인데 이런 점에서 모바일 사회는 겉으로 보는 것처럼 유목민 ^{nomad}의 사회가 아니라 새로운 정주 사회라 역설적으로 표현할 수도 있을 것이다.

틈새 시간을 사는 호모 모빌리스 : '24+α' 사회의 출현 +

시간 차원에서도 모바일 미디어는 몇 가지 독특한 특성을 보여준다. 우선 지금은 그런 경향에서 벗어나고 있지만 휴대전화와 같은 모바일 미디어는 다른 활동이 이루어지는 시간 사이에 이루지는 경향이 있다. 이런 시간을 '틈새 시간 $^{niche\ time}$'이라 부를 수 있다면 모바일 미디어는 틈새 시간 미디어인 셈이다. 원래 틈새 시간은 예수가 살려낸 성경 속 인물 나사로의 경우처럼 죽었다고 여기는 시간이었으나 그 시간에 모바일 미디어를 이용하게 되면서 생산적인 시간으로 전환되었다는 점에서, 모바일 미디어는 '나사로 장치'라 표현하기도 한다. 생산적이란 말은 노동 시간, 여가 시간에 이어 이런 틈새 시간이 상품화를 통해 잉여가치를 만들어내는 새로운 영역이 되었다는 것을 의미한다.

그다음으로 모바일 미디어의 이용은 단순히 틈새 시간에만 이루어지는 것이 아니라 다른 활동이나 다른 미디어와 같은 시간에 일어나기도 하는데 이는 고정된 시간 내 인간 활동의 밀도가 점점 높아지고 이중 시간이 만들어진다는 것을 의미한다. 흔히 모두에게 동일하게 주어진 하루 24시간을 중복해서 활용하지 않고서는 더 늘릴 수 없다고 말하는데, 모바일 미디어는 '24+α' 사회를 만들어내는 첨병 역할을 하는 셈이다. 이렇게 늘어난 시간이 개인의 삶에 긍정적인 역할을 할지 아니면 새로운 잉여가치가 만들어지는 영역이 될지 논란이 되겠지만, 앞서 틈새 시간의 경우처럼 후자의 측면이 더 강한 것 같다.

사적 공간과 공적 공간 사이의 경계가 약화되는 것처럼 사적 시간과 공적 시간 사이의 경계도 약화되는 듯하다. 노동하는 시간이나 공적인 약속으로 누군가를 만나는 시간이 공적 시간이고, 가족이나 사적으로 친분이 있는 사람과 보내거나 개인적으로 활동을 하는 시간이 사적 시간이라면, 이 둘 사이는 그동안 사회 제도적으로 명백하게 구분되었다. 그리하여 공적 시간은 조직이나 기구의 통제를 받았고 사적인 시간은 개인적으로 존중되어왔던 근대 이후의 시간 관리 체계였다. 문제는 근무가 끝나고 가정에 있는 직장인에게 상사가 휴대전화로 전화를 걸어 어떤 일을 시키는 것과 같이, 사적 시간을 공적 시간으로 마음껏 쓰는 경우다. 노동 시간의 유연성 같은 노동 관행의 변화가 함께 나타나면서 사적 시간의 전유는 사생활 영역의 침범 단계를 넘어서 현대사회의 시간 구조가 전반적으로 변화하고 있음을 보여주는 현상이다.

현대사회의 시간 개념과 관련하여 흔히 제시되는 개념이 '접속 사회

스마트폰이 전자우편과 전화 서비스를 지원하게 되면서
두 가지 테크놀로지는 사실상 하나의 모바일 미디어가 된 셈이다.
문제는 우리가 이런 접속 상태에서 벗어날 수 있는가 하는 점인데
이는 인간의 존재론까지 고민해야 하는 질문이다.
즉 속도, 실시간, 연결을 의미하는 접속의 논리를 따를 것인가
아니면 성찰, 기다림, 고독을 의미하는 비판의 논리를
따를 것인가 하는 두 사고가 중요한 고민거리로 남는 것이다.

connected world'라는 것인데 이를 구현하는 대표적인 미디어 테크놀로지가 바로 전자우편과 전화이다. 스마트폰이 전자우편과 전화 서비스를 지원하게 되면서 두 가지 테크놀로지는 사실상 하나의 모바일 미디어가 된 셈이다. 문제는 우리가 이런 접속 상태에서 벗어날 수 있는가 하는 점인데 이는 인간의 존재론까지 고민해야 하는 질문이다. 즉 속도, 실시간, 연결을 의미하는 접속의 논리를 따를 것인가 아니면 성찰, 기다림, 고독으로 대변되는 비판의 논리를 따를 것인가 하는 두 사고가 중요한 고민거리로 남는 것이다. 현대 사회는 중단 없이 그리고 강도 높게 접속의 논리를 따라 살 것을 강요한다. 결국 네트워크 사회를 사는 우리 인간은 빠르게 정보가 흐르는 회로에 존재하는 하나의 노드node에 불과한지도 모른다.

호모 모빌리스의 미래 + 앞으로 인간과 사회가 어떻게 변화할지는 예측하기 어렵다. 그럼에도 미디어 테크놀로지의 변화는 우리에게 몇 가지 지침을 주는 것 같다. 최근 아주 빠르게 발전하고 있는 모바일 테크놀로지는 가까운 미래의 호모 모빌리스의 모습을 그려보는 데 도움을 준다. 먼저 최근 아이폰 같은 스마트폰에서 보듯 모바일 미디어는 제공하는 기능과 정보를 처리하는 성능 측면에서 기존의 컴퓨터를 능가하는 특성을 보여줄 것이다. 이런 점에서 전화, 컴퓨터, 음악 플레이어라는 식의 구분은 사실상 무의미하며 개인의 활용도에 따라 완전히 다른 기기로 구성될 것이다. 그리고 유비쿼터스 컴퓨팅이 모바일 미디어와 결합하면서 인간과 인간 사이의 커뮤니케이션을 넘어 인간과 사물, 사물과 사물 간의 커뮤니케이션이 모바일 미디어에 구현될 것이다. 이는 기존의 사물과 '인간적인'행동에 대한 우리의 인식을 송두리째 바꿔놓을지도 모른다.

　보다 실제적으로는 음성 전화의 비중이 급속히 줄어드는 추세라는 점을 주목해야 한다. 이것은 최근의 통계상으로도 확인되고 있는데, 특히 휴대전화의 대명사처럼 여겨진 음성 서비스가 개인적 커뮤니케이션 양식에서든 아니면 통신사의 매출 비중에서든 줄어들면서, 커뮤니케이션 양식은 어떻게 변화하게 될 것인가가 관심사로 떠오르고 있다. MIT 미디어랩이 선보인 '식스센스 테크놀로지'가 영화 「마이너리티 리포트Minority Report」에서처럼 가까운 미래에 구현될지도 모른다. 이런 몇 가지 주요한 변화의 축이 상정될 수 있지만 그리고 실제로 테크놀로지가 급속히 발전하고는 있지만 중요한 문제는 '인간'에게 놓여진 변화이다. 이 장에서 호모 모빌리스라고 이름 붙인 우리 인간은 테크놀로지의 도움으로 새로운 종인 포스트휴먼으로 거듭날 것인가 혹은 사이버펑크 소설에 묘사된 것처럼 모바일 미디어로 무장한 사이보그가 될 것인가.

스포츠로 본 인간의 사회와 문화

황 익 주
서울대학교 인류학과 교수

스포츠가 인간의 몸body의 매개를 통해, 그리고 종종 열정passion을 수반하면서 기존 사회집단들 간의 격리와 위계화를 넘어서는 유대관계를 가능케 해주는 점, 즉 스포츠의 사회통합적 기능에도 주목할 필요가 있다. 이와 관련한 현상이 바로 '라이프스타일' 스포츠들의 번성이다. 비단 '익스트림 스포츠' 혹은 'X 스포츠' 등으로 불리는 암벽등반, 산악자전거, 스케이트보딩, 서핑뿐 아니라, 마라톤, 사이클링 혹은 축구 같은 스포츠까지도 포함하는 다양한 종목들에서, 스포츠가 단순한 취미여가 활동을 넘어 라이프스타일의 불가결한 구성요소를 이루는 '진지한 여가serious leisure'로서 그 의미가 격상되는 추세가 나타나고 있는 것이다.

스포츠에 대한
개념정의 상의 어려움들 + 현대사회에서 스포츠가 차지하는 비

중은 대단히 크다. 현대인들은 각종 미디어를 통해서 일상적으로 스포츠에 관련된 기사들을 접하고, 대화에서도 가장 빈번히 등장하는 화제가 스포츠다. 전체 인구에서 상당히 높은 비율의 사람들이 직접 스포츠를 하면서 삶을 향유하고 있다. 이처럼 일상에 매우 근접한 것이다 보니 오히려 학문적인 논의를 체계적으로 펼치기는 쉽지 않다. 당장 스포츠의 개념을 어떻게 정의할 것인가부터 논란의 여지가 있다. 가령 축구나 야구 같은 것들은 누가 봐도 스포츠임이 분명하지만, 일정한 규칙에 따라 경기가 이루어지는 그런 운동을 등산이나 낚시 같은 레저 활동과 함께 스포츠라는 개념으로 묶기는 쉽지 않다. 그럴 수 있는 공통분모를 찾아내기가 쉬운 일이 아니기 때문이다.

　종래의 학문적 논의에서 스포츠sport의 개념은 '놀이play' 및 '게임game'

과 대비되면서 '규칙성과 경쟁성을 내포하는 신체적 활동'이라고 정의된 바 있다. 이에 따르면 스포츠는 우선 인간이 살아가면서 하는 활동 가운데 일work이 아닌 놀이의 영역에 속한다. 놀이는 다시 별도의 규칙이 없는 자발적 놀이spontaneous play와 규칙에 따라 이루어지는 조직적 놀이organized play로 나눌 수 있는데, 이 조직적 놀이를 일컫는 개념이 게임이다. 게임은 다시 비경쟁적 게임과 경쟁적 게임으로 세분되며, 후자가 '경기contest'라고 불린다. 경기는 지적인intellectual 경기와 신체적인physical 경기로 나뉘고 바로 이 신체적인 경기가 스포츠라는 식의 분류 틀이다.

그러나 현대사회의 지극히 다양한 스포츠 양상들은 종래의 협소한 정의에 근본적 도전을 제기하고 있다. 예컨대, 아시안게임은 정규 올림픽 종목들로 4년마다 아시아 각국의 선수들이 모여 경기를 펼치는 이벤트다. 또한 2010년 중국에서 열린 아시안게임에서는 동양의 전통적 보드게임인 바둑이 정식 종목으로 채택되었으며, 한국에서는 이에 대비하기 위해 한국기원이 대한체육회의 산하단체로 가입한 바 있다. 그리고 근년에는 컴퓨터 게임인 스타크래프트를 필두로 소위 'e-스포츠'라고 불리는 신종 분야가 대두하여 프로구단들이 만들어지고 정규 대회를 텔레비전 중계로 보여주고 있는 실정이다.

무엇보다 한눈에 들어오는 큰 변화는, 세계 각국의 대표단이 4년에 한 번씩 모여 올림픽 종목으로는 아직 채택되지 않은 경기를 치르는 '월드게임World Games'에서 볼 수 있다. 국제올림픽위원회IOC의 후견 아래 국제월드게임협회IWGA의 주관으로 펼쳐지는 이 초대형 이벤트에는 현재 공식종목으로 포함되어 있는 것들만도 에어로빅 체조, 인라인 피겨 스케이팅, 보디빌딩, 댄스 스포츠, 당구, 스쿼시, 줄다리기 등 34개 종목에 달하며, 여기에 개최국 별로 조정 가능한 초청종목들까지 포함하면 50가지를 초과해 올림픽을 훨씬 능가한다. 이들 종목 대부분은 일반인들에게는 스포츠라기보다는 여가활동으로 이미지가 더 강하다. 또한, 종래에는 월드게임에 속하는 것이었다가 정식 올림픽 종목으로 격상되면서 월드게임에서는 제외된 종목들이 있는데, 배드민턴, 야구, 소프트볼, 태권도, 철인3종 등이 그 대표적 예이다. 월드게임과 관련된 이러한 사실들은 현대 사회에서 정식 스포츠와 취미여가 활동들 간의 경계선이 끊임없이 유동하고 있음을 여실히 보여준다.

사회문화 현상으로서의
스포츠에 대한 연구적 관심 +

스포츠는 인문학, 사회과학, 자연과학 등 다양한 학문적 각도에서 접근이 가능한 복합적 주제이다. 이런 점은 한국체육학회 산하의 15개 분과학회의 다양한 명칭에서 확연히 드러난다.* 사회과학 분야만 해도 사회학, 심리학, 교육학, 경영학적 접근들은 이미 널리 이뤄져왔고, 최근에는 경제학, 정치학, 법학, 언론학, 인류학적 접근들이 새롭게 떠오르고 있다. 그런데 서구와 달리 한국 학계에서는 스포츠에 대한 사회과학적 접근이라 할지라도 이를 거의 전적으로 주도해온 것은 체육(교육)학을 전공한 학자들이었다. 일반 사회과학 전공자들이 스포츠에

---

*체육사학회, 체육철학회, 스포츠사회학회, 스포츠심리학회, 스포츠교육학회, 사회체육학회, 여가/레크리에이션 학회, 스포츠산업 경영학회, 운동생리학회, 운동역학회, 운동영양학회, 체육측정평가학회, 발육발달학회, 특수체육학회, 무용학회 등이 있다.

관심을 기울이기 시작한 것은 최근의 일이어서 아직까지는 전문 연구자의 수가 매우 적은 실정이다.

스포츠에 대한 사회과학적 접근 중에서도 이 글에서의 논의와 가장 밀접한 연관이 있다고 평가되는 '스포츠사회학'에서는 주로 사회계급, 직업, 젠더, 연령, 인종 등의 사회적 속성에 따라 스포츠에 대한 참여와 취향이 어떻게 차이가 나는지를 규명하는 데 초점을 맞추어왔다. 하지만 이런 연구는 스포츠의 '문화적' 측면을 쉽게 간과하게 된다. 즉, 유사한 사회적 속성을 지닌 사람들이라 할지라도 사회마다 문화적 배경이 달라 참여와 선호의 양상이 다양하게 전개될 수도 있다는 점을 짚지 못하는 것이다. 이 같은 문제의식 아래 스포츠인류학을 필두로 사회적 측면과 문화적 측면을 아우른 스포츠의 사회문화적 측면에 대한 관심이 최근 각광을 받게 된 것이다.

스포츠인류학에서의 연구관심은 크게 세 가지 방향으로 펼쳐지고 있다. 인류의 역사 속 스포츠를 통시론적 관점에서 조망하는 '인류문화사적 연구', 전 세계에 걸친 인류 문화의 다양성을 공시론적으로 비교하며 조망하는 '문화다양성론적 연구', 한 사회 내에서도 구성원들이 상이한 하위문화를 지닌 각종 사회집단들로 분화되는 양상과 스포츠의 연관성에 주목하는 '사회분화론적 연구' 등이 그것이다.

인류문화사적
관점에서 본 스포츠 +

인류문화사적 관점에서 보자면, 스포츠가 지니는 사회적 위상은 '공동체적 축제'에서 '특권층의 여가'의 단계를 거쳐 '대중적 취미'로 진화의 과정을 밟아왔다고 평가할 수 있다. 이러한 세 단계의 구분은 고대, 중세, 근대, 현대 등 인류 역사의 일반적 시대 구분과는 딱 맞아떨어지지 않는다는 점에 주의할 필요가 있다. 또한 새로운 단계로 이행한 이후에도 전 단계의 양상들이 소멸하는 것은 아니라는 점도 유념해야 한다.

• 공동체적 축제로서의 스포츠

고대 문명에 대한 고고인류학적 연구들에 따르면, 구대륙 및 신대륙에 걸친 수많은 고대 문명 유적지들에는 통치의 중심지였던 도시들의 한복판에 신전神殿과 더불어 스포츠 경기장이 입지하고 있었다. 고대 그리스의 올림피아 유적지에는 종합경기장인 '스타디움'이 있었고, 마야 문명 치첸이트사의 유적지에는 '폭타폭'이라 불린 구기 스포츠 경기장이 있었다. 고대의 가장 유명한 이들 대형 경기장이 신전과 인접해 있었다는 사실은 스포츠가 수호신에게 경배하고 나서 신을 즐겁게 하기 위한 목적으로 거행되었다는 점을 시사한다.

한편 국가 이전 단계의 부족 사회에 대한 오래된 현지조사 연구들에 따르면, 수렵채집과 원시농경, 목축 사회에서는 특별한 종류의 스포츠가 성행했음을 볼 수 있다. 예컨대, 북미 원주민들은 오늘날 '라크로스Lacrosse'라고 불리게 된 단체 구기 경기의 원조격인 스포츠들이 널리 행해졌다. 또한 멕시코의 타라후마라Tarahumara 부족 사람들은 심지어는 밤낮없이 여러 날에 걸쳐 집단적으로 공을 몰고 달리기 경주를 하는 '라라지파리'란 이름의 특이한 경기를 오늘날까지도 행하고 있다. 또 멜라네시아 뉴헤브리디즈 제도의 한 섬에서 성년식 의례의 일환으로 거행되는 '육상다이빙'은 20여 미터의 고공에 목재와 나뭇가지 등으로 얼기설기 엮어서 만든 흔들거리는 망루 위에서 나무덩굴로 발목을 묶고서 지면을 향하여 머리부터 뛰어내리는 위험천만한 의식이다. 그리고 북미의 원주민인 나바호족이 행하던 '닭잡아끌기'라는 경기는 살아있는 수탉 한 마리를 머리만 지면 위로 나오도록 땅에 묻어 두고 서 여러 명의 성인 남성들이 안장 없이 말을 탄 채로 경쟁적으로 내달 려 손으로 닭을 땅에서 잡아 뽑아서는 군중 앞에 내들어 보이고, 경쟁 자들은 다른 선수의 손에서 그 닭을, 혹은 그 몸체의 일부라도, 잡아 채기 위해 격렬한 몸싸움을 펼치는 것이었다. 그런 과정에서 닭의 시 신이 너무나 작게 조각나버리면 살아있는 닭을 새로이 땅에 묻고서 같 은 방식으로 경기는 계속되는데, 경기가 끝날 즈음이면 선수들은 모 두 닭의 피로 범벅이 되어버린다. 이들 스포츠 행사의 공통점은 수많 은 부족민들이 한데 모이는 공동체적 의례에 즈음하여 경기가 벌어진 다는 점이었다.

이러한 고대 부족이나 국가의 스포츠를 인류학적으로 연구한 성과 들을 종합해보면, 초기 인류 사회에서 행해지던 스포츠들은 공동체적 축제로서의 성격을 지닌 것이었다고 말할 수 있겠다. 즉, 지역이나 민 족 공동체의 구성원들이 한데 모여 그들이 숭배하는 신들을 즐겁게 해드리기 위한 제의의 일환으로서 거행되던 것이었다. 본원적으로는 신을 만족시키기 위한 축제의 일부였던 스포츠 행사에서 인간들이 커 다란 즐거움의 원천을 발견하게 되자, 점차 해당 스포츠에 탐닉하게 되 는 양상이 나타났던 것이다.

• 특권층의 여가로서의 스포츠

고대 국가의 성립 이후 사회의 계층분화가 진전되는 가운데 대중과 는 구분되는 엘리트층이 형성된다. 이들은 직접적으로 생산노동에 종사하지 않아 많은 여가 시간을 누릴 수 있게 되었다. 이런 엘리트층이 자신들만의 특권적 여가 활동의 일부로서 특정 스포츠를 만들어내기 시작했다. 이전 단계에서 스포츠의 사회적 기능이 사회의 전체 구성원들로 하여금 공동체의 구성원임을 느끼게 하는 것이었다면, 이 단계에서는 스포츠가 엘리트층을 일반 대중과 구분지어주는 매개물로서 작용하기 시작했다는 말이다.

이러한 특권층 여가 활동의 대표적 사례가 중국 당나라 때 조선과 일본에까지 전파되어 지배층 젊은이들 사이에서 널리 행해진 '축국蹴鞠'이라는 구기 스포츠이다. 또 다른 예로, 고대 페르시아 제국에서 유럽 및 아시아 각처로 전파되었던 폴로도 있다. 폴로는 현대 서구 사회에서도 최고의 부유층들이 즐기는 스포츠로 남아 있다. 한편, 긴창 토너먼트jousting tournament나 골프의 원형인 '콜프'는 중세 유럽의 지배층만이 즐길 수 있었던 스포츠였다. 근대로 접어들고 나서도 상당 기간에 걸쳐 유럽 일반 혹은 영국 사회에서 테니스, 승마, 크리켓 등의 스포츠는 대중들로서는 엄두를 낼 수 없는 부유층만의 여가 활동이었다.

한 가지 유의할 사항은, 특권층만의 여가 스포츠가 등장했다는 것이 일반 대중은 전혀 스포츠를 즐기지 않았다는 의미는 아니라는 점이다. 비록 필요한 도구나 시설 혹은 시간을 확보할 수 없어 특권층의 스포츠 종목들은 하지 못했지만, 일반 대중도 나름대로의 스포츠 활동에 참여하였다. 세계 각처에서 행해지던 각종의 '민속축구folk football', 스틱을 사용하는 하키 류의 각종 구기, 레슬링이나 씨름 등의 각종 격투기, 그리고 각종의 던지기 경기들이 그런 예이다.

• 대중적 취미로서의 스포츠

　근대로 접어들고 상당한 시간이 경과하자, 19세기 후반부터는 사회적 생산력이 비약적으로 증대되기 시작했다. 그에 비례해 대중들의 여가와 생활수준도 향상되었으며 그 덕택에 비로소 대중적 취미 활동의 일환으로서 스포츠가 발달하기 시작한다. 특권층만이 독점적으로 향유했던 몇몇 스포츠 종목들—테니스, 골프, 크리켓 등—에 대한 대중의 참여가 점차 확산되어 나갔으며, 다른 한편으로는 종전에는 조직화 내지 체계화가 안 되어 있던 민속축구나 격투기 등 대중적 스포츠 종목들의 조직화·체계화가 급속히 진전되었다. 특히 종전의 민속축구로부터 분화된 축구association football, 럭비rugby football, 미식축구American football, 호주식 축구Australian rule football, 켈트식 축구Gaelic football 등의 각종 풋볼류의 발전과 전 세계적 확산은 풋볼을 근대 스포츠의 대표주자로 만들었다.

　일반인들의 스포츠 활동 참여가 확산되는 가운데 생겨난 또 하나의 주목할 만한 양상은, 대중적 인기도가 높은 일부 스포츠 종목들의 프로화가 진전되었다는 점이다. 그리하여 축구를 필두로 야구, 농구, 테니스, 골프 등의 인기 구기 종목들, 복싱과 레슬링 등의 격투기 종목들에서는 실력이 가장 출중한 선수들은 대부분 운동 자체를 직업으로 삼게 되는 양상이 나타났다. 또한 이러한 프로화와 밀접하게 맞물린 이면을 살펴보면, 경기를 관람하는 문화가 스포츠에 동반되는 대중적 취미 활동으로 자리 잡았음을 알 수 있다. 경기장을 직접 방문하여 유료로 입장권을 구입하여 관람하는 방식에서 시작하여, 이후에는 라디오, 텔레비전 등 매스미디어의 중계방송을 통해 더 많은 대중이 스포츠를 관람할 수 있게 되었다.

대중적 취미 활동으로서의 스포츠가 차지하는 사회적 중요성이 점증하는 추세 속에서 최근에는 '라이프스타일'로서의 스포츠라는 개념이 확산되고 있다. 그리하여 소위 '마니아'로 불리는 사람들에게 있어서는 마라톤, 산악자전거, 스케이트보딩, 서핑 등의 스포츠를 즐긴다는 사실이 자아정체성의 내재적 구성요소의 일부가 될 만큼 중요하게 되었고, 해당 스포츠를 지속적으로 유지하기 위해 직업 활동이나 가족생활의 패턴까지도 부분적으로 조정하는 양상이 나타나고 있다.

문화다양성의
관점에서 본 스포츠 ＋ 인간은 가족·친족·혼인·정치·경제·종교·
예술 등 삶의 모든 영역들에서 각자의 고유

한 문화적 논리에 따라 지극히 다양한 방식으로 사회생활을 이뤄 나가고 있다. 이러한 문화다양성론의 관점에서 보면 각 사회에서 스포츠가 이뤄지는 구체적 양상들도 문화적 차이에 따라 매우 다양하게 나타난다. 이러한 다양성은 실제로 어떻게 나타날까? 특히 대중적 선호도가 높은 스포츠 종목들이 사회에 따라 어떻게 달라지는지, 동일한 스포츠 종목이 사회마다 또 어떻게 다른 방식으로 구현되는지를 살펴보기로 하자.

• 대중적 선호도가 높은 스포츠 종목들의 사회별 분화

대중적 선호도가 높은 축구가 미국, 캐나다, 인도, 일본 등 몇몇 주요 국가들에서는 별로 인기를 누리지 못하는 현상이 있다. 왜 그럴까? 이들 나라 가운데 미국, 캐나다, 인도 등에서는 국민국가 형성과정에서 스포츠 민족주의가 중요한 변인으로 작용했다. 그 결과 축구 이외의 스포츠 종목, 이를테면 미국은 야구와 미식축구, 캐나다는 아이스하키, 인도는 크리켓이 대중적 선호도가 가장 높은 것들로 정착되었다. 비록 큰 나라는 아니지만 필자가 현지조사 연구를 했던 아일랜드 공화국도 스포츠 민족주의의 영향으로 켈트식 축구Gaelic football와 헐링hurling으로 대표되는 '켈트 스포츠Gaelic sports'가 최고의 인기 스포츠로 정착한 사례에 해당한다. 한편, 일본에서는 스포츠 민족주의 이외의 요인들이 복합적으로 작용하여 야구가 가장 높은 대중적 선호를 지닌 스포츠로 자리를 잡았다. 그리고 한국은 당초에는 축구가 가장 대중적 인기가 높은 스포츠였다가 제5공화국의 프로야구 육성 정책 등 역시 스포츠 민족주의가 아닌 몇몇 요인들이 복합적으로 작용하여 야구가 축구를 제치고 최고의 인기 스포츠로 정착한 매우 특이한 사례에 해당한다.

축구 이외의 스포츠 중에서도 어떤 사회에서는 대단히 높은 대중적 선호도를 지닌 스포츠 종목들이 다른 사회에서는 전혀 대중적 공감을 얻지 못하는 현상도 나타난다. 그리하여 야구가 미국, 일본, 한국, 그리고 북중미의 쿠바, 도미니카 등 몇몇 나라들에서는 엄청난 인기를 누리는 반면, 유럽, 남미 및 아프리카 전역 그리고 아시아의 대부분 나라들에서는 전혀 인기가 없는 현상이 나타난다. 또한 럭비도 영연방권의 몇몇 나라들에서는 축구에 버금가는 정도로 대단히 높은 선호도를 지닌 스포츠인 반면, 비영연방권의 나라는 물론 심지어 영연방에 속하는 아시아 및 아프리카의 나라들에서도 전혀 대중적 공감을 얻지 못하고 있다. 한편, 배드민턴이나 탁구는 이들 종목을 최초로 조직화·체계화하여 전 세계에 확산시킨 영국에서는 주변적 스포츠로 남아 있는

반면, 인도네시아나 중국에서는 대단히 높은 대중적 선호도를 누리는
양상도 나타난다.

• 동일 스포츠 종목의 사회마다 상이한 방식으로의 실천

동일한 스포츠가 각 사회마다 상이한 모습으로 달라지는 예는, 근
대 서구에서 제도화되어 세계 각처로 전파된 각종 '근대적 스포츠'가
비서구 사회들에서 굴절되는 면에서 찾을 수 있다. 가장 극적인 사례
는 '트로브리안드 크리켓'이라고 불리는 구기 스포츠다. 파푸아뉴기니
에 속하는 트로브리안드 군도의 주민들은 영국인 선교사들이 들여온
크리켓을 아예 그 규칙까지도 바꾸어 자신들의 문화적 전통에 부합할
수 있는 성격을 지닌 새로운 스포츠로 변환시켰다. 경기가 진행되는
도중에 수시로 선수들과 관중들이 경기장 안에서 함께 어울려 춤을
수반한 종교적 의례를 행하거나, 심지어 한 팀당 선수의 숫자도 홈팀에
서 임의로 정할 수 있도록 하는 것이 그 예이다.

또한 동일한 근대적 스포츠 종목들이라 할지라도 그것이 실천되는
구체적 방식에서는 서구와 비서구 간에 상당한 차이가 발견된다. 예컨
대 개성이 중시되는 미국의 프로야구에서는 홈런을 잘 치는 타자에게
감독이 희생번트를 대도록 지시하는 것은 부적절한 처사로 간주된다.
그에 반해 개인은 철저히 팀을 위해 희생하는 플레이를 하는 것이 제일
의 덕목으로 간주되는 일본의 프로야구에서는 감독이 그러한 지시를
내리는 것이 오히려 당연하다. 따라서 제 아무리 홈런타자라 할지라도
번트를 제대로 댈 수 있도록 평소에 충실히 훈련하지 않으면 안 된다.

개별 선수들이 일상적으로 활동을 하는 양상에서도 차이가 관찰된
다. 서구에서는 개인들은 아마추어든 프로든 반드시 특정한 스포츠

클럽의 구성원으로서 일상적으로 운동을 하고, 지방적 수준에서 시작하여 지역적 수준을 거쳐, 전국적 수준에 이르는 클럽 간의 단계별 경쟁을 거쳐 국가대표로 선발되는 시스템이 작동한다. 그에 비해 아직껏 클럽 시스템이 보편화되어 있지 않은 한국에서는 종목에 따라서는 개별 선수들이 클럽 간의 단계별 경쟁에 참여하지 않고서도 국가대표로 선발될 수 있다.

더 나아가 선수가 아닌 동호회 차원의 비공식적 스포츠 활동에서도 서로 다르다. 특히 주목할 만한 차이점은 운동 후 뒤풀이에서 발견된다. 필자가 한국과 영국의 마라톤 동호회들을 대상으로 참여관찰 연구를 수행해 본 바에 따르면, 영국의 동호회에서는 훈련 시간도 짧거니와 훈련이 끝나면 사람들이 곧바로 각자의 집으로 돌아가버리는 반면, 한국의 마라톤 동호회에서는 훈련 시간이 훨씬 긴데도 불구하고 훈련이 끝나고 나서 사람들이 술과 음식을 함께 먹는 것이 일반화되어 있다. 이러한 소위 '뒤풀이 문화'는 비단 마라톤 클럽뿐 아니라 한국의 모든 스포츠 클럽에 보편화되어 있으며, 흔히 "본 운동보다도 더 중요한 것이 뒤풀이"라는 식으로까지 말하는 실정이다.

사회분화론적
관점에서 본 스포츠 +

가장 원초적 사회에서도 사람들은 연령, 젠더, 친족관계에 따라 상이한 사회집단들에 나뉘어 속하게 되거니와, 현대적 복합사회들의 경우에는 그에 더하여 직업, 보유재산이나 소득, 출신 지역, 학교, 종교, 정치적 당파, 민족적·인종적 배경, 취미·라이프스타일 등 매우 다양한 요인들에 따라 대단히 많은 집단으로 분화된다. 이처럼 한 사회 내에서도 구성원들이 상이한 집단으로 나뉘어져 지위·역할·자원들을 나눠 가지고, 각 집단에 합당하다고 간주되는 행동 방식을 좇아서 다른 집단들과의 상호작용에 임하게 되는 현상을 가리켜 '사회 분화social differentiation'라고 한다.

다양하게 분화된 사회집단에 따라 스포츠 활동 참여도가 차이를 나타내는 현상은 스포츠사회학에서 전통적으로 주된 관심을 기울여왔다. 그런데 이들 연구에서 초점이 맞추어진 것은, 특정한 스포츠 참여에 진입장벽으로 작용하는 각종 경제적·제도적·시간적 요인들로 인해 사회적 약자에 해당하는 사회집단의 구성원들이 하고 싶은 스포츠를 하고 싶어도 못하게 되는 양상들이었다. 그에 반하여, 최근 각광을 받고 있는 스포츠인류학을 필두로 한 사회문화적 접근에서 주목하는 것은, 적어도 의식적인 차원에서는 진입장벽에 해당하는 것이 따로 없음에도 불구하고, 상이한 사회집단의 구성원들이 습득하게 된 하위문화의 차이로 인해 사회집단별로 각기 다른 스포츠 종목들에 대한 취향이 형성되고, 이것이 상이한 스포츠 종목들에 대한 실제적 참여로 연결되는 양상들이다.

예컨대, 영국 사회에서는 축구가 서민 대중의 스포츠로 널리 인식되어 오고 있는데, 이 경우 중상층 내지 상층 사회계급의 구성원들로서는 자신들이 공을 차거나 관람하는 것을 가로막는 진입장벽이 없음에도 불구하고 축구를 별로 즐기지 않는 것이다. 그들로서는 축구 외에도 럭비나 크리켓 등 다른 단체 구기 스포츠들을 어린 시절부터 해오면서 그것들에 대한 취향을 형성하게 되다 보니, 성인이 되었을 때는 이미 축구에 대한 흥미를 별로 느끼지 않게 된다. 이와 같이 사회계급에 따른 하위문화의 차이가 축구에 대한 취향과 참여도의 차이로 귀결되는 영국 사회의 양상은 한국 사회에서 20세기 말까지 골프를 좋아하고 또 실제로 칠 수 있었던 사람들은 중상층 이상에 국한되었던 것과는 성격을 달리하는 현상이다. 한국의 경우 아직까지는 사회계급에 따른 하위문화의 차이가 특정 스포츠에 대한 취향과 참여도의 차이로 귀결되는 경향은 별로 두드러지지 않는다.

비단 사회계급뿐 아니라 연령, 젠더, 종교, 출신 학교, 지역, 인종 등 등 매우 다양한 사회분화상의 요인들이 하위문화의 차이를 발생시켜 한 사회 내에서도 사회집단별로 상이한 종류의 스포츠에 대한 선호도 및 참여도가 나타날 수 있게 하는 잠재력을 지니고 있음을 유념해야 한다. 아일랜드에서 가톨릭 교도들은 켈트 스포츠에 열광하는 반면 개신교도들은 별다른 관심을 보이지 않는 현상이라든가, 미국의 흑인 청소년들 사이에서 농구가 단연 제일의 인기 스포츠인 반면, 백인 청소년들 사이에서는 미식축구, 야구와 동일하게 인기 종목 중 하나에 불과한 현상 등은 그런 점을 잘 보여주는 예들이다.

지금까지 말한 바와 같이, 스포츠가 대중적 취미 생활의 일부로 수용된 현대사회의 복잡다단한 현실을 사회과학적으로 파악하고자 할 때 스포츠를 통해 각종의 사회집단별 분화가 표출되고 재생산되는 양상들에 주목하는 일은 매우 중요하다. 그러나 다른 한편에서 보자면, 스포츠가 인간의 몸body의 매개를 통해, 그리고 종종 열정passion을 수반하면서 기존 사회집단들 간의 격리와 위계화를 넘어서는 유대관계를 가능케 해주는 점, 즉 스포츠의 사회통합적 기능에도 주목할 필요가 있다. 이와 관련한 현상이 바로 '라이프스타일' 스포츠들의 번성이다. 비단 '익스트림 스포츠' 혹은 'X 스포츠' 등으로 불리는 암벽등반, 산악자전거, 스케이트보딩, 서핑뿐 아니라, 마라톤, 사이클링 혹은 축구 같은 스포츠까지도 포함하는 다양한 종목들에서, 이것이 단순한 취미로서의 여가활동를 넘어 라이프스타일의 불가결한 구성요소를 이루는 '진지한 여가serious leisure'로서 그 의미가 격상되는 추세가 나타나고 있는 것이다.

　이렇게 특정 스포츠가 자신의 라이프스타일의 불가결한 구성요소이자 자아정체성의 중요한 일부를 이룬다고까지 간주되는 상황에서는, 사람들은 자신이 그토록 열정을 쏟아가며 함께 운동하는 사람들과 매우 강렬한 유대감을 느끼게 된다. 그리고 그러한 열정을 공유한다는 사실은 종종 사회계급이나 직업, 종교, 출신지역, 연령, 젠더 등의 측면에서 보자면 상이한 사회집단에 속할 사람들을 하나로 묶어준다. 가령 내가 마라톤 동호회나 조기축구회에 대한 참여관찰 연구를 하면서 체험한 바로는, 격렬한 운동을 함께하고 난 후에 벌어지는 뒤풀이 술자리에서는 일상생활에서 끊임없이 사람들을 구별짓는 경계선으로 등장하는 직업이나 학력에 따른 차이가 지워져버리는 양상을 흔히 접할 수 있었던 것이다. 현대적 라이프스타일 스포츠의 등장에 수반되어 나타나는 이러한 양상은 어쩌면 인간 사회에서 일찍이 고대국가 시대에 특권층의 여가로서의 스포츠가 등장한 이래로 장구한 세월에 걸쳐 지속되어 오던 사회계층화와 스포츠 간의 연결고리를 끊어낼 잠재력을 지닌 것일 수도 있겠다. 그런 점에서 이는 현실적으로도 사회통합의 증진을 모색하는 차원에서 깊이 음미해볼 만한 가치가 있는 현상이다.

복지 문제는 한국 사회의 용광로다

구 인 회
서울대학교 사회복지학과 교수

한국은 앞으로 어떻게 해야 할까? 서구의 경험을 비판적으로 받아들여 고용과 복지를 결합하면서 재정상의 안정을 도모하는 길을 찾아야 한다. 그 기본적인 방향은 민간 고용의 활력을 유지하면서 복지 지출을 늘려 분배 개선을 이루는 것이 되어야 한다. 그리고 이를 위해서는 기업 단위 중심의 복지 체제로 강화된 노동시장의 이중성을 개혁하고 정부 재정의 확충에 바탕을 둔 공적 복지 확대를 통해 복지 수요 증대에 대비해야 한다.

한국 사회의
화두가 된 복지 문제 +
최근 복지 문제에 대한 사회적 관심이 커지면서 이를 둘러싼 논쟁이 대중적으로 확산되었다. 이 복지 논쟁은 초중등 학생에 대한 무상급식 제공이 정치적 쟁점이 되면서 시작되었다. 1990년대 말에도 국민연금 가입대상을 도시자영업자로 확대하는 과정에서 복지 문제에 대한 대중적인 논란이 일어난 적이 있었다. 그 당시 연금 확대 실시에 대한 부정적인 정서가 논쟁의 흐름을 주도한 면이 있었다면 이번에는 복지 확대론이 대세를 이루면서 논쟁이 벌어지고 있다는 차이가 있다. 최근의 복지 논쟁은 시민들의 다양한 복지 욕구가 크게 늘어남에서 비롯된 보다 폭넓은 변화가 한국 사회 밑바닥에서부터 일어나고 있음을 보여준다. 따라서 이러한 복지 논쟁은 앞으로도 상당 기간 지속될 것으로 보인다. 복지 논쟁을 이해하고 해답을 찾기 위해서는 그 배경이 되는 한국의 복지 실태를 짚어볼 필요가 있다.

한국에서 20년쯤 전만 해도 사회복지라고 하면 고아원이나 양로원을 차리는 정도로 이해하는 사람들이 많았다. 이러한 반응은 한국의 사회복지가 한국전쟁 후 전재민戰災民 구호, 특히 전쟁고아에 대한 보호를 중심으로 시작된 역사를 반영하는 것이다. 하지만 현대의 사회복지는 이렇듯 제한된 보호대상자에 한정된 것이 아니다. 복지가 취약계층의 문제만이 아니라 일반 시민의 삶의 질을 향상시키는 것이라는 생각은 일반 시민들 사이에도 많이 퍼지게 되었다. 이처럼 복지 문제를 넓게 바라볼 때 한국에서 복지가 어떻게 발전되었고 지금은 어느 지점에 놓여있는지 알아보는 것이 필요하다.

한국의 빈곤은
얼마나 심각할까 +

시민의 삶의 질을 살펴볼 수 있는 일차적 지표는 소득수준이다. 한국은 1960년대 이래로 매우 급속한 경제 성장을 이루었고 국제적으로도 성공적인 산업화를 달성한 국가의 예로 꼽혀왔다. 그 결과 1960년대부터 시민의 평균적인 소득이 가파르게 올라갔다. 이렇게 소득이 늘어나는 추세는 1990년대 전반까지 이어졌다. 평균 소득의 상승은 한국 시민의 평균적인 생활 수준이 그만큼 빠르게 높아졌다는 것을 뜻한다. 불행하게도 1990년대 중반을 지나 특히 IMF 외환위기를 겪으면서 소득수준의 상승 추세가 갑자기 멈추었다. 경제위기는 빠른 시간 내에 수습되었지만 소득수준은 빨리 늘어나지 않아서 2000년대 초반 참여 정부가 들어설 때까지도 90년대 중반의 수준을 회복하지 못하는 어려움을 겪었다. 그 후에도 시민들은 여전히 삶의 질이 개선되고 있다는 느낌을 받지 못할 정도로 한국 경제는 정체된 모습을 보이고 있다.

시민의 삶의 질을 이해할 때에는 평균적인 소득수준과 함께 시민들 사이의 소득분배 상태가 어떠한지 중요하다. 한 사회의 소득분배 상태를 볼 때 가장 쉽게 볼 수 있는 지표는 빈곤율이다. 빈곤율은 한 사회 내 전체 인구에서 빈곤층이 차지하는 비율을 뜻한다. 이때 빈곤 여부를 구분하는 기준은 절대 빈곤과 상대 빈곤이다. 절대 빈곤 개념에서는 일정한 최저 생활 기준을 절대 빈곤선으로 두고 그 빈곤선에 미달하는 경우에 빈곤층으로 분류한다. 상대 빈곤 개념에서는 사회의 평균적 생활수준을 반영하여 빈곤선을 정하고 이에 따라 빈곤 여부를 판별한다. 절대 빈곤 기준의 가장 대표적인 예는 미국의 빈곤선이다. 미국은 1960년대 초반에 정한 절대 빈곤선 이래로 물가 수준의 변화만을 조정하여 현재에 이르고 있다. 따라서 미국의 빈곤선은 1960년대에나 2010년대인 지금이나 같은 실질 가치를 유지하고 있다. 상대 빈곤 기준에서는 해당 사회 내 중위 소득의 50퍼센트가 국제적으로 가장 많이 이용된다. 즉 중위 소득의 50퍼센트에 미달하는 소득을 가진 사람들은 빈곤층으로 규정되는데, 중위 소득은 사회별, 시기별로 바뀌기 때문에 중위 소득의 50퍼센트라는 빈곤선도 상대적 기준이 된다.

그럼 한국 사회의 소득분배 변화는 어떤 양상을 띠고 있을까. 여기에서는 국제적으로 통용되는 중위 소득 50퍼센트의 상대빈곤선 기준에 따른 빈곤율 변화를 살펴보기로 하자. [표 1]은 1990년에서 2010년까지 빈곤율의 추이를 보여준다. 1990년대 초반을 보면 도시에 거주하는 2인 이상의 비농가 가구의 빈곤율이 약 7퍼센트였는데, 이는 한국 인구 100명 가운데 가난한 사람이 7명 정도였음을 뜻한다. 그런데 빈곤층 규모가 90년대 중반을 지나면서 늘어나기 시작하여 IMF 외환 위기 때는 대략 12명 정도가 된다. 그 이후 경제 위기가 회복되면서 빈곤율이 줄어들더니 2000년대 들어 다시 늘어났다. 전국의 모든 가구를 대상으로 한 통계자료로 보면 2007년 이후 한국 빈곤층이 전체 인구 100명 중에서 15명 정도를 차지하는 것으로 나타난다.

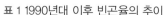

표 1 1990년대 이후 빈곤율의 추이

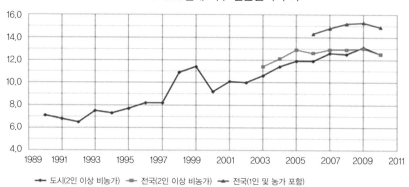

→ 도시(2인 이상 비농가)　→ 전국(2인 이상 비농가)　→ 전국(1인 및 농가 포함)

출처: 통계청, 2010 자료: 2010년 통계청 소득분배지표

앞에서 평균 소득이 90년대 전반까지 급격히 증가하다가 IMF 외환위기를 겪으면서 뚝 떨어지고, 위기가 회복된 후에도 소득 증가의 폭이 정체 양상을 보인다고 하였는데 빈곤율의 추세도 이와 비슷한 모습을 보인다. 1990년대 전반은 소득수준이 급격하게 오르면서 상대 빈곤율은 낮아져 많은 시민들이 경제적인 생활수준에 대해 만족도가 높았던 시기라고 할 수 있다. 1990년대 이전 시기에 대해서는 소득분배 변화를 보여줄 일관된 통계 자료가 없다. 그러나 그간에 이루어진 여러 연구 결과를 모아 대체적인 흐름을 짚어보는 것은 가능하다. 종합적으로 볼 때 1980년대부터 상대 빈곤이 줄어드는 추세가 시작되어 1990

년대 초반에는 낮은 지점에 이른 것으로 보인다. 그러나 1990년대 중반을 지나면서 심상치 않은 변화가 일어나더니 2000년대 이후에도 빈곤 양상이 계속 심해졌다.

한국의 빈곤 상태를 국제적으로 비교하면 어떤 결과가 나올까? [표 2]는 2000년대 중반 시점에서 한국이 속해 있는 경제협력개발기구 OECD 국가들의 빈곤 실태를 보여준다. 이 표에 따르면 서구 국가는 평균적으로 100명 중에서 11명 정도가 빈곤층이다. 이에 비해 한국은 15명 정도가 빈곤층인 것으로 나타난다. 빈곤과 불평등이 아주 심한 나라로 알려진 미국이 100명 중에 17명 정도가 빈곤층이어서 그래프에 제시된 국가들 중 한국보다 빈곤이 심한 유일한 나라이다. 이렇게 빈곤율을 이용하여 소득분배 실태를 국제적으로 비교하면 한국이 상당히 심각한 상태에 있음을 알 수 있다.

표 2 2000년대 중반 빈곤율의 국제 비교

출처: OECD, 2008

한국의 산업화 과정을 알면
복지의 역사가 보인다 +

한국의 소득분배가 악화되는 양상이 두드러진 것은 1990년대 중반 이후부터다. 뒤집어 보면 그 이전 시기의 한국은 경제가 괜찮고 나름 평등한 사회였다는 것이다. 한국은 1960년대 이후 산업화를 거치면서 1990년대 전반까지 성장과 분배에서 좋은 성과를 거두었다. 한국의 성공을 얘기할 때 비교되는 국가들이 많은데 동남아시아에서는 필리핀, 아프리카에서는 가나 정도다. 이 나라들은 1950년대에 한국과 경제 발전의 수준이 비슷했지만 지금은 한국과 비교가 되지 않을 만큼 가난한 나라가 되었다. 무엇이 이러한 차이를 낳았을까?

한국에서 평등한 상태의 발전이 빠른 속도로 이뤄진 요인을 꼽자면 1960년대 이전에 산업화가 성공적으로 이뤄질 만한 토양이 마련되었다는 점을 들 수 있다. 필리핀의 경우 많은 농토를 독점적으로 소유한 대지주들이 자신들만의 이익을 추구하느라 산업화의 속도가 더뎠다. 반면 한국은 산업화를 방해하는 봉건적인 지주 세력이 없었는데 그 대표적인 이유는 해방 후의 농지개혁 때문이다. 한국의 농지개혁은 지주들이 갖고 있던 농지를 유상몰수, 유상분배하는 방식으로 이루어졌는데 비교적 철저히 이루어졌다는 것이 일반적인 평가다. 이러한 개혁이 가능했던 데에는 남한과 경쟁관계에 있던 북한이 매우 급진적인 농지개혁을 했다는 점이 작용했다. 그 결과 당시 가장 중요한 자산인 농지분배가 평등하게 이루어졌다. 더군다나 한국전쟁으로 지주 세력은 자신들의 기반을 완전히 잃었다. 해방과 전쟁을 거치면서 1950년대의 한국은 처참할 정도의 절대 빈곤을 겪게 되었지만, 한편으로 자산분배에서는 영향력을 행사하던 지주가 사라지고 소농 중심의 매우 평등한 분배 구조를 이루게 되었다. 농지의 평등한 분배는 대중교육 확산을 통한 평등한 인적 자본 형성에도 크게 기여하였다. 1950년대부터 중등교육이 많이 확산되어 많은 사람들이 중고등학교에 진학하게 되고 이후에는 대학 진학도 늘어났다. 대학을 우골탑이라고 불렀던 것에서 알 수 있듯이 이때 자식들을 대학에 보낸 부모의 다수가 자신의 땅에서 지은 농사로 생활을 유지한 소농들이었다. 교육 기회의 평등을 이루고 훌륭한 산업 인력을 양성하는 데 농지개혁이 매우 큰 역할을 한 것이다.

이처럼 농지개혁을 통해서 물적 자원이 평등하게 분배되고 교육 기회가 널리 제공되면서 인적 자본의 평등이 이뤄졌다. 물적, 인적 자원의 평등은 1960년대 이후 산업화 달성의 핵심적인 요인이었고 산업화를 통한 계층 간 분배 개선의 토대로 작용하였다. 많은 사람들이 평등한 교육 기회를 갖고 그것이 다시 취업의 기회로 이어졌다. 이로써 이후 진전된 산업화의 혜택이 고르게 나눠져 불평등의 완화로 이어진 것이다.

이 시기 산업화와 관련하여 또 한 가지 중요한 특징은 국가 주도의 산업화가 이뤄졌다는 점이다. 많은 서구 국가에서는 경제성장이 시장경제의 자발적 힘으로 이뤄졌다. 그러나 한국이나 일본, 대만 등을 포함한 동아시아의 많은 국가에서는 국가 관료들이 직접 나서서 경제개발 계획을 추진하여 큰 성공을 거두었다. 한국 등 동아시아 지역의 국가들처럼 경제성장을 국가 정책의 최우선순위로 설정하여 경제성장에서 주도적이고 적극적인 역할을 한 국가를 '발전 국가development state'라고 부른다. 이러한 산업화 시기에 복지 제도가 등장하게 되는데 이 시기의 사회 정책을 발전주의 사회 정책이라고 한다. 이와 관련하여 몇 가지 특징을 이야기하자면 다음과 같다.

첫째, 한국에서 사회보장 제도 도입이 매우 지체되었다는 점이다. 보통 자본주의 시장경제에서 주요한 사회문제로 꼽는 것이 빈곤, 실업, 장애, 질병, 노령이다. 자본주의 국가들은 1800년대 후반에서 1940년대에 이르는 산업화 과정에서 이 중요한 다섯 가지 사회문제에 대응하여 여러 가지 사회보장 제도들을 발전시켰다. 그런데 한국에서는 많은 제도들이 1970년대 후반에서 1990년대에 걸쳐 뒤늦게 도입되었고 그 제도들이 어느 정도 내실을 갖추게 된 것은 1990년대 후반이 지나면서부터다.

둘째, 한국에 도입된 복지 제도는 기업 중심으로 발전되어 정부의 공적 제도 중심으로 발전한 서구와 차이가 있다. 한국은 산업화가 국가 주도로 이루어졌듯이 복지 제도의 형성도 국가 주도로 이루어졌다. 하지만 그 당시 발전 국가는 선성장 후분배의 노선을 강조하며 경제성장을 우선시하였고 복지 제도는 경제성장에 도움이 되거나 정부 재정 지출을 최소화하는 방식으로 도입되었다. 당시 권위주의의 성격을 띤 발전 국가는 산업화의 추진을 위해 노사 협력을 필요로 하였고 강권強權을 동원, 노동운동을 무력화하여 노동자를 사회에서 배제시키는 전략을 선택하였다. 하지만 다른 한편으로 강력한 규제를 통해 기업이 복지 혜택을 제공하도록 하여 노동자의 기본적인 생활을 보장함으로써 저항을 최소화하고자 하였다. 또 기업주가 근로자들을 무분별하게 해고하는 것을 통제하고 평생 고용을 보장하도록 하였다. 임금도 연공 서열형 체제가 되어 근로자가 나이가 들어 가족의 소비 욕구가 증가할 때 임금도 늘어나게 되었다. 은퇴 이후의 욕구에 대해서는 퇴직금 제도로 대응하였다. 이처럼 한국 정부는 국민들의 필수적인 복지 욕구 대부분이 기업을 통해 해결되도록 규제하는 정책을 추진하였다.

셋째, 산업화 시기의 정부는 공적 복지 제도를 사회보험 중심으로 구축하여, 기업을 통해 해결하기 어려운 복지 욕구에 대해서는 직접 대처하였다. 대표적인 것이 1977년에 도입된 의료보험 제도이다. 서구 국가 중 일부에서는 세금을 재원으로 국가가 무상 의료 서비스를 제공하는데, 한국은 사회보험 방식의 의료보장 제도를 만들었다. 보험 방식에서는 가입자가 평소에 보험료를 내고 여기에 의료 서비스 이용자가 낸 본인 부담분을 더한 재원으로 의료 서비스 비용을 충당하도록 하여 정부가 직접적인 재정 부담을 지지 않는다. 여기서 보험료를 부담하는 가입자는 근로자들과 고용주들로서 영세한 기업들은 고용주들이 보험료 부담을 피하려고 해 근로자들이 보험 혜택을 받지 못하는 경우가 발생한다. 결국 사회보험의 주된 혜택은 상대적 안정 계층인 대기업이나 공공 부문의 근로자들에게 집중되었다. 그리고 정부가 재원을 제공하는 다른 공적 복지 제도들은 매우 형식적으로 운영되어 취약계층에 대한 지원은 매우 부실하였다. 그래서 한국의 복지 제도는 상대적으로 안정적인 삶을 영위하는 특권 세력, 예를 들어 대기업과 공공부문의 핵심 정규직 근로자들을 지원하도록 구축되었다.

이렇게 산업화 시기의 복지 제도는 경제성장을 지원하는 보조적인 수단이었을 뿐 평등주의적인 성격을 띠진 않았다. 따라서 이 시기의 분배 개선을 이루는 데 복지 제도가 크게 기여했다고 보기는 어렵다. 산업화 시기의 분배 개선에는 급속하고 지속적인 경제성장으로 인한 고용 확대가 가장 크게 기여하였다. 특히 제조업의 괜찮은 일자리 중심으로 고용이 증가했고 보호주의 정책을 통해 국내 산업의 일자리를 보호할 수 있게 되었다.

한국 사회에서
분배 문제는 왜 악화되었는가 + 하지만 1990년대 중반 이후의

상황은 그 이전인 산업화 시기와

질적인 차이를 보인다. 1990년대를 거치면서 경제 성장률이 크게 떨어졌고 경제성장이 이뤄져도 고용 증대 없는 변화가 일어났다. 그리고 고용 증대가 이루어지는 경우에도 비정규직 등 경제적 안정성을 확신할 수 없는 일자리의 증가가 주로 이루어졌다. 이렇게 소득의 일차적 토대인 고용 문제가 흔들리면 경제적 복지 상태가 악화될 수밖에 없다. 고령화 사회로 진입하면서 생산 인구에 비해 부양해야 할 노령 인구가 빠르게 증가하였던 것도 문제였다. 아동 양육의 경제적 부담 또한 저소득층이 생계를 꾸려나가는 데 어려운 요인으로 작용하였다. 과거에 비해 고등교육 수요가 증가하고 교육 기회의 격차가 커지면서 가족이 부담할 교육비용이 크게 늘었다.

1990년대 말 외환위기는 이러한 시대 변화를 단적으로 보여준 사건이었다. 외환위기는 실업과 고용 불안의 시대가 시작되었음을 알렸다. 그리고 산업화 시기에 형성된 복지 제도가 새로운 시대에 요구되는 사회 안전망의 역할을 수행할 수 없음을 보여주었다. 서구의 선진 산업 국가와는 달리 산업화 시기에 구축된 한국의 복지 제도는 기업 중심으로 발전하여, 대기업이나 공공부문의 정규직 근로자가 대부분인 상대적 안정층을 지원하는 기능이 강하였다. 외환위기는 이런 복지 체계가 사회 위기가 일어났을 때 얼마나 무기력한지 보여주었다. 그 결과 노숙인 집단이 갑자기 거리에 등장하고 생존 위기에 놓인 많은 가족의 아이들이 유기되는 일들이 일어났다. 노벨경제학상을 받은 아마티아 센 Amartya Kumar Sen은 당시 한국의 이러한 외환위기 경험을 관찰한 후 매우 특이한 현상이라고 지적했다. 몇십 년 동안 매년 10퍼센트에 가까운 경제 성장을 한 나라가 단 1년 동안 마이너스 성장을 경험했다고 사회가 심각한 위기에 빠지는 것은 납득하기 어려웠던 것이다. 이렇듯 외환위기는 실업과 고용 불안이라는 새로운 위기가 도래했음을 알려주고 한국 사회가 이러한 위기에 대처할 기본적인 사회안전망이 결여되었음을 보여주는 사건이었다.

외환위기 이후 한국의 복지 제도는 개혁되고 확장되는 방향으로 나아갔다. 근본적으로 복지 개혁에 대한 추진은 시민의 요구가 반영된 것이지만 1980년대 후반부터 진행된 민주주의의 진전, 시민운동 집단의 발전 등이 큰 힘으로 작용하였다. 당시 복지 확대에 우호적이었던 진보적 정치세력이 정권을 잡으면서 개혁을 적극적으로 추진한 것도 매우 중요한 요인이었다. 이 시기에는 과거 대기업 위주로 운영되던 사회보험의 적용 대상을 취약계층을 포괄하는 방향으로 확대시키고자 노력했다. 그리하여 1999년 국민연금의 적용 대상이 전 국민으로 확대되었다. 2000년에는 수백 개의 조합으로 나뉘어졌던 의료보험을 국민건강보험으로 단일화했으며, 고용보험과 산재보험도 적용 대상자의 범위를 크게 늘렸다. 또 2000년에는 국민기초생활보장 제도를 만들어서 빈곤층에 대한 지원을 획기적으로 개선했다. 2000년대 이후에도 정부는 아동 보육료 지원을 크게 확대했고 노인 장기요양 제도를 도입하는 등 사회 서비스 확대를 추진하였다. 이렇듯 지난 복지 개혁의 과정을 돌아보면 근로계층과 중산층을 향한 복지를 본격적으로 늘리는 시동을 걸었다는 것을 알 수 있다. 복지 확장과 관련된 국내의 사회지출 추이를 보면 [표 3]과 같다.

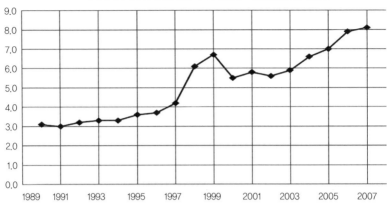

표 3 한국의 사회지출 추이 1990~2007(% of GDP)

자료: OECD, 2011, Social Expenditure-Aggregated data, stats.oecd.org.
주: 사회지출은 공공 지출과 법정민간 지출을 합한 것임

한국에서 산업화가 마무리된 시점인 1990년의 복지 지출을 보면 국내총생산의 3퍼센트 정도가 된다. 이 정도의 복지 지출은 많은 서구 국가들의 1930년대 이전 수준에 해당된다. 한국은 1990년대 중반까지 복지 지출에서 큰 변화를 보이지 않다가 외환 위기를 겪으면서 갑작스런 증가세를 보였다. 2000년대 이후에도 복지 지출은 지속적인 증가 추세를 보여 2007년에 8퍼센트를 넘어섰고 조만간 10퍼센트 대에 이를 것으로 보인다. 이렇게 국내총생산의 5퍼센트 미만에서 10퍼센트 수준으로 복지 지출이 증가하는 것은 복지국가 발전이 시작되었다는 징표라 할 수 있다. 많은 서구 국가들은 제2차 세계대전 후에 이러한 정도의 복지 지출 증가를 보였으며 일본이 1970년대 초반 '복지 원년'을 내세우던 시기가 이에 해당된다. 이 국가들의 복지 제도 확장이 본격화되었음은 이후의 역사가 보여준다.

이렇게 1990년대 중반 이후로 한국에서는 비교적 짧은 기간에 걸쳐

복지 지출의 확대가 이루어졌다. 그러나 이러한 변화에도 불구하고 한국의 복지 지출은 다른 선진국과 비교해서 아직도 매우 낮은 수준이다. 경제협력개발기구 회원국들은 평균적으로 국내총생산의 약 20퍼센트를 복지에 지출한다. 한국은 아직 8퍼센트 정도에 그치고 있다. 그간 적지 않은 노력을 기울였지만 국내 복지 제도에는 아직 부족한 부분이 많다.

1990년대 후반 이래 진행된 이러한 복지 개혁의 한계는 한국 사회가 외환 위기에서 회복된 2000년대에 소득분배가 계속 악화된 사실에서 드러난다. 특히 빈곤 증가가 심각하였다. 이러한 빈곤 증가의 요인으로 노인 빈곤과 근로 빈곤이 중요하게 꼽힌다. 2000년대 중반 국내 노인 가구(65세 이상 노인이 가구주인 가구) 인구의 빈곤율은 48.5퍼센트이고 근로세대 가구(15~64세의 근로연령대가 가구주인 가구) 인구의 빈곤율은 11퍼센트였다. 이에 비해 경제협력개발기구 회원국의 노인 가구 인구의 빈곤율 평균은 14퍼센트, 근로세대 가구 인구의 빈곤율은 10퍼센트였다. 이러한 비교를 통해서 노인 빈곤의 심각성이 분명하게 드러난다. 한국 노인의 경제활동 참가율은 30.1퍼센트로서 경제협력개발기구 회원국 중에서는 아이슬란드 다음으로 높은 수준이라는 점도 주목할 만하다. 이러한 지표의 내용에서 보듯 한국의 높은 노인 빈곤율의 원인이 노인의 근로 노력 부족에 있는 것이 아님을 알 수 있다. 더욱이 한국에서는 일하는 노인 가구의 빈곤율이 35퍼센트에 달하고 있어 노후 소득 보장을 위한 공적 지원 부족이 노인 빈곤의 주된 원인임을 알 수 있다. 1970년대까지는 많은 서구 국가들에서 공적 노령연금이 자리를 잡아 노인 빈곤을 해결했다는 사실은 잘 알려졌다. 하지만 우리는 공적 연금이나 정부의 노후소득보장 제도가 아직 제 역할을 하지 못하고 있다.

근로 빈곤 문제도 지난 10여 년 사이에 크게 악화되었다. 한국의 근로 빈곤 문제를 국제 사회와 비교해보면 몇 가지 특징이 발견된다.

첫째, 한국 내 근로 빈곤의 주요 원인에는 미흡한 공적소득보장 제도가 있다는 것이다. 시장 소득만을 대상으로 구한 빈곤율은 경제협력개발기구 평균의 70퍼센트 정도로 가장 낮은 수준이나 공적인 소득 이전(정부 현금 급여와 세금) 이후의 가처분소득을 기준으로 한 빈곤율은 경제협력개발기구 평균의 110퍼센트로 높아진다. 이는 무엇보다도 한국의 미흡한 소득보장 정책이 근로 빈곤을 높이는 원인임을 보여주는 단적인 예다.

둘째, 한국에서는 근로 빈곤에 해당하는 실직 가구(근로연령대 가구원이 모두 무직인 가구)의 빈곤율이 57퍼센트로 경제협력개발기구 회원국에서 최고 수준을 보였다. 한국에서는 근로 연령대의 실직자를 지원하는 실업 급여 등의 제도 발전이 매우 미흡하여 실직 가구가 곧바로 빈곤 상태로 빠져들게 되는 것이다.

셋째, 한국에서는 아동을 부양하는 가구의 빈곤율이 9퍼센트로 아동을 부양하지 않는 가구 빈곤율 14퍼센트보다 낮은 수준이다. 이는 경제협력개발기구 회원국의 아동부양 가구 빈곤율 평균이 11퍼센트를 기록할 정도로 높은 국제적인 양상과는 다른 것으로, 서구와 달리 한국의 경우 한부모 가구 비율이 낮은 점이 이와 관련된 것으로 보인다.

근로 빈곤의 이러한 특징을 요약하면 한국은 한부모 가구 수가 작고 시장소득 빈곤율이 낮다는 점 등 근로 빈곤을 낮추는 장점을 가지고 있으나 소득 보장에 대한 정부의 노력이 미흡하여 근로 빈곤이 높아진다는 것이다. 과거에 비해 국내의 근로 빈곤이 늘어난 것을 설명하

그간 적지 않은 노력을 기울였지만
국내 복지 제도에는 아직 부족한 부분이 많다.
1990년대 후반 이래 진행된 이러한 복지 개혁의 한계는
한국 사회가 외환위기에서 회복된 2000년대에 소득분배가
계속 악화된 사실에서 드러난다. 특히 빈곤 증가가 심각하였다.

이러한 빈곤 증가의 요인으로 노인 빈곤과 근로 빈곤이 중요하게 꼽힌다.

기 위해서는 노동시장의 변화를 중요하게 검토해야 한다. 고용 증가가 제자리 상태이고 비정규직 등 좋지 않은 일자리 중심으로 고용 증가가 이루어지는 등 저숙련층을 둘러싼 고용 여건이 나빠진 것이 중요한 특징으로 지적된다. 국제적인 비교에 따르면 한국에서 비정규직자 수는 근래 매우 빠르게 증가하였고 근로자 중 비정규직의 비율은 경제협력개발기구에 가입한 국가들 가운데 가장 높은 수준에 달하였다. 비정규직자 수의 증가와 더불어 저임금 근로자와 저소득 자영업자 비율이 늘면서 실업과 고용 불안정이라는 문제가 가중되었다. 2000년대 초반에 전체 근로자 중에서 저임금 근로자가 차지하는 비율이 22~23퍼센트가 되었는데, 불과 몇 년 지난 2000년대 중반에는 그 비율이 25~26퍼센트가 되었다.

이러한 변화의 원인으로 제조업의 비중이 감소하고 서비스업 비중이 커지는 탈산업화의 진전, 급속한 국제화로 인한 고용 환경의 불확실성이 커진 점 등이 흔히 지적된다. 한국에서는 1960년대 산업화 이후 1980년대까지 제조업 취업자의 비율이 급격히 늘어나다가 1990년대부터 제조업의 고용 흡수력이 낮아져 취업자 중 제조업 취업자가 차지하는 비율이 급격하게 떨어졌다. 수치로 따져보면 1970년 14퍼센트 정도였던 제조업 취업자 비율이 1989년 28퍼센트의 최고점에 이른 후 2010년 17퍼센트로 낮아졌다. 반면에 서비스업 취업자 비중은 1980년대 40퍼센트 대에서 2010년 70퍼센트로 급격하게 증가했다.

산업화 시기에 고용보호와 복지 혜택이 제조업 중심의 대기업 내 정규직에만 몰려있고 나머지 비정규직과 취약근로자는 배제되었던 기업 단위의 복지 체제 등으로 인해, 노동시장의 이중성이 강화되고 고용 증가가 비정규직 중심으로 일어난 것도 근로 빈곤의 증가를 초래한 요인으로 보인다. 피고용자 500인 이상의 대기업과 10~30인의 중소기업의 평균임금 격차를 보면 1980년대 초반까지는 큰 차이가 나타지 않지만 1990년대 초반에는 중소기업이 대기업의 70퍼센트 대로 떨어졌고 2000년대 후반에는 60퍼센트 정도를 유지하고 있다. 1990년대 전반에 서비스업과 대기업 중심의 중화학공업 간의 평균 임금 차이는 80퍼센트 대를 유지하였는데 2000년 후반에는 60퍼센트 대 아래로 떨어졌다. 지난 십여 년간 정부는 복지 개혁을 통해서 취약근로자나 저소득 근로자를 위해서 사회보험을 확대하고 국민기초생활보장 제도를 통해 빈곤층을 지원하며 사회 서비스를 확대하는 노력을 기울였다. 하지만 공적 복지 제도의 확장이 과거 기업 중심의 복지 체제를 대체할 정도로 발전하지는 못하였다. 무엇보다도 정부 재정의 역할을 충분히 확대하여 복지 제도의 순기능을 빠르게 정착시키지 못한 것이 가장 큰 원인이었다.

산업화 시기부터 한국의 정부 재정은 균형 재정을 강조하는 재정적 보수주의를 기조로 운영되었다. 또한 자영자, 농민, 저임금 근로자 등 다양한 집단에 대해 매우 광범위한 조세감면 제도를 두고 조세 수입을 늘리려는 정치적 노력을 기울이지 않아 서구에 비해 정부의 재정 수입 규모가 작았다.

산업화 시기에는 급속한 경제성장과 국내 산업에 대한 보호주의 정책을 통해 고용 증대와 고용 안정을 이루어 제한된 정부 재원으로도 균형재정을 이룰 수 있었다. 그러나 이제 탈산업화와 국제화로 고용 위기가 지속되고 고령화가 급속히 진행되는 새로운 환경에서, 이러한 소극적인 재정 운영으로는 시민들의 복지 욕구를 충족시킬 수 없게 되었다. 복지 개혁을 추진한 정치 세력들은 공적 복지 제도의 확장을 통해서 사회 연대와 평등의 가치를 높이고자 하였다. 그러나 적극적인 재정 확충을 위한 노력을 강화하는 등의 재정 운영 개혁을 추진하지는 않았다. 결국 재원 확대에 대한 소극적인 태도를 가진 정부 관료 집단이 재정적 보수주의를 고수한 상태에서는 복지 프로그램의 확대가 큰 성과를 거두는 데 제한이 있을 수밖에 없었다.

한국 정치, 복지국가의 미래를 준비해야 한다

많은 서구 국가는 제2차 세계대전 시기를 지나면서 복지국가로 진입하였다. 우리가 보통 복지 선진국이라고 하는 스웨덴, 덴마크, 노르웨이 같은 북유럽 국가들은 1930년대에 사회민주주의 정당들이 정권을 잡으면서 본격적으로 복지 정책을 발전시켰다. 미국은 1920년대 말 대공황을 맞이하면서 주요한 복지 정책들을 도입하였다. 영국은 제2차 세계대전의 암흑기에 국민에게 희망을 주기 위해 전쟁 이후 실현할 새로운 사회상을 준비하였다. 일례로 1942년 윌리엄 베버리지William H. Beveridge를 대표로 하는 위원회를 구성하여 영국 사회의 미래상이 담긴 베버리지 리포트를 발간하기도 했다. 이 리포트에 수록된 여러 가지 제도가 2차 세계대전 후에 현대 복지국가의 대표적인 제도들로 자리 잡게 되었다. 이렇게 등장한 복지국가들은 1960년대와 1970년대에 전성기를 누리며 발전을 거듭하였다.

그러나 서구 복지국가들은 1980년대와 1990년대를 거치면서 위기의 징후를 보였다. 모든 복지국가가 고용 확대, 불평등 해소, 재정 안정이라는 세 가지 목표를 이루기 위해서 노력했지만 이 목표를 이루는

데 어려움을 겪었다. 독일을 중심으로 하는 유럽 대륙의 복지국가들은 고용 없는 복지라는 문제에 부딪혔다. 이들 국가에서는 실업이 증가하자 조기노령연금을 도입하여 고령자를 일찍 퇴직시키거나 여성을 가족 내에 머무르게 유인하는 방법으로 실업을 해결하고자 하였다. 이렇게 실업을 복지로 해결하는 방식이 지속되면서 고용 자체가 축소되는 문제점에 봉착했다. 이에 비해 스웨덴 같은 북유럽의 복지국가들은 복지 지출로 평등을 높이면서 공공고용 확대를 통해 고용 문제를 해결하고자 했다. 이러한 방식으로 고용과 복지의 결합을 성공적으로 추진했다는 성과를 낳기도 했지만 재정 부담이 과도해지는 문제를 겪었다. 미국, 영국 등 영미 계열의 국가들은 복지 없는 고용 전략을 선택했다. 복지 지출을 최소화하고 노동시장을 유연하게 만들어 저임금 일자리를 많이 제공하는 방식으로 고용을 많이 늘렸다. 그러나 고용 확대와 재정 안정을 이루기는 했어도 불평등과 빈곤이 넘쳐나는 문제가 발생했다.

그럼 한국은 앞으로 어떻게 해야 할까? 서구의 경험을 비판적으로 받아들여 고용과 복지를 결합하면서 재정상의 안정을 도모하는 길을 찾아야 한다. 그 기본적인 방향은 민간 고용의 활력을 유지하면서 복지 지출을 늘려 분배 개선을 이루는 것이 되어야 한다. 그리고 이를 위해서는 기업 단위 중심의 복지 체제로 강화된 노동시장의 이중성을 개혁하고, 정부 재정의 확충에 바탕을 둔 공적 복지 확대를 통해 복지 수요 증대에 대비해야 한다.

그런데 우리 사회에서 보수적인 세력은 복지 확장을 기피하며 과거 산업화 시기와 같은 복지의 저발전 상태로 돌아가길 원하는 것으로 보인다. 그러나 앞으로는 민주화된 정치 공간에서 국민의 복지 욕구가 분출하는 상황이 지속될 것으로 보이기 때문에 보수 세력의 희망대로 복지 없는 과거로 돌아가는 것은 불가능하리라 본다. 반면에 진보적인 사회 세력은 복지 확장을 추진하여 국민의 복지 욕구를 수용하는 자세를 보이고 있다. 복지 확장이 내실화되고 지속되기 위해서는 재정 확충을 위한 국민적 합의를 이루어내야 하지만 한국의 진보 세력이 이러한 시대적 요구를 실현할 만한 정치적 지도력을 발휘할 수 있을지는 아직 미지수다. 한국의 복지국가 모델이 갈수록 심화되는 불평등과 빈곤 문제를 해결하는 방향으로 발전해 나가기 위해서, 또 새로운 시대에 지속 가능한 사회 발전의 패러다임을 정착시키기 위해서 해결할 과제가 아직 많이 남아 있다. 우리 사회 각계의 현명한 선택과 적극적 노력이 아쉬운 상황이다.

출근길 잠깐의 사유, 풍경과 생태

이 도 원

서울대학교 환경대학원 교수

집에서 연구실로 나가는 길을 따라 만나는 풍경의 생태적 의미를 정리해봤다. 전신주에 감겨 있는 전단지 부착과 차단의 주체들이 일으키는 힘겨루기는 인간 생태의 한 단면이다. 교차로의 차량 꼬리 물기 현상 또한 이 땅의 사람들이 넘어서야 할 한국인의 생태라고 보았다. 숨 막히는 여건 속에 힘겹게 살아내다 필경에 베어진 사철나무 또한 인간 생태의 희생물이다. 관악구청 옥외 공간의 조경을 소개하면서 도시로 끌려온 소나무들의 신세 뒤에 놓여 있는 어두운 땅의 생태를 얘기하고 싶었다.

몇 년 전부터 나는 출근할 때 걷거나 버스를 이용한다. 걸을 때는 차를 최대한 피할 수 있는 골목길을 따라 걷는다. 그 길에서 보는 것들은 차를 탈 때와는 사뭇 다르다. 더구나 탈것은 빠른 속도로 스쳐가는 대상에 다가갈 여지를 주지 않는다. 자동차를 운전할 때는 늘 이웃한 차들을 경계해야 하는 만큼 다른 풍경에 마음조차 줄 틈이 없다. 버스를 탈 때면 주로 함께 탄 승객들이 걸음으로 누릴 수 있는 자유와 정신의 집중도를 흩트린다. 그래서 자동차나 버스 안에서 본 것들은 나중에 그 길을 다시 걸으며 가을걷이가 지난 논에서 이삭을 줍듯이 챙긴다. 집과 연구실을 오가며 그렇게 만난 풍경 몇 가지를 생태학자의 시각으로 소개해보려고 한다.

전신주와 사철나무를 보며
생태적 가치를 고민하다 + 아파트 단지를 벗어나는 첫 건널목에
서 나는 신호등이 바뀌기를 기다린다.

길목에 서 있는 전봇대는 허리에 방패를 둘렀다. 뾰족뾰족 나온 돌기
는 광고전단지를 붙이지 못하게 하는 장치다. 어느새 고무줄에 꿰인
전단지가 그 전봇대에 감겼다. 풀로 이겨 붙이는 전단지를 막자고 제법
머리를 써서 만든 방책을 무색하게 만든 것이다.

버스를 기다리며 서성이는 정류장에서도 비슷한 풍경을 다시 만난
다. 이번에는 접착밴드를 붙여서 광고의 목적을 이루고 있다.

전봇대마다 저런 쓸모없는 장치를 만들어 붙인다고 얼마나 많은 사
회적 비용을 들이고 있는 것일까? 전단지를 붙이는 사람이 없었더라면
그 비용으로 좀 더 어려운 사람들을 도울 수 있었으련만…… 먹고살자
고 하는 힘들이 서로 부딪치며 만드는 힘겨루기와 그 과정이 자아내는
이러한 풍경은 인간 생태의 한 단면이다.

나는 인간 생태의 한 면모를 탐색할 소박한 과제도 생각한다. 관악
구 또는 서울시는 가로街路의 기둥에 전단지 부착을 막기 위해 얼마나
많은 국민의 세금을 낭비했을까? 도시 기둥을 더 아름답고 좀 더 고급
스럽게 만들면 전단지를 붙이려는 마음을 위축시킬 수 있지 않을까?
그런 다음 전단지 부착 행위에 강력한 규제를 하면 비인간적인 접근이
될까? 그렇게 하자면 얼마나 더 많은 비용을 감수해야 할까? 전신주
의 고급화를 시도하면 얼마나 많은 새로운 일자리를 만들 수 있을까?

버스가 금방 오지 않는 날 정류장 뒤쪽의 병원 출입문 한쪽으로 수
문장처럼 서 있는 사철나무 한 그루가 눈에 들어온다. 그러나 삭막한
공간에 한 점 청량감을 보태는 녹색의 처지는 애처로워 보인다. 무궁

화 두 그루가 서 있는 출입문 왼쪽엔 흙이 보이는 화단이 있고 때로 잡초로 취급되기도 하는 비름이 함께한다. 비가 내려도 한줄기 물이 새어들기 어려울 정도로 사철나무의 아랫도리까지 사정없이 시멘트를 바른 이는 누구일까? 틈이 곧 삶의 근간인 것을……. 사방이 불투수성 물질로 덮인 자리에서 나무는 어떻게 물을 얻어 생명을 부지할까? 신통하기만 하다. 사철나무의 끈질긴 삶은 내 지나간 시절의 안타까움을 불러오기도 한다.

새마을운동이 한창이던 시절, 고향 마을에도 시멘트 단장의 바람이 불었다. 비바람이 몰아치던 날이면 가끔씩 무너져 성가시던 돌담과 흙담은 시멘트 담으로 바뀌었다. 길도 뜯어고치고, 초가집도 없앴다. 하기야 그 시절 이 땅을 무겁게 짓누르던 대통령이 직접 나서서 지었다는 새마을운동 노래는 확성기를 통해서 전국 방방곡곡에 울려 퍼지지 않았던가.

"초가집도 없애고 마을길도 고치고
 푸른 동산 만들어 알뜰살뜰 다듬세"

새마을운동은 많은 부분에 긍정적인 영향을 주긴 했어도 내가 사랑하던 한 그루 나무를 이 땅에서 영원히 몰아내는 후유증을 남겼다. 나는 그 후유증을 다만 살 만한 수준으로 올려놓은 반대급부로 여기며 묻어두려니 슬프다. 비슷한 과오를 저지르지 않으려면 문제의 실체를 찬찬히 살펴봐야 할 것이다. 우리의 풍경을 바꾼 그 운동의 생태학적 영향을 석사학위 논문 주제로 잠시 고려했지만 여태까지 손을 대지 못했다. 제대로 다루어보려면 넓은 공간과 긴 시간을 마련해야 정할 수

새마을운동의 첫발이 농촌 마을에
시멘트를 무상 배포하는 데서
시작되었다는 것은 상징적이다.

비포장 흙길 포장을 비롯한 여러 가지 계획을 통해
한국의 농촌과 도시는 새로운 모습으로 바뀌어 나갔다.
새마을운동은 한국의 근대화 과정 속에서 좋은 영향을 끼치기도
했지만 생태적인 측면에서는 후유증을 남겼다.

있는 연구 대상이기 때문이다. 따지고 보면 새마을운동의 부작용으로 사라진 소나무의 사연은 졸저 『흐르는 강물 따라』에 소개된 적이 있지만 조금 새롭게 정리를 해보면 이렇다.

고향마을 앞을 빗겨서 내려오던 도랑가에 오래된 나무 몇 그루가 서 있었다. 그중에 희한하게 꼬부라져 동네 사람들이 꾀꼬랑나무라 부르던 소나무 한 그루가 있었다. 줄기가 물웅덩이 위와 평행한 방향으로 기어가다가 오른쪽으로 90도를 꺾은 다음 1미터 넘게 자라고, 다시 180도를 꺾어 되돌아 비스듬히 자란 다음 위로 뻗었다. 아마도 옛 어른이 분재盆栽하듯이 키우다가 옮겨 심은 것이 아닐까 하고 짐작해본다. 소나무는 1미터도 자라지 않은 채 옆으로 퍼져 많은 가지를 키웠다. 가지는 굵어 하나하나에 사람이 앉아 얘기를 나누기도 했다. 유난히 무서움이 많던 어린 시절의 나도 용기를 내어 가지까지 가보기도 했던 특이한 풍모風貌의 나무였다.

그 나무는 내가 고향을 떠나 새로운 삶터를 찾아 헤매는 사이에 세상에서 사라졌다. 동네 사람들이 단장을 한답시고 나무가 자라던 땅 일대를 시멘트로 덮은 것이 원인이었다. 의도는 좋았지만 전혀 엉뚱한 결과가 빚어진 것이다. 그 꾀꼬랑나무 옆으로 도랑을 따라 서 있던 여남은 그루의 거목들도 하나씩 사라져갔다. 이제 남아 있는 한 그루 용버들과 새로 심은 느티나무가 자라 옛 풍경을 희미하게나마 알려주는 흔적이 되었다.

이런 가슴 아픈 경험 때문일까. 출근길 버스 정류장에서 만나는 그 사철나무는 안쓰러운 모습으로 내게 다가온다. 조금만 땅 위에 틈을 보탠다면, 나무는 편안해지고 보는 이의 마음까지 넉넉하게 할텐데.

만약 그 나무 주변을 걷어낸다면 어떤 무리가 따를까? 녹색을 보탠 마음과 팍팍하게 물샐 틈 없는 풍경을 만드는 막힌 마음을 대비하며 오늘도 풍경은 그곳에 있다.

그리고 아직 내 가슴엔 풀지 못한 의문이 남아 있다. 시멘트를 똑같이 발랐는데 버스 정류장 앞의 사철나무는 여전히 태연한 모습으로 서 있다. 그런데 꾀꼬랑나무는 왜 세상에 하직을 고한 것일까? 사철나무는 젊고 작은데 꾀꼬랑나무는 이미 이 세상을 감당하기엔 노쇠하고 큰 몸통을 지녔기 때문에? 사철나무는 잎에 떨어진 빗물을 줄기를 통해 토양으로 보낼 수 있을 듯한데 꾀꼬랑나무는 그러기엔 너무 열악한 처지에 있었던 것일까? 아니면 사철나무는 건조에 견디는 특별한 재주를 지닌 나무일까?

이제 버스 정류장 뒤에 있던 무궁화와 볼품없던 화단은 새로 들어선 편의점에 자리를 물려주었다. 얼마 지나지 않아 무슨 까닭인지 사철나무도 싹둑 잘려 이 땅에서 사라졌다. 녹색성장을 부르짖는 이 시대에 녹색을 무너뜨리는 마음을 넘어서는 대안이 어디선가 자라고 있을까?

한국인의 생태는
참게의 생태와 닮았다 + 아주 오래전에 독일 이씨의 시조로 알려진 이참씨가 한국 사람들을 참게에 비유했다는 얘기를 들은 적이 있다. 그 비유의 요점은 이렇다. 참게를 한 마리 잡아 항아리에 넣고 뚜껑을 덮어놓으면 대부분 스스로 빠져 나온다. 그런데 두 마리 이상의 참게를 한 항아리에 넣어놓으면 절대로

나오지 못한다. 아마도 함께 있는 녀석들이 차분하게 협력하여 빠져 나오려고 하기 보단 다른 놈의 역량을 갉아먹으려 하기 때문일 것이다. 아니면 자기가 가진 힘과 지혜를 모아 탈출을 시도하는 것이 아니라 오히려 상대방의 힘을 소모하는 데 쓰는 모양이다. 침몰 직전에 처한 한 배를 탄 꼴인 참게들은 불행을 자초하는 모습을 보이고 있다. 서로 빨리 나가겠다고 다투느라 이런 일이 일어나는 것일까? 이는 참게가 가진 고질병이며 생태의 한 면모이기도 하다.

나는 한쪽 차선이 심하게 막히는 사거리에 서면 이 비유의 절묘함을 인정하게 된다. 교차로 건너편에 차들이 꽉 막힌 모습을 보면서도 파란불이라는 이유로 차들은 교차로 안으로 꾸역꾸역 들어온다. 빨간불로 바뀌어 교차로를 빠져나가지 못할 상황인데도 이런 일은 흔히 일어난다. 이제 교차로의 차들과 직교 방향으로 가야 할 차들은 신호등이 파란불로 바뀌어도 앞이 막힌다. 뚫린 길을 가야 할 사람을 할 일 없이 훼방하는 꼴이다. 참게의 생태를 쏙 빼닮은 한국인 생태의 한 단면이다.

이참씨가 이야기한 사례 속 진정한 의미는 무엇일까? 독일에서 태어나 생김새가 많이 다른데도 한국에 귀화한 분의 비유이니, 거기엔 안타까운 애정과 갈망 그리고 교훈이 담겨 있을 것이다. 그렇다면 1년에 한국인의 생태가 나라 전체에서 소모시키는 에너지의 양은 어느 정도 될까? 또 국민 한 사람 한 사람이 잃어야 하는 귀중한 시간은 얼마일까? 공회전으로 자동차가 뿜어내는 오염물질은 또한 어느 정도나 될까? 쉽게 계산할 수는 없지만 결코 적지 않을 듯하다. 최근 경찰이 그런 병폐를 반드시 단속하겠다는 언질을 주었지만 크게 개선되는 것 같지는 않다. 아직은 이 땅의 경찰에겐 엄격성보다 아량이 더 작용하고 있기 때문일까? 이와 유사한 문제로 미국에서 벌칙 딱지를 받은 한국 유학생이 있다고 들은 적이 있다. 당연히 그 유학생은 경찰에게 항의를 했으나 그것은 운전자가 판단할 문제라는 간단한 대답을 들었다고 했다.

그 문제를 해결하는 차선책은 교통 관리 시스템을 이용하는 일이다. 나는 솔직히 말해서 그럴듯한 기술적 제안은 없다. 기껏해야 감시 카메라를 달아 신호가 바뀐 다음에도 빠져나가지 못하는 차량 운전자를 적발하여 위반 통지서를 보내는 방식밖에 생각하지 못한다. 그렇지만 나는 제도나 기술적인 장치 없이 애초에 그런 일이 일어나지 않도록 할 수 있는 우리 국민의 심성이 갖추어지길 희망한다. 그런 마음가짐과 문화 속에서 비로소 한국인의 역량이 제대로 발휘될 수 있을 것이기 때문이다. 나는 언젠가 그런 날이 오길 빈다.(누군가 예전보다 나아진 것 같다는 말을 해서 희망을 가지고 있다.) 한국인의 밝은 생태적 사고가 빚은 밝은 문화가 이 땅에 도래할 날을 손꼽아 기다린다. 그때야 비로소 인도의 시성 타고르의 예언이 실현되리라. 그날이 바로 이 땅이 동방의 등불이 되는 날이리라.

인간의 이기에 갇혀버린
소나무가 주는 시사점 +
서울대 입구역을 지나면 곧 관악구청 앞에 이른다. 거기서 나는 늘 구청 앞에 서 있는 소나무들을 향해 무언의 질문을 한다. "너희들 여기서 힘들지?" 관악구청이 새로운 건물로 바뀌기 전부터 인간이 만든 풍경을 썩 달가워하지 않았다. 그런 나는 2000년대 후반 어느 때 신축공사가 한

관악구청과 소나무 조경

관악구청을 둘러싼 소나무 조경이 보인다.
2010년 당시 새로 지은 관악구청 청사 왼쪽과 오른쪽에는
14그루의 소나무가 서 있었다. 보기에는 괜찮지만
이 소나무를 심은 이면을 들춰보면 여러 의구심이 생긴다.
이런 소나무들은 마을 사람들이 애정을 갖고 가꾼 것이
대부분인데, 일부 조경업자들의 이기심 때문에
소나무는 마을 곁을 떠나게 되고 시골 풍경은 휑하게 된다.

창인 관악구청 부지를 보며 기대를 품었다. 그러나 결과는 내심 바라던 바와 달랐다. 지난날 그곳에 서 있던 소나무들보다 훨씬 더 나이가 많은 14그루의 소나무들이 이상한 모습의 건물 주위로 옮겨왔다. 변하지 않는 태도를 지닌 것은 나뿐일까? 그 앞을 지날 때면 나는 여전히 예전과 똑같은 질문을 한다.

어느 해 관악시민대학에서 강의를 할 기회가 있어 그러한 변화를 넌지시 꼬집어봤다. 그때 구청의 한 직원은 새로 들어온 소나무 두 그루를 한 그루 당 2000만 원에 상당하는 값을 지불하고 옮겨왔다고 말했다. 내 의문은 다시 펼쳐진다. '저 돌과 소나무들의 고향은 어딜까? 어떤 사연을 거쳐 여기까지 왔을까? 강제로 이주되어 매연과 소음 속에 서 있는 저들이 어찌 행복하겠는가? 돈의 힘에 눌려 돌과 나무들을 강탈당한 풍경은 어떨까?' 휑하니 뚫렸을 그 풍경은 이제 허망하리라.

관악구청의 소나무들은 자신들의 희망과 무관하게 고향을 떠나 매연의 도시로 왔다고 하더라도 적법한 절차에 따라 왔길 바란다. 그러나 도시 조경을 위해 들어오는 소나무들이 반드시 합법적인 과정을 거쳐서 오는 것만은 아닌 듯하다. 한국인의 유별난 소나무 사랑은 크게 자란 소나무를 도시로 옮겨오는 풍토를 낳고, 그 풍토는 시골에 박탈감을 안겨주는 행위들과 연결된 부작용을 낳기도 한다.

2009년 5월 11일 아침에 봤던 소나무 도난 사건에 대한 텔레비전 화면이 언뜻 지나간다. 소개된 마을 이름을 적고는 곧장 연구실에 나왔다. 인터넷을 검색해보니 4월 25일 일어난 사건이다. 전북 완주시 운주면 장선리 가척마을에서 500여 미터 떨어진 대둔산 자락의 장선재에 우뚝 서 있던 수령樹齡 300년 가량의 소나무를 밤에 파서 가지와 뿌리를 일부 잘라내고 훔쳐갔다.

©강릉 생명의 숲. 윤도현

조경용 소나무 굴취 작업 광경

소나무를 굴취하는 모습이 보인다.
저 소나무는 조경업자들의 손에 의해 도시로 옮겨질
운명에 놓였다. 어느 때부터인가 우린 크게 자란 소나무들이
하나씩 들어서는 도시 풍경에 익숙해졌다. 하지만 늘 소나무가
있는 풍경 속에 살아온 주민들에게는 이런 굴취 작업이 전혀
예상하지 못했던 일로 다가온다. 그동안 찬바람 속에서도
꿋꿋이 견디며 푸른 절개를 간직한 소나무는
한국인의 유난스런 사랑을 받았다.
문제는 그 사랑이 어린 소나무가 아니라
충분히 자란 소나무에 쏟아지고 있다는 점이다.
그 나무를 구하는 길은 무엇일까?

사실 나는 2007년 3월 28일 『한겨레신문』의 환경면에서 다룬 "강릉의 송림리 마을숲 사건"을 익히 알고 있었다. 내가 들은 사연은 이렇다. 몇 해 전 송림리 마을 앞에 아름드리 소나무들이 줄지어 서 있는 땅이 서울의 ○○대학 교수에게 팔렸다. 땅 주인은 인천시의 한 아파트 조경을 맡았던 회사에 그 소나무들을 팔았다. 어느 날 조경회사가 인부들을 앞세워 그 소나무들을 옮기러 왔다. 그렇게 아름드리 소나무 37그루는 조경업자들의 손에 의해 도시로 옮겨질 운명에 놓였다. 늘 소나무가 있는 풍경 속에 살아온 주민들에게는 전혀 예상하지 못했던 사태가 벌어진 것이다. 허망해진 주민들은 항의를 하고 포클레인 앞에 드러눕기까지 했지만 사유재산을 인정하는 민주주의에서 그것은 무모한 불법행위였다. 소유주와 주민 사이의 갈등은 소문으로 퍼졌고, 그 덕분에 주민들은 강릉 생명의숲 활동과 언론 보도의 힘을 얻었다. 어려운 시간을 거쳐 10그루는 옮겨가고, 나머지는 여러 사람이 보탠 성금으로 되사는 정도의 타협으로 사건이 일단락되었다. 그러고도 아파트 건축을 맡은 건설회사와 조경업자, 땅 주인, 주민 사이에 일어났던 갈등을 봉합하는 데는 더 긴 세월이 필요했다.

나는 이 갈등을 다룬 뉴스 뒤에서 도시인들의 소나무에 대한 비뚤어진 사랑과 척박한 땅에서 묵묵히 견뎌내는 소나무의 생태가 어우러진 과정을 읽는다. 어느 때부터인가 우리는 크게 자란 소나무들이 하나씩 들어서는 도시 풍경에 익숙해졌다. 찬바람 속에서도 꼿꼿이 견디며 푸른 절개를 간직한 소나무는 그렇게 한국인들의 유난스런 사랑을 받았다. 문제는 그 사랑이 어린 소나무가 아니라 충분히 자란 소나무에 쏟아지고 있다는 점이다. 그 나무를 구하는 길은 무엇일까?

소나무는 비교적 좋지 않은 땅에서도 자라나는 특성을 지녔다. 사실 소나무의 푸른 절개는 빈약한 토질에 견디는 나무의 적응과정에서 비롯되었다. 영양소를 쉽게 구할 수 없다면 쉽게 내버릴 수도 없는 법이다. 그래서 척박한 땅에 적응한 소나무는 잎에 간직된 영양소를 버리기보다 아끼는 쪽으로 적응했다. 잎을 버리면 영양소도 함께 버리는 법이고, 그 영양소를 되찾아오거나 토양에서 흡수하는 일이 쉽지 않기 때문이다. 찬바람 속에서도 푸른 잎을 간직하는 근성은 어려운 환경에 살아남아 보여주는 하나의 결과이기도 하다. 소나무의 생존 전략이 마치 가난한 사람이 흥청망청 쓸 수 없는 처지와 닮았다고나 할까.(김정희의 「세한도」는 그런 소나무의 말 못 할 사정을 알고 그린 것일까?)

이런 소나무의 근성은 서식처가 능선 쪽으로 몰리는 풍경을 낳았다. 소나무들은 수분이 모이고 부식토가 쌓이는 계곡에서 견디지 못하고, 넓은갈잎나무들에게 먼저 자리를 물려주기 때문이다. 숲이 빽빽한 능선에 들어선 소나무는 조경업자들에게는 그림의 떡과 같은 존재다. 그 나무들을 비록 헐값에 산다고 하더라도 운반하기란 쉽지 않다. 탐스러운 소나무 거목을 챙겨 빽빽한 숲을 헤쳐 나오는 일도 쉽지 않고, 뛰어넘는 일도 쉽지 않다. 그들이 눈독을 들이는 대상은 한정된다. 굴취작업이 쉽고, 거목을 실을 트럭이 간단히 접근할 수 있는 땅에 있는 소나무들이다. 그 소나무들은 주로 마을 가까이 있으며 오랫동안 주민들의 사랑을 받으며 자란 나무일 가능성이 높다. 그런 나무들은 주로 돈에 눈이 먼 절도범이 어둠 속에서 파내거나 도덕성이 없는 돈의 힘에 의해 도시로 옮겨진다. 가척리와 송림리 소나무 사건은 각각 바로 그런 단면을 드러내는 두 가지 사례일 뿐이다.

디자인 거리에서 느낀 실망감 + 2011년 4월 4일 오랜만에 아침 운동을 건너뛰고 일찍 출근길에 나서기로 했다. 지난 주말 지기들과 대모산과 관악산에 올라 주말 공부는 밀렸고, 오후에 있는 강의 자료를 검토하려면 시간이 좀 필요하다. 그렇게 주말에 몇 시간을 걸었으니 월요일 아침엔 걷기의 유혹을 물리치고 버스를 타는 쪽으로 마음을 굳힌다.

갈아타야 하는 정류장에서 다음 버스가 금방 오지 않는다. 새로운 한 주를 시작하는 차들은 엄청나게 쏟아져 나와 길을 메우고 있다. '아니 휘발유 값 올라서 시내 운행 차들이 많이 줄었다는 뉴스를 아침에 봤는데…….' 버스가 온다고 해도 깔려 있는 차량 행렬이 밀려나려면 꽤 긴 시간이 필요하겠다. '그냥 걷자. 이 정도라면 걷는 시간이나 차를 타는 시간이나 연구실에 도착하는 데 걸리는 시간은 비슷하리라. 30분 남짓 걸릴까?'

서울대입구역 지하도를 지나면 관악구 디자인 거리가 나온다. 내 발길이 이어지는 길 건너엔 강의실로 데려다줄 버스를 기다리는 학생들의 행렬이 어느 때보다 길다. 나는 그 광경을 사진에 담아둘 필요가 있었다. 오랫동안 구하지 못하던 자료를 드디어 만들 소중한 기회가 왔다. 그러나 실패다. 교차로 신호를 기다리며 서 있는 여러 겹의 차량 행렬이 사람 행렬을 가리며 내가 원하는 사진을 찍지 못하게 한다.

옮겨가는 발걸음은 자연스럽게 보도의 띠 녹지 옆에서 느려진다. 가로수 아래 띠 녹지는 이태 전에 관악구가 디자인 거리를 내세우며 차도에 인접한 보도 일부를 나누어 특별히 만든 작품이다. 겨울에도 꿋꿋한 녹색을 바라며 회양목을 줄지어 심어놓았지만 모두 누렇게 변했다. 지난 겨울 유난히 춥더니만 늘푸른나무는 견뎌내지 못한 것이다.

그럴 수밖에 없다. 추위를 피하는 데는 겨울에 잎을 떨어뜨려놓고 쉬는 것이 한 가지 방법인데 회양목은 그렇지 못했던 것이다. 아니 강추위를 경험하지 못했던 회양목이 무슨 죄가 있겠는가? 무경험자를 강추위로 내몬 조경가의 선택이 문제지. '이것, 섣부른 선택이었네. 메마른 도시 땅에 한 점 녹색을 보태는 변화는 환영할 만했는데.'

나는 가로수에 키 낮은 친구들을 곁들인 변화를 환영하는 사람이다. 1990년대 초부터 그렇게 되기를 희망해왔다. 보도와 키를 맞춘 띠 녹지의 땅을 낮추었더라면 더 나을 것이라고 주장했던 사람이다. 그렇게 주장했던 까닭은 이렇다.

도로엔 비바람에 날려온 먼지와 자동차가 내뿜는 매연도 쌓인다. 그 오물은 비나 눈이 내리면 바닥을 흐르는 물과 함께 배수구로 씻겨나간다. 땅 위에 사는 사람들에겐 그런 자연의 청소가 고맙지만 씻어 내리는 물을 받는 하천은 오염된다. 하천 오염을 줄이자면 땅에서 최대한 많이 처리를 하면 된다. 땅에서 처리하는 자연스러운 방법은 빗물이 하천으로 흘러들기 전에 식물과 미생물을 만나도록 해주는 것이다. 띠 녹지 높이를 차도 높이보다 낮추면 그 과정은 자연스럽게 이루어진다. 그렇게 미생물은 빗물 속의 오염물질을 만나면 분해되고, 식물은 질소와 황, 인 등의 화합물을 흡수한다. 지대가 낮으니 토양에 물을 머금는 시간도 길어진다. 수분으로 촉촉해진 토양에서 미생물도 식물도 활발하게 일을 하는 것은 자연의 이치다.

20년 가까이 그런 주장이 실현되는 길을 찾지 못한 채 책상물림 생활을 고수하며 스스로의 무능을 안타까워했다. 남의 땅에서 먼저 구체화되는 자료를 만난 것은 최근의 일이다. 비와 바람에 땅 위의 오염물질들이 띠 녹지로 흘러들게 하고, 그곳에서 생물들이 그 오염물질을 소비하며 행복할 것으로 기대했던 내 생각을 간단하게 디자인으로 구현한 모습을 대할 때 가졌던 박탈감이란! 그런 구조에서 물에 포함된 독성물질 99퍼센트 이상을 제거하더라는 실험 결과를 논문으로 읽으며 머릿속으로 생각만 하고 있는 공부의 허망함을 알던 순간이란!

능선길 풍경에서
산림녹화운동의 이면을 보다 +

이따금 내 발길은 어느 지점에 이르면 주춤거린다. 차들을 이웃하며 빨리 연구실로 갈 것인가 아니면 조금 늦더라도 흙길로 갈 것인가. 나는 조금은 의도적으로 후자를 택한다. 작은 산 능선을 따라 이어지는 노선은 사실 내가 가장 좋아하는 등굣길이다. 그 길에서 나는 인간의 소음과 매연을 잠시 멀리하고, 시선과 마음을 집중할 수 있어 좋다. 박새는 흔하게 만나고, 가끔 청딱따구리와 꾀꼬리를 만날 수 있는 길이다.

마루금이 발길과 물길에 깎여나간 이 산길에서 망연자실하게 뿌리를 드러내고 있는 나무들은 주로 리기다소나무다. 관악산 숲을 다니다 보면 경사지를 따라 계단식 축대와 함께 그 위에 자리를 잡은 리기다소나무를 더러 보게 된다. 그 축대와 리기다소나무는 아마도 서울대학교가 관악으로 옮기던 무렵 또는 그 전후에 이 땅에 이루어졌을 산림녹화운동의 산물이리라.

그 시절 함께 심은 물오리나무는 다른 수종의 위세에 밀려나가 이제 관악산에서 아주 드물게 발견되고, 아까시나무는 기력이 많이 쇠잔해진 듯 근래에는 비바람에 넘어지거나 죽은 채 서 있는 모습을 꽤 많이 보인다. 낙성대 앞에서 서울대학교 정문 방향으로 바라보면 눈에 들어오는 산줄기(내가 즐겨 걷는 능선) 위엔 이웃 나무들보다 웃자라서는 여름에도 잎이 없는 채 삐죽이 서 있는 고사목들을 구분할 수 있다. 그것이 바로 죽은 아까시나무다. 이렇게 지난날 대한민국 산림녹화에 선구자처럼 기여했던 나무들이 기세가 꺾이는 사이에 생존력이 더 끈질긴 리기다소나무는 여전히 심겨 있는 자리에 버티고 서 있는 것이다.

어려운 시절 헐벗은 산을 하루빨리 푸르게 하는 데 우리는 뿌리혹박테리아와 공생하여 토양에 질소를 보태는 물오리나무와 아까시나무, 그리고 삶이 끈질긴 리기다소나무를 이용한 셈이다. 그러나 리기다소나무는 그렇게 볼품이 있는 나무는 아닌 듯하다. 적어도 거무칙칙하고 깔끔하지 못한 줄기는 아름다운 우리의 적송에 비할 바가 못 된다. 아파트 조경에도 적송이 먼저 고려된 까닭은 리기다소나무에 대한 고객들의 그러한 평가 때문이 아니겠는가? 또한 염두에 두어야 할 사실은 이 나무들이 숲의 물을 꽤 많이 소비하는 특성을 지녔다는 점이다.

1950년대 미국 노스캐롤라이나 주 숲에서 낙엽활엽수들을 베어낸 자리에 침엽수를 심고 하천의 물이 어떻게 달라지는지 비교해봤다. 놀랍게도 숲을 바꾼 지 15년이 지나니 유량이 연간 200밀리미터 이상 줄어들었다. 뉴질랜드 고산지대 초지에서도 소나무를 심고 나서 유량이 크게 줄었다. 1982년 310 헥타르 면적의 유역 67퍼센트 지역에 헥타르당 1250주의 라디아타소나무를 심었더니, 2004년에는 하천 유량이 41퍼센트나 감소했다. 많은 사람이 짐작하는 바와 달리 침엽수는 잎이 가늘기는 해도 숫자가 많아 활엽수림보다 전체 엽면적 $^{leaf\ area}$이 크다. 그러면 비나 눈이 땅으로 가지 못하고 잎이나 가지에 달라붙어 있다가 기화하는 증발이 늘어난다. 침엽수 낙엽은 상대적으로 잘 썩지 않아

두텁게 쌓이니 빗물이 땅에 이르지 못하고 흘러내리는 특성도 있다. 대사활동으로 수증기를 뿜어내는 증산량은 어떻게 될까? 그것에 대해선 나도 아직 분명하게 들은 바가 없다. 낙엽활엽수와 달리 대체로 한국의 건조기인 가을과 봄에도 잎을 달고 있으니 토양 수분이 부족할 때도 소비활동을 할 것인데 그 정도에 대해서는 검토가 필요하다. 다만 경기도 포천 광릉숲에서 침엽수림은 활엽수림보다 하천으로 흘려보내는 물의 양이 연간 강수량의 15퍼센트 정도 적다는 사실을 확인했다.

결과적으로 관악산의 리기다소나무숲은 도림천에 물이 없는 기간을 늘이는 데 한몫할 가능성이 높다. 그렇지 않아도 화강암의 풍화로 토양 입자가 굵어 물을 보유하는 능력이 떨어지는 땅에서 이 나무는 더 많은 물을 소비하는 존재로 서 있는 셈이다. 비가 온 다음에 도림천이 금방 말라버리는 까닭은 숲을 이루는 토양과 수종과 밀접한 관련이 있는 것이다. 비가 멈추면 물이 흐르지 않는 날이 긴 도림천 풍경이 우리네 마음도 메마르게 한다는 사실을 아는 사람은 안다. 그렇다면 관악에 기대어 사는 사람들이 해야 할 일은 뭘까?

+++

여기까지 집에서 연구실로 나가는 길을 따라 만나는 풍경의 생태적 의미를 정리해봤다. 전신주에 감겨 있는 전단지 부착과 차단의 주체들이 일으키는 힘겨루기는 인간 생태의 한 단면이다. 교차로의 차량 꼬리 물기 현상 또한 이 땅의 사람들이 넘어서야 할 한국인의 생태라고 보았다. 숨 막히는 여건 속에 힘겹게 살아내다 결국 베어진 사철나무 또한 인간 생태의 희생물이다. 관악구청 옥외공간의 조경을 소개하면서 도시로 끌려온 소나무들의 신세 뒤에 놓여 있는 어두운 땅의 생태를 얘기하고 싶었다. 도시 녹지의 지면 낮추기 제안은 꽤 오래전에 시작되었지만 실천의 길로 이끌지 못하고 있는 일이다. 외국에서 좋은 디자인 시안이 나온 만큼 이 땅에서 구경할 날도 멀지 않으리라 기대한다. 리기다소나무가 있는 능선길 풍경은 한국의 산림녹화운동의 성공 뒤에 놓여 있는 반성의 여지를 이야기하고 싶었다. 이 내용들은 모두 생태학적 원리가 실학으로 이어질 수 있는 가능성을 보여주는 데 의미가 있다.

이렇게 정리될 수 있었던 가장 큰 바탕은 느린 걸음으로 풍경들이 내 마음과 교감할 반응 시간을 얻었기 때문이다. 빠른 이동으로 얻을 수 없는 내용을 소개하는 뒷면에는 '걷기 예찬'의 속뜻도 있다.

한미 관계의 재구성, 역사에서 배운다

신 욱 희
서울대학교 정치외교학부 교수

가장 중요한 문제는 우리에게 여전히 핵심적인 한미동맹과 관련된 전략적 고려를 어떻게 구성적으로 수행해나갈 수 있는가 하는 점이다. 이를 위해서는 고전적 현실주의가 강조하는 신중성prudence이 요구되는 것이다. 국제정치학자이자 사상가인 니버Reinhold Niebuhr는 한 기도문을 인용하면서, 바꿀 수 없는 것을 받아들일 수 있는 마음의 평화와 바꿀 수 있는 것을 적극적으로 바꾸어 나가는 용기와, 양자를 구별할 수 있는 지혜를 갖기를 바란다. 한미 관계에 대한 학문적 탐구의 존재 가치는 바로 이 세 번째 덕목인 지혜를 얻는 것에 있다고 말할 수 있을 것이다.

한미 관계의 이해는
왜 중요한가 +

한국의 대외관계는 많은 나라와의 상호작용 속에서 형성되었다. 하지만 제2차 세계대전 이후 한국의 대외 정책은 한미 관계의 틀 속에서 전개되었다고 해도 과언이 아니다. 미국과의 양자 동맹은 한국이 맺은 국제관계의 가장 중요한 외부적 환경이며 그 존재는 한일·한중 관계와 같은 다른 나라와의 양자적 관계나 대對 UN 관계처럼 다자적인 관계에 중요한 영향을 미쳤다. 더 나아가 한미 안보관계의 구조는 권위주의의 등장이라는 한국의 정치적 변화와 수출지향적 성장 중심의 경제적 변화와도 밀접한 관련이 있었다. 사실상 한미 관계는 한국 현대사의 주된 축을 형성해왔던 것이다. 따라서 한미 관계는 한국과 이웃한 국가들과 맺은 여러 관계 가운데 하나라기보다는 한국을 둘러싼 국제관계의 예외적인 요인으로 여기는 것이 적절하다.

한미 관계는 우리에게 안보와 경제적인 측면에서 여전히 중요한 자원이다. 하지만 한국의 군사력과 경제적 능력의 향상, 냉전체제의 이완과 붕괴에도 불구하고 한미동맹의 비대칭적인 구도는 여전히 개선되지 않았으며 한국이 갖는 상대적인 자율성도 증가하지 않았다. 이러한 현실은 분단체제와 동아시아 국제체제가 갖는 지속적인 갈등 구조가 주요 원인이라고 지적된다. 그러나 한미 관계의 이러한 특수성을 이해하기 위해서는 미국의 정책과 한국의 정책이라는 미시적인 요인도 고려해야 한다. 따라서 우리는 국제체제의 변화에 따라 한국의 대미 정책이 어떻게 전개되었는가를 살펴보고, 그것으로부터 우리가 어떠한 교훈을 얻을 수 있으며 한미 관계의 적절한 구축을 위해서 무엇을 고민해야 하는가를 생각해볼 필요가 있다.

한미 관계에 대한 논의는 한국의 국제정치 연구에서 상당한 부분을 차지한다. 그중 대부분은 북핵 문제나 전시작전권 환수 그리고 한미 FTA와 같은 현안들이다. 하지만 현재 상황과 관련된 정책을 탐구하는 것 못지않게 중요한 점은 한미 관계에 대한 학문적 논의에 다가가기 위한 노력이다. 즉 한미 관계에 대한 역사적이고 이론적인 검토 속에서 요즘 이야기되는 문제점을 좀 더 철저하게 이해하는 것, 이를 통해 정책적 함의를 짚어볼 기회를 갖는 것이다. 다음 논의에서 소개할 이승만과 박정희의 대미 정책에 대한 정치심리학적인 분석도 이러한 맥락에서 그 의의를 찾을 수 있다.

후견 국가를 상대로
구성주의 전략 짜기 + 학자들은 현실을 좀 더 잘 설명하고 이해하기 위해 때로 분석틀을 사용한다. 인류학에서 처음 사용되었던 후견주의clientelism의 틀은 한미동맹과 같은 독특한 국제관계를 고찰하는 데 유용하다. 국가 간의 후견주의, 즉 후견-피후견 국가관계는 후견국에서 피후견국으로의 안보의 이전을 통해 만들어지며 그 대가로 피후견국은 자신이 속한 안보체제에서 후견국이 바라는 역할을 수행하게 된다. 이 관계는 공식적으로 양자적 혹은 다자적 동맹의 구축을 의미하지만, 속사정을 들여다보면 국가 간의 군사적 능력의 차이로 인해 발생한 비대칭적인 구도 때문에 실질적으로 피후견국의 안보를 위한 기능을 후견국이 함께 맡는다는 것을 뜻한다. 이 관계는 위기의 상황에서 가장 명확하게 정의되는 유동적인 속성을 가지면서도, 동등하지 않은 구도 속에서 각 국가가 상대 국가로부터 가치 있는 양보를 얻어내려는 협상관계라고 할 수 있다. 하지만 이러한 후견주의 모델은 주어진 환경 내에서만 국가 간의 상호작용을 다루기 때문에 개별 국가를 통해 행해지는 대외관계의 구조적 변화를 설명할 이론적 가능성이 부족하다.

이에 비해서 국제정치학자들 가운데 구성주의 이론가들이 제시하는 '주체-구조 문제agent-structure problem'의 틀은 좀 더 유연한 관점을 제시한다. 이 논의는 의도를 가진 행위자와 체제 간의 구조가 서로 영향을 미치는 존재라고 여긴다. 이에 따르면 각각의 주체인 국가는 구조, 즉 국제 환경의 일방적인 영향을 받는 대상이 아니라 내재적인 상호작용을 통해서 새로운 규범과 규칙을 창출할 수 있다. 이때 국가는 구조적 특성을 제도화하거나 혹은 전환시키는 역할을 맡는다. 이와 같은 입장을 외교 정책의 논의에 반영해본다면 개별 국가 내 정책결정자의 역할과 관련 사안의 인식에 대해 좀 더 많은 비중을 두고 대외관계를 분석할 수 있다. 이러한 방식은 특히 체제 변화의 시기에 국가가 어떻게 정책을 선택하는지 구체적인 사례를 통해 알아보는 연구를 위해서 사용될 수 있다.

그렇다면 비대칭적인 양자관계에서 하부 단위로 상정된 국가가 선택할 수 있는 행동 유형을 어떻게 개념화할 수 있을까? 동맹상의 하위 국가가 자신이 속하는 관계에서 상위 국가가 펼치는 정책의 입장이나 수단을 일방적으로 따르는 경우를 '순응', 그에 대해 전적으로 반발하는 경우를 '저항'으로 규정할 수 있을 것이다. 그리고 후견주의와 같이 주어진 구조 내에서 하위 국가가 자신의 이익을 극대화하려는 방식을 '협상'이라고 한다면 주체-구조 문제의 틀처럼 하위 국가가 상위 국가와의 상호작용을 통해서 자신이 속한 구조의 상대적인 변화를 모색하려는 시도를 '구성'이라고 지칭할 수 있다. 다시 말해서 구성은 순응, 저항, 협상의 양식을 전략적으로 결합시켜 체제의 변화를 추구하는 복합적인 대응 양식이라고 할 수 있다.

이와 같은 분석틀과 개념을 활용하여 우리가 한미 관계를 이론적·역사적으로 검토했을 때 등장하는 질문 중 하나는 다음과 같다. "한미 관계의 역사적 전개에 있어 한국에 의한 구성의 사례가 존재하였는가?" 그러나 앞서 지적된 바와 같이 우리를 둘러싼 국제체제의 전환에도 불구하고 한미 관계의 비대칭적 구조는 변화되지 않은 채로 유지되었고, 체제의 전환기에는 오히려 양국 간의 갈등이 심화되었던 예를 보여주었다. 따라서 우리는 한미 관계를 둘러싼 구성의 부재와 갈등 존재의 원인을 찾아보고, 이를 현재의 사례에 비추어 생각해볼 필요가 있다.

한미 관계의 협력과 갈등, 대미 정책의 성공과 실패에 영향을 미치는 요인은 다양하게 존재한다. 한미동맹을 분석한 관점을 종합해보면 이러한 요인은 안보적 요인, 경제적 요인, 국내 정치적 요인으로 대별된다. 그런데 우리가 여기서 주목하는 것은 이 세 요인으로 설명될 수 없는 갈등의 양상이 있다는 점이다. 이것이 구성주의자들이 강조하는 주체와 주체가 갖는 관념의 변수가 작용하는 영역이라 할 수 있다. 따라서 이 글에서는 정책결정자의 역할 구상^{role conception}과 위협 인식^{threat perception}이라는 개인 수준의 성향적 차원^{dispositional dimension}에 대해 주목하면서 역사적 사례를 검토해보고자 한다.

사례 1

이승만과 한일회담 + 이 사례에서 중요하게 다루어지는 것은 역할 구상의 문제이다. 국제정치학자인 홀스티^{K. J. Holsti}는 이를 "국제체제 안에서 자국의 위치나 입장에 대한 정책결정자의 인식"이라고 정의했다. 즉 한 나라 혹은 그 지도자의 역할 구상을 이해함으로써 그 국가가 지향하는 세계관과 선호하는 가치, 외교 정책이 수행되는 조작적 틀^{operational framework}을 파악할 수 있는 것이다.

• 1950년대 후반의 한미 갈등

후르시초프의 평화공존론과 중국과 소련이 벌인 평화공세 이후 1950년대 후반기에 미국과 소련 양국은 정책을 고려할 때 안보적 차원보다는 경제적 차원을 중시하는 경향을 나타냈다. 이러한 이른바 '미니 데탕트^{Mini détente}'로의 전환 과정에서 미국 아이젠하워 행정부는 제3세계 국가들의 국내 정치 안정, 경제성장에 주안점을 두었고 이 변화는 한미 관계에 갈등의 불씨를 키웠다. 이와 같은 갈등은 안보적, 경제적 국내 정치적 요인이 복합적으로 나타난 결과였다. 하지만 양국 간에 벌어진 안보적 마찰의 주요한 원인이었던 한국군 감축과 북진통일의 문제는 전술용 핵이 도입되면서 사실상 해소되었고, 당시의 국내 정치적 상황이 나빠진 것과 경제 원조와 환율을 둘러싼 마찰도 동맹관계의 근본을 위협할 정도의 영향력은 없었던 것으로 보인다.

•한일회담과 북송 문제

그렇다면 미국이 지속적으로 추구한 한일 간 연계 모색에 대한 이승만의 반대가 한미 양국 간의 주된 전략적 쟁점이었다고 할 수 있다. 그러나 이 시기 한일 협상의 과정을 일본과 미국의 적극적인 추진과 이에 대한 이승만의 저항을 주요 특징으로 삼고 있는 종전의 주장은 수정, 보완될 필요가 있다. 한·미·일 3국 정부는 당시 한일회담의 재개에 모두 긍정적인 입장을 갖고 있었다. 하지만 북송 문제의 등장으로 협상이 중단되었을 때 일본과 미국은 문제 해결에 적극성을 보이지 않았다. 오히려 두 정부는 회담의 파국을 내버려두는 태도를 보였고 이승만은 이러한 제약을 극복할 수 없었다. 한국 정부는 북송 문제에 대해 미국이 '거중조정good offices'의 역할을 할 것을 기대했으나 다울링 미국 대사의 긍정적인 고려에도 불구하고 미 국무부는 철저하게 중립적인 자세를 취했다. 미국은 이승만이 한일 관계에서 자신의 노선을 고수하는 한 사실상 회담이 이뤄지는 것에 대해 적극적인 지원 의사를 갖고 있지 않았던 것으로 여겨지며, 그 결과 미국과 일본이 한국을 경원敬遠하는 형태로 상황이 진행되었다고 할 수 있다.

• 역할 구상의 문제

한일 관계에 관련된 안보적 논의에서 한미 양국은 기본적인 전략의 이해와 목표를 공유했다. 여기서 중요한 갈등의 요인으로 작용한 것은 동아시아 안보체제에서 미국이 설정한 한국의 역할과 이승만이 구상한 자신의 역할 간의 차이가 있었다는 점이다. 이승만은 자신을 한 나라의 대통령이라기보다는 냉전체제에서 자유진영의 지도자 중 한 명으로 생각하고 있었으며 그에게 한일관계의 문제는 단순히 양국 간의 이해관계가 아니라 세계적이고 지역적인 범위에서 전후 질서를 만드는 것이자 냉전 전략의 수행이라는 차원으로 이해되었다. 한·미·일 관계를 지배한 이승만의 사고는 일본의 위협을 강조하면서 그것에 바탕을 둔 비판적인 대일관對日觀에 뿌리를 두고 있었는데, 그에게 일본은 항상 경계를 늦추지 말아야 할, 지속적으로 팽창하는 속성을 지닌 국가로 여겨졌다.

이승만의 대일 정책 수행을 감정적인 반일주의를 내세우고 그것을 국내 정치에 이용한 것으로 보는 해석은 적절하지 않다. 이승만은 한일회담을 하지 않으려 했다기보다는 자신의 대일관과 역할 인식에 따른 지역 체제의 구상에 따라 양국 관계를 구축하려 했다. 하지만 이는 일본과 함께 사실상 회담의 또 다른 당사자였던 미국의 인식 및 정책과 양립하기 힘든 상황을 만들게 되었다. 냉전 구조의 부분적인 이완기에 이승만은 저항과 협상의 방식을 병행하면서 대미·대일 관계를 조율하려 했지만 그의 정책은 주체로서의 구성의 방식을 결여하고 있었고, 이는 궁극적으로 그의 하야와 함께 미국에 가장 순응적인 제2공화국의 등장으로 이어졌던 것이다.

사례 2
박정희와 주한미군 철수 + 이 사례의 중요한 변수는 위협 인식이
다. 국제정치학자인 볼드윈^{David Baldwin}

은 위협 인식을 "자신의 국가가 당면한 군사적, 전략적 혹은 경제적 불이익에 대한 정책결정자의 예상"이라고 정의한다. 위협 인식은 국제적인 위기 상황에서 사건과 대응 사이의 결정적인 변수로 작용하며, 전쟁을 하기로 결심한 정책 결정 중 50~60퍼센트가 상대 국가의 의도와 능력에 대한 잘못된 인식에 기인한 것이라고 지적되고 있다. 또한 평상시에도 안보적 위협의 정체성과 속성의 변화, 그것을 둘러싼 인식의 차이는 군사동맹이 쇠퇴하고 와해되는 중요한 요인으로 작용한다.

• 데탕트의 도래와 결과

1960년대 후반 중국은 소련과의 갈등이 커지자 미국과 접촉하여 원교근공^{遠交近攻}(먼 나라와 친교를 맺고 가까운 나라를 공격함)의 전략을 내세웠다. 그리고 소련은 중국이 자신과 미국과의 갈등을 촉발시킬 수도 있다는 예상 아래 미국과 화해를 시도한다. 이러한 미·중·소 삼각 외교의 등장은 베트남전쟁의 양상 변화와 더불어 미국이 내세우던 아시아 정책의 재검토를 가져왔다. 이는 1969년 닉슨 독트린으로 명확하게 나타났다. 하지만 세계적이고 지역적인 범위에서의 데탕트의 기회는 한반도의 경우 평화적인 전환을 위한 계기를 마련하지 못하고 교착 상태로 이어졌다.[•] 그 배경에는 북한의 정책 변수와 더불어 위협 인식의 차이에 의한 한미 공조의 한계가 있었다.

• 주한미군 철수와 핵 개발

이 시기 한미 갈등의 결정적인 계기가 된 것은 1970년에 두드러진 주한미군의 철수 문제였다. 한국 정부는 닉슨 독트린 발표 이후에도 이 강령은 한국에는 적용되지 않을 것이며, 한국이 베트남에 파병하고 있는 한 주한미군이 철수하거나 그 규모가 줄어드는 일은 없을 것이라고 믿었다. 미국은 대체로 데탕트 국면에서 1개 사단의 철수가 한반도와 동아시아의 세력균형에 큰 영향을 미치지 않을 것으로 생각한 반면, 박정희는 데탕트로의 전환 자체가 약소국에 불리한 조건이라고 보고 이것에 맞설 새로운 생존 전략을 모색하게 된다. 박정희는 이러한 문제를 동맹과 자주라는 양 측면에서 해결하고자 했다. 그중 하나가 한국군의 현대화를 위해 미국의 지원을 얻는 것과 같은 미국과의 새로운 군사협력의 모색이라면, 다른 하나는 전략 무기를 개발하여 자율성을 추구하는 것이었다.*

• 위협 인식의 문제

한반도에서 북한을 억제하는 것이 핵심적인 안보 목표였던 박정희에게 베트남화Vietnamization로 표현된 제3세계에 대한 미국의 정책 변화는 방기abandonment의 위험성을 의미하는 것이었다. 보다 높은 분석 수준의 전략에 치중하는 미국은 제2의 베트남전 발발과 그것에 대한 미국의

*1972년의 7·4 남북공동성명과 1973년의 6·23선언을 통해 형성된 한반도의 해빙 분위기는 1973년 남북 대화가 중단되고 북한이 요청한 양자 협상 제안에 대해 미국이 유보적 입장을 표시하면서 이전의 대립적인 분위기로 되돌아왔다.
*박정희는 1970년 설립한 국방과학연구소를 중심으로 미사일 개발과 더불어 1972년 초 핵무기 개발을 지시했던 것으로 알려졌다.

연루^{entrapment}를 막기 위한 정책의 탄력성을 얻는 것을 주요 목표로 삼 았다. 이러한 안보적 위협에 대한 서로 다른 인식은 북한의 능력과 의 도를 둘러싼 양측의 각기 다른 평가와 연관되었다. 양측의 이견은 한 국의 정치 상황에 의해 더욱 커졌고 미국은 박정희의 대북, 국내 정책 이 오히려 한반도의 불안정 요인이 될 수도 있다고 생각했다. 현상유지 를 원하는 미국은 박정희를 한반도의 변화를 추구하는 공격적 현실주 의자로 여겼고, 이러한 인식은 한국이 자주국방의 수단으로 선택한 전 략무기 개발을 통해 구체화되었다.

데탕트의 체제적 변화 속에서 박정희는 상대적으로 지체^{stasis}의 모습 을 보이면서 국내·국제정치적 모색을 통해 안팎으로 새로운 균형을 추 구하려 했다. 이승만의 사례와 유사하게 박정희도 저항과 협상을 결합 하는 대미 정책을 선택했지만 이러한 시도는 한국을 둘러싼 국제 질서 의 구조가 변하는 시기에 그 양상을 적절하게 활용하고, 이를 통해 자 신이 속한 구조의 질적인 변화를 모색하는 구성의 단계로는 이어지지 못했다. 박정희의 죽음 이후 등장한 전두환 정부는 전략 무기 관련 계 획을 모두 폐기하였고 그 영향은 지금까지 계속되고 있다.

바꿀 수 있는 것을
바꿔나가는 용기 + 정책결정자들이 과거의 사례를 학습할 수 있는
가는 확실하지 않다. 베트남전쟁을 경험한 미 국 정부는 현재 또 다른 전쟁 상황에서 자유롭지 못하다. 역할 구상과 위협 인식의 요인에 따른 한국 외교 정책의 문제점은 지금도 발견되는 데, 동북아균형자론과 북핵 문제가 그러한 사례에 해당한다.

• 동북아균형자론

동북아균형자론은 동북아시아에 만들어진 대립 구도를 제어하면서 협력 질서를 구축하기 위한 방도로 노무현 정부 시기에 고안되었다. 이는 지역의 평화와 번영에 한국이 이른바 중소국으로서 일익을 담당하는 균형 외교 전략을 펼치는 것으로 묘사되었다. 즉 한국의 균형자론은 평화협력의 '촉진자', 예방외교 중심의 '중재자', 그리고 평화로운 질서를 만들기 위한 '창안자'의 역할을 포함한다는 것이다. 하지만 이러한 탈냉전 시기의 한국의 새로운 역할 구상은 균형자의 개념 자체가 모호하다는 점, 과연 동북아 지역의 균형자로 한국이 적절한 능력을 갖고 있는가 하는 점, 균형자 역할과 한미동맹의 유지 및 강화가 양립될 수 있는가 하는 점, 북핵 문제를 해결할 때 이러한 역할 설정이 갖는 문제점은 없는가 하는 점 등에 의해 비판의 대상이 되었다. 따라서 이와 같은 전략적 논의의 의미와 필요성을 인정한다 하더라도, 객관적 상황에 대한 정확한 인식과 정책 제시에 요구되는 신중성, 그리고 무엇보다 한국이 담당할 외교적 역할에 대한 보다 세련되고 정교한 정의의 중요성이 언급되는 것이다.

• 북핵 문제

북핵 문제의 사례는 한반도와 동아시아 안보 문제에 있어서 한미 간의 위협 인식의 차이에 따른 갈등의 존재를 보여주는 또 다른 예다. 북한이 핵과 미사일을 개발하려는 의도를 두고 한국 내에서도 이견이 있었다. 즉 한국전쟁 이후 북한의 행동을 한국을 공격하려는 의도의 연장선상에서 파악하려는 입장과, 이를 정권의 생존을 위한 벼랑 끝 전략에서 나온 북한의 협상카드로 이해하려는 입장이 대립했던 것이다.

한미 양국 사이에서는 북한의 핵 개발을 억제 내지는 협상용으로 간주하려는 김대중, 노무현 정부의 인식과 이를 대량살상무기 확산 방지라는 국제 안보의 차원, 핵 관련 기술과 물질이 잠재적인 테러 집단에 이전되는 것을 막는다는 반∗테러전과 연관된 지구 안보의 차원에서 파악한 부시 행정부의 인식이 갈등을 빚은 바 있다. 이와 같은 위협 인식의 차이는 한국의 국내적 반미 여론의 요인과 더불어 한미동맹의 가장 큰 불안정 요소로 지적되었다. 즉 동맹이란 근본적으로 위협 인식의 공유에서 만들어지는 것이며, 위협 인식의 면에서 공감보다 차이가 더 큰 동맹은 장기적으로 유지되기가 어렵다는 주장이 나왔던 것이다. 또한 중요한 점은 북한에 대한 미국의 인식과 정책적 선택이 항상 바뀌어왔고 앞으로 그럴 가능성이 있다는 것이며, 한·미·북 삼각관계를 구성하는 세 양자적 관계 중에서 북미 관계가 상대적으로 우위를 점하는 독립 변수로 기능할 수도 있다는 사실이다.

• 적절한 역할 구상과 위협 인식의 필요성

구성의 부재가 그 특징인 냉전기의 두 역사적 사례와 현재의 두 문제가 보여주는 교훈이 있다면, 그것은 한미동맹의 탈냉전적 전환을 위한 적절한 역할 구상과 위협 인식을 설정하는 것이 갖는 중요성이라고 할 수 있다. 즉 한미, 한·미·일, 한·북·미 관계의 재편을 위해서는 한반도 수준을 넘어서는 안보적 역할과 위협에 대한 신중한 전략적 인식이 요구되며, 이를 바탕으로 한국의 지역적 혹은 국제적 수준에서의 구성적 개입이 비로소 가능하게 되는 것이다.

탈냉전기의 동아시아는 다양한 전환의 모습을 보여주고 있으며 이는 양자관계와 다자주의의 복합적인 상호작용으로 나타난다. 이에 대한 이해를 위해서는 미중 관계, 미일 관계, 중일 관계의 세 양자관계의 특성과 아세안 웨이^{ASEAN Way}, 아시아/태평양 협력, 한·중·일 삼자주의라는 세 가지 다자주의의 형태에 대한 분석이 요구된다.* 한국의 장기적 전략을 수립하기 위해서는 미중 관계의 역동적인 면을 자세히 관찰하고 미일 관계의 연속적인 측면에 지나치게 치우치지 않으면서 중일 관계의 모호한 성격을 부분적으로 해결해나갈 방법을 찾는 것이 필요하다. 이는 다자주의적인 면에 있어서 한·중·일 삼자주의를 적극적으로 활용하여 아세안 웨이나 아시아/태평양 협력에서 긍정적인 전환의 모습을 이끌어내려는 노력을 의미한다. 즉 한국은 중일 협력의 촉진자 및 동북아 지역주의의 추진자라는 역할 구상과, 이를 위한 중국 위협론과 중국 포위론 가운데 어느 한편에 치우치지 않는 위협 인식의 설정을 모색해야 할 것으로 보인다.

• 니버의 지혜

이러한 규범적 주장은 분명히 현실적인 한계를 갖는다. 여기서 가장 중요한 문제는 우리에게 여전히 핵심적인 한미동맹과 위와 같은 전략적 고려를 어떻게 구성적으로 양립시킬 수 있는가 하는 점이다. 이를 위해서는 고전적 현실주의가 강조하는 신중성^{prudence}이 요구되는 것이다. 국제정치학자이자 사상가인 니버^{Reinhold Niebuhr}는 한 기도문을 인용하면서, 바꿀 수 없는 것을 받아들일 수 있는 마음의 평화와 바꿀 수

---

* 협력과 갈등의 전망에서 미중 관계는 중립적, 미일 관계는 긍정적, 중일 관계는 부정적인 측면을 보여준다. 각각의 다자주의의 대표적인 예로는 ARF, APEC, 한·중·일 정상회의를 들 수 있을 것이다.

있는 것을 적극적으로 바꾸어 나가는 용기와, 양자를 구별할 수 있는 지혜를 갖기를 바란다. 한미 관계에 대한 학문적 탐구의 존재 가치는 바로 이 세 번째 덕목인 지혜를 얻는 것에 있다고 말할 수 있을 것이다.

| 참고문헌 및 더 읽어볼 책들 |

소셜네트워크의 세계에는 비밀도 독점도 없다_ **장덕진**

Craig Fass, Brian Turtle and Mike Ginelli, *Six Degrees of Kevin Bacon*,
Plume, 1996

중앙선거관리위원회, 『제18대 국회의원 선거 투표율 분석』, 2008

진화론, 우리가 사는 세상을 이해하는 열쇠_ **장대익**

리처드 도킨스, 『눈먼 시계공』, 이용철 옮김, 사이언스북스, 2004

──────── 『이기적 유전자』, 홍영남·이상임 옮김, 을유문화사,
    2009

수잔 블랙모어, 『밈』, 김명남 옮김, 바다출판사, 2006

신재식·김윤성·장대익, 『종교 전쟁』, 사이언스북스, 2009

장대익, 『다윈&페일리』, 김영사, 2006

제인 구달, 『인간의 그늘에서』, 최재천·이상임 옮김, 사이언스북스,
2001

프란스 드 발, 『침팬지 폴리틱스』, 황상익·장대익 옮김, 바다출판사,
2004

Darwin, C., *On the origin of species*, Murray, 1859

전쟁은 아직 끝나지 않았다_ **박태균**

김동춘, 『전쟁과 사회』, 돌베개, 2006

박명림, 『역사와 지식과 사회』, 나남출판, 2011

박찬승, 『마을로 간 한국전쟁』, 돌베개, 2010

박태균, 『한국전쟁』, 책과함께, 2005

────「작동하지 않는 정전협정, 그리고 천안함」, 『역사와현실』
76호, 2010

────「한국전쟁 발발 60년, 사회과학에서 인문학으로」,
『역사와현실』 78호, 2010

────「베트남 파병을 둘러싼 한미 협상과정」, 『역사비평』 74호,
2006

────「한국전쟁, 그리고 베트남 전쟁의 기억과 참전의 악순환」,
『국제지역연구』 20권 2호, 2011

A.V. 토르쿠노프, 『한국전쟁의 진실과 수수께끼』, 구종서 옮김, 에디
터, 2003

행태경제 이론에서 인간의 체온을 느끼다_ **이준구**

리처드 탈러, 캐스 선스타인, 『넛지-똑똑한 선택을 이끄는 힘』, 안
진환 옮김, 리더스북, 2009

이준구, 『36.5℃ 인간의 경제학』, 랜덤하우스 코리아, 2009

곽금주, 『흔들리는 20대—청년기 생애설계 심리학』, 서울대출판부, 2010

사이먼 배런코언, 『그 남자의 뇌, 그 여자의 뇌—뇌과학과 심리 실험으로 알아보는 남녀의 근본적 차이』, 김혜리·이승복 옮김, 바다출판사, 2007

앨런 S. 밀러, 『처음 읽는 진화심리학』, 박완신 옮김, 웅진지식하우스, 2009

Buss, D. M., Do women have evolved preferences for men with resources? *Ethology and Sociobiology, 12*, pp. 401-408, 1992

——————— The strategies of human mating: People worldwide are attracted to the same qualities in the opposite sex. *American Scientist, 82*, pp. 238-249, 1994

——————— Psychological sex differences: Origins through sexual selection. *American Psychologist, 50*, pp. 164-168, 1995

Bressler, E. R., Martin, R. A. & Balshine, S., Production and appreciation of humor as sexually selected traits, *Evolution and Human Behavior, 27*, pp. 121-130, 2006

Cameron, J. L., Effects of sex hormones on brain development. In C. A. Nelson, M. Luciana & M. L. Collins (eds.), *Handbook of Developmental Cognitive Neuroscience*, The MIT Press, 2001

Canli, T., Desmond, J. E., Zhao, Z & Gabrieli, J. D., Sex differences in the neural basis of emotional memories, *PNAS, 99*, pp. 10789-10794, 2002

Confer, J. C., Perilloux, C. & Buss, D. M., More than just a pretty face: men's priority shifts toward bodily attractiveness in short-term versus long-term mating contexts, *Evolution and Human Behavior, 31(5)*, pp. 348-353, 2010

Drigotas, S.M., The Michelangelo phenomenon and personal well-being, *Journal of Personality, 70*, pp. 59-77, 2002

Dupre, J., Evolution and gender. *Women: a cultural review, 12*, pp. 10-18, 2001

Haselston, M & Buss, D., Error management theory: a new perspective on biases in cross-sex mind reading. *Journal of personality and social psychology, 78*, pp. 81-91, 2000

Mather, M., Lighthall, N. R., Nga, L & Gorlick, M A., Sex differences in how stress affects brain activity during face viewing. *Neuro Report, 21(14)*, pp. 933-937, 2010

Shirao, N., Okamoto, Y. & Mantani, T., Gender differences in brain Activity toward unpleasant Linguistic stimuli concerning interpersonal relationships: An fMRI study. *European Archives of Psychiatry and Clinical Neuroscience, 255*, pp. 327-333, 2005

Singer, T., Seymour, B., O'Doherty, J., Kaube, H., Dolan, R. J. & Frith, C. D., Empathy for pain involves the affective but not sensory components of pain. *Science, 303*, pp. 1157-1162, 2004

Voracek, M. & Fisher ML., Shapely centerfolds? Temporal change in body measures: trend analysis, *BMJ, 325*, pp. 1447-1448, 2002

인간을 위한 과학기술이란 무엇인가_ **홍성욱**

이상욱 외,『과학으로 생각한다』, 동아시아, 2007

홍성욱,『인간의 얼굴을 한 과학』, 서울대출판부, 2008

────『과학은 얼마나?』, 서울대출판부, 2004

────『네트워크 혁명, 그 열림과 닫힘』, 들녘, 2002

────『생산력과 문화로서의 과학 기술』, 문학과 지성사, 1999

성gender 문제는 법조계에 드리워진 그림자다_ **양현아**

법무부,『법무부 여성통계』2004~2010

신진화,「여성법관의 현황과 과제」,『젠더법학』, 한국젠더법학회, 제2권 2호, 2010

양현아,「서구의 여성주의 법학 – 평등과 차이의 논쟁사」,『법사학연구』26호, 2002

────「실증주의 방법론과 여성주의 법학」,『법학』, 제46권 2호, 2005

────「호주제도 헌법불합치 결정에 나타난 성차별 판단의 논증」,『경제와 사회』통권 제88호,

오정진,「여성노동현안에 관한 국내외 판례의 동향과 과제」,『2003 연구보고서』, 한국여성개발원, 2003

통계청,『2011 통계로 보는 여성의 삶』, 2011

Herma Hill Kay and Martha S. West, *Sex Based Discrimination- Text, Cases and Materials sixth edition*, 2002

Carole Gilligan, *In a Different Vioice*, Harvard Univ. Press, 1993

Robin West, The Difference in Women's Hedonic Lives: A Phenomenological Critique of Liberal and Radical Feminist Legal Theory, *Wisconsin Women's Law Journal*, 3, 1989

Christine A. Littleton, Reconstructing Sexual Equality, *California Law Review*, 75(4), pp. 1279-1337, 1987

Joan Scott, *Gender and the Politics of History*, Columbia University Press, pp. 1-14, 1988

중국이 뜨겁다: 정치외교학적 관점에서 본 중국의 부상_ **정재호**

정재호, 『중국의 부상과 한반도의 미래』, 서울대출판부, 2011

秦亞靑, "國家身分戰略文化和安全利益," 牛軍(編), 『中國學者看世界 - 中國外交卷』, 新世界出版社, 2007

Fareed Zakaria, *From Wealth to Power: The Unusual Origins of America's World Role*, Princeton University Press, 1998

Niall Ferguson, *The Ascent of Money: A Financial History of the World*, Penguin, 2008

태극기, 한국 현대사를 읽는 새로운 코드_ **정근식**

*이 글은 「광주민중항쟁에서의 저항의 상징 다시 읽기: 시민적 공화 주의를 중심으로」, 『기억과 전망』 6월호, 2007의 내용을 기초로 하 여 다시 작성된 것이다.

광주광역시 5·18사료편찬위원회 편, 『5·18민중항쟁사』, 광주광역시

5·18 사료편찬위원회, 2001

김성국, 「국가에 대항하는 시민사회-5·18의 자유해방주의적 해석」, 한국사회학회 편, 『세계화시대의 인권과 사회운동』, 나남출판, 1998

김양현·강현정 편, 『5·18항쟁 증언자료집』 IV, 전남대학교 출판부, 2005

김용철, 「광주항쟁과 한국정치의 민주화: 탈군부정치의 역사결정적 국면의 원천으로서의 광주항쟁」, 『민주주의와 인권』 제1권 1호, 전남대학교 5·18연구소, 2001

나간채·이명규 편, 『5·18항쟁 증언자료집』 II, 전남대학교 출판부, 2003

나의갑, 「5·18의 전개과정」, 『5·18 민중항쟁사』, 광주광역시 5·18 사료편찬위원회, 2001

목수현, 「한국근대전환기 국가 시각상징물」, 서울대학교 박사학위논문, 2008

박병기 편, 『5·18항쟁 증언자료집』 III, 전남대학교 출판부, 2003

박찬승, 「선언문-성명서-소식지를 통해서본 5·18」, 『5·18 민중항쟁사』, 광주광역시 5·18 사료편찬위원회, 2001

박홍규, 「민주공화국과 국민주권론」, 『시민과 세계』 제6호, 당대, 2004

손호철, 「5·18광주민중항쟁의 재조명」, 『이론』 제11호, 새길, 1995

신복진 외, 『오월, 우리는 보았다』, 5·18기념재단, 2004

신진욱, 「사회운동의 연대형성과 프레이밍에서 도덕감정의 역할」, 『경제와 사회』 제73호, 한울, 2007

안병욱, 「5·18, 민족사적 인식을 넘어 세계사의 지평으로」, 학술단체

협의회 편, 『5·18은 끝났는가』, 푸른숲, 1999

이경주, 「헌법의 어제와 오늘」, 『황해문화』 제45호, 새얼문화재단, 2004

전남사회문제연구소 편, 『5·18 광주민중항쟁 자료집』, 도서출판 광주, 1988

전남사회운동협의회 편, 『죽음을 넘어 시대의 어둠을 넘어』2, 전남사회운동협의회, 1987

정근식, 『5·18의 경험과 코뮌적 상상력』, 김진균 편, 『저항, 연대, 기억의 정치』1, 문화과학사, 2003

──── 「기념관-기념일에 나타난 한국인의 8·15 기억」, 아시아평화와 역사교육연대 편, 『한중일 3국의 8·15기억』, 역사비평사, 2005

정윤석, 「아렌트와 공화주의의 현대적 전개」, 서울대학교 박사학위논문, 2001

조승래, 『공화국을 위하여』, 길, 2010

최정운, 『5월의 사회과학』, 풀빛, 1999

피에르 노라 외, 『기억의 장소 1-공화국』, 김인중 외 옮김, 나남, 2010

한국현대사사료연구소 편, 『광주민중항쟁사료전집』, 풀빛, 1990

한상진, 「광주민주화운동에서 본 국민주권과 승인투쟁」, 한국사회학회 편, 『세계화시대의 인권과 사회운동』, 나남, 1998

현재열, 「혁명의 시대와 시민적 주체공간의 형성」, 『시민과 세계』 제6호, 당대, 2004

홍성담, 『판화집 해방의 칼꽃』, 풀빛, 1990

홍영두, 「한국민주주의와 공동체주의」, 학술단체협의회 편, 『민주주의는 종료된 프로젝트인가』, 이후, 2003

홍윤기, 「공화국의 육신」, 『시민과 세계』 제6호, 당대, 2004

Honohan, I., *Civic Republicanism*, Routledge, 2002

Honohan, I. & Jennings, J., *Republicanism in Theory and Practice*, Routledge, 2006

Jung Keun-sik, The Experience of the May 18 Uprising and the Communal Imagination, *New Political Science, 25(2)*, 2003

Katsiaficas, G., 「역사속의 광주항쟁」, 『민주주의와 인권』 제2권 2호, 전남대 5·18연구소, 2002

──────── Comparing the Paris Commune and the Gwangju Uprising, *New Political Science, 25(2)*, 2003

Kim Yong-cheol, The Shadow of the Gwangju Uprising in the Democratization of Korean Politics, *New Political Science, 25(2)*, 2003

Oldfield, A., *Citizenship and Community-Civic Republicanism and the Modern World*, Routledge, 1990

Pettit, P., *Republicanism-A Theory of Freedom and Government*, Clarendon Press-Oxford, 1997

Taylor, C., The politics of recognition, in Gutmann, A. (ed.), *Multiculturalism and the 'Politics of Recognition'*, Princeton University Press, 1992

호모 모빌리스, 모바일 사회를 사는 신인류_ **이재현**

이재현, 『모바일 미디어와 모바일 사회』, 커뮤니케이션북스, 2004

마누엘 카스텔 외, 『이동통신과 사회』, 커뮤니케이션북스, 2009

하워드 라인골드, 『참여 군중』, 황금가지, 2003

스포츠로 본 인간의 사회와 문화_ **황익주**

황익주, 「사회분화와 사회계급」, 김광억 편, 『세상읽기와 세상만들기: 사회과학의 이해』, 서울대학교 출판문화원, 2008

A. Guttman, *From Ritual To Record: The Nature of Modern Sports*, Columbia University Press, 1978

K. 블랑차드 외, 『스포츠인류학』, 박기동 외 옮김, 동문선, 1994

R. Stebbins, Serious Leisure: A Conceptual Statement, *Pacific Sociological Review 25*, pp. 251-272, 1982

복지 문제는 한국 사회의 용광로다_ **구인회**

고영선, 「복지 정책의 현황과 과제」, 고영선 편, 『분배 구조의 변화와 사회정책의 방향(1)』, 한국개발연구원, 2011

구인회, 「복지개혁: 복지국가 이상과 발전주의 유산 사이에서」, 강원택·장덕진 편, 『노무현정부의 실험: 미완의 개혁』, 한울아카데미, 2011

OECD, *Growing unequal?: Income distribution and poverty in OECD countries*, OECD, 2008

Woo-Cumings, M. (ed), *The Developmental State*, Cornell University

Press, 1999

출근길 잠깐의 사유, 풍경과 생태_ **이도원**

유진 오덤, 『생태학』, 이도원·박은진·김은숙·장현정 옮김, 사이언스
북스, 2001
이도원, 『흙에서 흙으로』, 사이언스북스, 2004

한미 관계의 재구성, 역사에서 배운다_ **신욱희**

신욱희, 『순응과 저항을 넘어서: 이승만과 박정희의 대미정책』, 서울
대학교출판문화원, 2010
역사비평 편집위원회 편, 『갈등하는 동맹: 한미관계 60년』, 역사비평
사, 2010
차상철, 『한미동맹 50년』, 생각의 나무, 2004

| 지은이 |

곽금주 서울대학교 심리학과 교수 | 저서 『흔들리는 20대』 『20대 심리학』, 역서 『아기들은 어떻게 배울까?』 외 다수.

구인회 서울대학교 사회복지학과 교수 | 저서 『한국의 소득불평등과 빈곤』 『경제위기와 청소년발달』, 공저 『사회복지정책론』 외 다수.

박태균 서울대학교 국제대학원 교수 | 저서 『한국전쟁』 『우방과 제국, 한미관계의 두 신화』, 공저 『함께 읽는 동아시아 근현대사 1, 2』 외 다수.

신욱희 서울대학교 정치외교학부 교수 | 저서 『Dynamics of Patron-Client State Relations』 『순응과 저항을 넘어서』, 역서 『정치학 연구방법론』 외 다수.

양현아 서울대학교 법학전문대학원 교수 | 저서 『가지 않은 길 법여성학을 위하여』, 공저 『혼인, 섹슈얼리티와 법』 『군대와 성평등』 외 다수.

이도원 서울대학교 환경대학원 교수 | 저서 『전통 마을숲의 생태계 서비스』 『전통마을 경관 요소들의 생태적 의미』 『흐르는 강물 따라』 외 다수.

이재현 서울대학교 언론정보학과 교수 | 저서 『인터넷과 온라인 게임』 『모바일 미디어와 모바일 사회』, 역서 『재매개—뉴미디어의 계보학』 외 다수.

이준구 서울대학교 경제학부 교수 ｜ 저서 『36.5℃ 인간의 경제학』『쿠오바디스
　　한국경제』『재정학』 외 다수.

장대익 서울대학교 자유전공학부 교수 ｜ 저서 『다윈의 식탁』, 공저 『종교 전쟁』
　　『사회생물학 대논쟁』 외 다수.

장덕진 서울대학교 사회학과 교수 ｜ 저서 『노무현 정부의 실험』『위험사회, 위험
　　정치』『경제위기의 사회학』 외 다수.

정근식 서울대학교 사회학과 교수 ｜ 저서 『항쟁의 기억과 문화적 재현』『4월혁
　　명과 한국민주주의』『식민권력과 근대지식』 외 다수.

정재호 서울대학교 정치외교학부 교수 ｜ 저서 『중국의 부상과 한반도의 미래』,
　　편저 『중국의 강대국화』『중국 개혁-개방의 정치경제 1980-2000』 외 다수.

홍성욱 서울대학교 생명과학부 교수 ｜ 저서 『인간의 얼굴을 한 과학』, 『과학은
　　얼마나』, 공저 『과학으로 생각한다』 외 다수.

황익주 서울대학교 인류학과 교수 ｜ 공저 『종족과 민족-그 단일과 보편의 신
　　화를 넘어서』『처음 만나는 문화인류학』, 논문 「프로스포츠 지역연고제와 도
　　시민의 지역정체성: 성남시의 사례 연구」 외 다수.

서울대 명품 강의 2
ⓒ 서울대 사회과학연구원 2011

1판 1쇄 | 2011년 12월 13일
1판 2쇄 | 2012년 1월 31일

지은이 | 장덕진 외 13인
펴낸이 | 강성민
기 획 | 오명석
편 집 | 이은혜 박민수 김신식
마케팅 | 최현수
온라인 마케팅 | 이상혁 한민아 장선아

펴낸곳 | (주)글항아리   출판등록 | 2009년 1월 19일 제406-2009-000002호

주소 | 413-756 경기도 파주시 문발동 파주출판도시 513-8
전자우편 | bookpot@hanmail.net
전화번호 | 031-955-8891(마케팅) | 031-955-2670(편집부)
팩스 | 031-955-2557

ISBN 978-89-93905-80-9 03100

·이 도서의 국립중앙도서관 출판시도서목록(CIP)은 e-CIP홈페이지(http://www.nl.go.kr/ecip)와
 국가자료공동목록시스템(http://www.nl.go.kr/kolisnet)에서 이용하실 수 있습니다.
 (CIP제어번호: CIP2011005102)